普通高等教育"十二五"规划教材
全国高等院校规划教材·旅游系列

旅游市场营销学

石美玉　孙梦阳　主　编

杨劲松　赵晓燕　王　玮　参　编

内容简介

本书根据旅游市场营销活动的基本过程和规律，按照大学旅游管理专业应用型人才的培养目标，较为全面地介绍了旅游市场营销的基础理论与实际应用结果，以大量的旅游市场营销实际问题和案例证实了旅游市场营销基础理论的正确性和先进性。本书共分十二章，主要包括以下内容：旅游市场营销环境、旅游市场调研与预测、旅游者消费行为、旅游目标市场营销、旅游产品策略等理论知识与方法技能。

本书以旅游市场营销国际化、知识化趋势为背景，对现代旅游市场理论和方法进行了较为详细的阐述，旨在培养学生运用所学知识，思考、分析和解决旅游市场营销实际问题的能力。本书定位于本科生的专业教育，也可供业内人士自学使用。

图书在版编目(CIP)数据

旅游市场营销学/石美玉，孙梦阳主编. —北京：北京大学出版社，2013.9
(全国高等院校规划教材·旅游系列)
ISBN 978-7-301-22975-0

Ⅰ. ①旅⋯ Ⅱ. ①石⋯ ②孙⋯ Ⅲ. ①旅游市场－市场营销学－高等学校－教材 Ⅳ. ①F590.8

中国版本图书馆 CIP 数据核字(2013)第 182740 号

书　　　名：	旅游市场营销学
著作责任者：	石美玉　孙梦阳　主　编
责任编辑：	吴坤娟　杨　洋
标准书号：	ISBN 978-7-301-22975-0/F·3708
出版发行：	北京大学出版社
地　　址：	北京市海淀区成府路 205 号　100871
网　　址：	http://www.pup.cn　新浪官方微博：@北京大学出版社
电子信箱：	zyjy@pup.cn
电　　话：	邮购部 62752015　发行部 62750672　编辑部 62756923　出版部 62754962
印　刷　者：	北京飞达印刷有限责任公司
经　销　者：	新华书店
	787 毫米×1092 毫米　16 开本　16.5 印张　391 千字
	2013 年 9 月第 1 版　2019 年 5 月第 3 次印刷
定　　价：	32.00 元

未经许可，不得以任何方式复制或抄袭本书之部分或全部内容。
版权所有，侵权必究
举报电话：010-62752024　电子信箱：fd@pup.pku.edu.cn

前　言

　　本书是北京联合大学旅游学院专业教师与旅游行业专家集体智慧的结晶，在很大程度上代表了迄今我国在旅游市场营销领域的研究水平。

　　旅游市场营销是集市场营销学、旅游经济学、旅游管理学、旅游心理学、旅游社会学和旅游学等为一体的应用交叉学科。在市场营销基本理论不断丰富和发展的情况下，国内外出现了介绍大批旅游市场营销学的新型教材和专著，创造性地提出了旅游这一新兴、特殊领域的营销理念、营销策略和营销方法。但是，我国旅游业的经营管理水平和服务质量还处在一个不成熟的阶段，对旅游这样综合性、服务性的产品如何进行市场营销，如何形成国际和国内的竞争优势等重要问题，许多旅游企业，甚至政府管理部门都缺乏理论指导和实践经验。各级旅游管理人员、服务人员普遍缺乏先进的市场意识和正确的营销理念，旅游企业中的许多营销方法和观点还停留在过去。此外，目前已有的旅游市场营销教材和课程，或多或少都存在着一些问题。例如，对市场营销的基础理论生搬硬套，内容与旅游企业和行业的实践脱钩，没有建立起适合中国国情的旅游市场营销理论体系，实践应用和案例分析与目前我国旅游发展的情况不够贴切等。基于上述问题与不足，本书力图在营销理论与实践之间架起一座桥梁，将理论与实际紧密结合起来，使广大读者易于掌握并操作。

　　本书积极吸纳市场营销领域的前沿理论，重视理论与实践的结合，旨在适应旅游管理实践要求，培养旅游管理的高级专门人才。本书既体现了旅游管理学科的综合性、交叉性，又体现了解决实际问题的应用性、职业性特点，兼顾了以学生为本，发挥学生学习的自主能动性和教师在教学活动中的指导性与主导作用，是我国旅游管理专业人才培养模式和教学体系改革的有益尝试。

　　本书由石美玉、孙梦阳担任主编，其中石美玉负责全书框架体系设计，孙梦阳负责统稿、修改与定稿。参加本书编写工作的主要人员有：杨劲松（第一章、第二章、第九章、第十一章），王玮（第三章），石美玉（第四章、第十二章），孙梦阳（第五章～第八章），赵晓燕（第十章）。

　　在编写本书的过程中，编者参阅了国内外大量的相关资料和文献，在此对这些文献资料的作者致以诚挚的谢意。由于编者水平有限，书中难免存在疏漏之处，敬请各位专家和广大读者批评指正。

北京联合大学旅游学院　石美玉
2013 年 6 月于北京

目 录
CONTENTS

第一章　绪论 1

　　第一节　章节导读和概念引入 1
　　　　一、章节导读 1
　　　　二、概念引入 1
　　第二节　旅游营销要素体系 2
　　　　一、旅游要素体系概述 2
　　　　二、旅游市场营销的目的和特征 3
　　第三节　旅游市场营销观念沿革 4
　　复习思考题 5

第二章　旅游市场营销环境 6

　　第一节　旅游市场营销环境概述 7
　　　　一、旅游市场营销环境的含义 7
　　　　二、分析旅游市场营销环境的原因 7
　　第二节　旅游市场宏观营销环境 8
　　　　一、人口环境 8
　　　　二、自然环境 10
　　　　三、政治与法律环境 10
　　　　四、经济环境 11
　　　　五、社会文化环境 11
　　　　六、科学技术环境 12

　　第三节　旅游市场微观营销环境 13
　　　　一、企业内部环境 13
　　　　二、竞争者 14
　　　　三、供应商 14
　　　　四、顾客 15
　　　　五、营销中介 15
　　　　六、社区利益 16
　　第四节　旅游市场营销环境综合分析 16
　　　　一、机会威胁矩阵分析 16
　　　　二、PEST 分析 17
　　　　三、五力模型分析 19
　　复习思考题 20

第三章　旅游市场调研与预测 22

　　第一节　旅游市场营销信息系统概述 23
　　　　一、旅游市场营销信息 23
　　　　二、旅游市场营销信息系统 24
　　第二节　旅游市场营销调研 28
　　　　一、旅游市场营销调研概述 28
　　　　二、旅游市场营销调研的类型 29
　　　　三、旅游市场调研的程序 30
　　　　四、旅游市场营销调研的信息来源 ... 34

五、旅游市场营销调研方法................34
　　六、旅游市场营销调研中的
　　　　调研工具................36
　　七、旅游市场营销调研对象的
　　　　选择方法................37
　　八、旅游市场营销调研的问卷设计...37
第三节　旅游市场需求测量与预测........40
　　一、需求测量的主要概念................40
　　二、测量目前的需求................41
　　三、旅游需求的测量................41
　　四、旅游市场预测................43
复习思考题................49

第四章　旅游者消费行为................50

第一节　旅游者消费行为概述................51
　　一、旅游者消费行为概念................51
　　二、研究旅游者消费行为的
　　　　基本假定................52
　　三、研究旅游者消费行为的重要性...54
　　四、旅游者消费行为模式................55
第二节　影响旅游者购买行为决策
　　　　的因素................57
　　一、文化因素................58
　　二、社会因素................61
　　三、个人因素................65
　　四、心理因素................68
第三节　旅游者购买决策过程................75
　　一、识别需要................75
　　二、收集信息................76
　　三、评估方案................77
　　四、购买决策................77
　　五、购后行为................79
第四节　组织机构旅游购买行为分析......79
　　一、旅游组织机构消费者的类型......80
　　二、影响组织机构购买行为的因素...81
　　三、组织机构的旅游购买行为过程...82
　　四、组织机构旅游购买过程的
　　　　参与者................83
复习思考题................84

第五章　旅游目标市场营销................86

第一节　旅游市场细分................88
　　一、旅游市场细分的概念................88
　　二、旅游市场细分的作用................88
　　三、旅游市场细分的原则................89
　　四、旅游市场细分的标准................89
　　五、旅游市场细分的方法................94
第二节　旅游目标市场选择................94
　　一、旅游目标市场的概念................94
　　二、旅游目标市场的选择模式......95
　　三、旅游目标市场营销策略......96
　　四、目标市场营销策略选择的
　　　　影响因素................98
第三节　旅游市场定位................99
　　一、旅游市场定位的概念................99
　　二、旅游产品市场定位的方法......100
　　三、旅游产品市场定位的策略......101
　　四、旅游产品市场定位的步骤......102
复习思考题................103

第六章　旅游产品策略................105

第一节　旅游产品概述................106
　　一、旅游产品的概念................106
　　二、旅游产品品种................108
第二节　旅游产品组合策略................109
　　一、旅游产品组合的相关概念......109
　　二、旅游产品组合的形式................110
　　三、旅游产品组合的策略................111
第三节　旅游产品生命周期策略......112
　　一、旅游产品生命周期概述......112
　　二、旅游产品生命周期各阶段的
　　　　营销策略................115
第四节　旅游新产品开发策略................118
　　一、旅游新产品及其种类................118
　　二、旅游新产品的开发策略......120
　　三、现代旅游产品的发展趋势......120
复习思考题................121

第七章　旅游产品价格策略 124

第一节　旅游产品价格概述 125
一、旅游产品价格概念及其构成 126
二、影响旅游产品定价的因素 127
三、旅游产品定价的目标 129

第二节　旅游产品定价方法 131
一、旅游产品定价的主要方法 131
二、收益管理定价方法 135

第三节　旅游产品定价策略 136
一、新产品价格策略 137
二、心理价格策略 137
三、折扣价格策略 138
四、区分需求价格策略 139

复习思考题 140

第八章　旅游营销渠道策略 143

第一节　旅游营销渠道的概述 144
一、旅游营销渠道的概念 145
二、旅游营销渠道的功能 145
三、旅游营销渠道的类型 146

第二节　旅游中间商 149
一、旅游中间商的概念 149
二、旅游中间商的类型 150
三、选择旅游中间商的原则 152

第三节　旅游营销渠道的管理 153
一、旅游营销渠道的决策 153
二、旅游营销渠道的评估 154
三、旅游营销渠道的冲突 155

复习思考题 156

第九章　旅游产品促销策略 159

第一节　旅游产品促销概述 160
一、旅游产品促销的目标 160
二、旅游促销基本方式及其组合 162

第二节　旅　游　广　告 164
一、旅游广告目标与预算决策 165
二、旅游广告创意决策 166
三、旅游广告媒体选择与效果评估 167

第三节　旅游销售促进 168
一、旅游销售促进概述 168
二、旅游销售促进实务 170

第四节　旅游人员推销 173
一、旅游人员推销概述 173
二、旅游人员推销实务 173

第五节　旅游公共关系推销 177
一、旅游公共关系概述 177
二、旅游公共关系实施原则 179
三、旅游公共关系实务 179

第六节　国际互联网网络推销 181
一、国际互联网网络促销概述 181
二、国际互联网网络促销原则 183
三、国际互联网网络促销流程 183
四、国际互联网网络促销模式 184

复习思考题 184

第十章　旅游市场营销组织与控制 187

第一节　市场营销组织 187
一、旅游市场营销部门的演变 187
二、旅游市场营销部门的组织形式 188
三、市场营销部门和其他部门的关系 190
四、旅游市场营销组织的设置原则 193

第二节　旅游市场营销计划 194
一、旅游市场营销计划的定义 194
二、旅游市场营销计划的分类 194
三、旅游市场营销计划的主要内容 195
四、旅游市场营销计划的实施问题与原因 198

第三节　旅游市场营销控制 199
一、年度计划控制 199
二、赢利能力控制 202
三、效率控制 204
四、战略控制 205
五、市场营销审计 205

复习思考题 207

第十一章　旅游目的地营销 208

第一节　旅游目的地和旅游目的地营销概述 209
第二节　旅游目的地营销信息系统 210
　一、旅游目的地营销信息系统概述 210
　二、旅游目的地网络营销的优越性 210
　三、旅游目的地网络系统营销策略 212
　四、旅游目的地网络系统促销内容 213
第三节　旅游目的地促销组合策略 213
　一、促销组合战略简介 214
　二、促销组合战略内容 214
第四节　旅游目的地营销联盟 216
　一、概述 216
　二、旅游目的地营销战略联盟的特征 217
　三、旅游目的地营销战略联盟的类型及内容 218
复习思考题 218

第十二章　旅游市场营销案例研究 219

第一节　2009年加拿大旅华消费者行为调查 219
　一、调查的背景和目标 219
　二、参与调查者的构成 219
　三、最受欢迎的中国旅游线路 219
　四、调查者对中国旅游线路的选择及特点 221
　五、调查者对中国旅游花费时间的预期和对同伴的选择 221
　六、调查者对在中国旅游消费的承受力与预期 222
　七、调查者对到中国旅游的信息获取与预订 223
第二节　皇家驿栈(The Emperor)的文化营销 225
　一、精品酒店概况 225
　二、精品酒店的基本特征 225
　三、皇家驿栈故宫店概况 226
　四、皇家驿栈故宫店品牌设计 228
　五、皇家驿栈故宫店目标市场 228
　六、皇家驿栈故宫店特色产品 228
　七、皇家驿栈故宫店成功经验 231
第三节　2010年美国旅行社产品类型及营销手段 234
　一、旅行社业务分类 234
　二、销售产品细分 235
　三、旅行商主导产品及营销手段 236
　四、旅行社网络营销 237
第四节　德国都市文化旅游营销体系 239
　一、德国都市文化旅游的产业价值 239
　二、德国都市文化旅游营销机构的组织形式 240
　三、德国都市文化旅游营销机构的自我定位 240
　四、德国都市文化旅游营销机构的市场推广经费来源 242
　五、德国都市文化旅游营销机构的市场销售重点及渠道 243
第五节　北京欢乐谷夏夜祭烟火节策划书 243
　一、北京欢乐谷基本情况 243
　二、市场环境分析 244
　三、北京欢乐谷冬日烟火节策划方案 247

参考文献 253

第一章 绪 论

第一节 章节导读和概念引入

一、章节导读

本章首先阐述了旅游市场的 3 个不同概念和构成要素，然后详细介绍了传统市场营销和现代市场营销的定义和区别。在此基础上，对 3 种不同导向的营销理念的主要内容和产生环境进行了详细分析，最后论述了市场营销学的产生和发展过程，同时也对市场营销学在我国旅游业中的应用加以概述。

旅游市场营销是集市场营销学、旅游经济学、旅游管理学、旅游心理学、旅游社会学和旅游学等为一体的应用交叉学科。20 世纪 80 年代末期，随着我国国际旅游和国内旅游的迅速发展、旅游产业规模的不断扩大和地位的提升，特别是随着旅游市场竞争的不断加剧，对旅游市场营销的理论和应用的研究开始受到人们的重视。对旅游市场营销的研究最初只是借助市场营销的基础理论解决旅游企业经营管理中的微观问题，后来逐渐提升到应用市场营销理念和方法来分析和解决旅游产业发展和政府对旅游业管理的宏观问题。20 世纪 90 年代早期，在市场营销基本理论不断丰富和发展的情况下，国际和国内开始出现了旅游市场营销学这样专业化和部门化的新型教材和专著，创造性地提出了旅游这一新兴、特殊领域的营销理念、营销策略和营销方法。这不仅细化和丰富了市场营销学的理论体系，而且在实际应用上也有所拓展和创新，并且迅速成为培养旅游管理人才的一门重要必修课程。

但是必须看到，我国旅游业的经营管理水平和服务质量还处在一个不成熟的阶段，对于对旅游这种综合性、服务性产品如何进行市场营销，如何形成国际和国内的竞争优势等重要问题，许多旅游企业，甚至政府管理部门都缺乏理论指导和实践经验。各级旅游管理人员、服务人员普遍缺乏先进的市场意识和正确的营销理念，旅游企业中的许多营销方法和观点还停留在过去。此外，目前已有的旅游市场营销教材和课程，或多或少都存在着一些问题。例如，对市场营销的基础理论生搬硬套，内容与旅游企业和行业的实践脱钩，没有建立起适合中国国情的旅游市场营销理论体系，引进和使用国际先进营销理念和方法较少，实际应用和案例分析与目前我国旅游发展的情况不够贴切等。

为此，本章作为全书的开篇和先导，其重要的任务就是要对旅游市场营销中必须掌握的基本概念和先进理念从理论和实际的结合上加以分析和阐述，向读者传播最新的旅游营销理论、管理经验和手段方法，以便为读者循序渐进地学好后续的各个章节做好铺垫。

二、概念引入

(一) 旅游市场

描述旅游需求的多层次复杂体系。从衡量尺度看，有旅游者数量、购买力、消费水平

和需求特征层次上的旅游市场；从限制条件看，有个人可支配收入和闲暇时间约束下的旅游市场；从管理需求看，有建立在过程控制上，以时间、空间、内容为基点的旅游市场。

（二）旅游市场营销

发现、认识和把握旅游市场，达到各方满足的系统管理过程。即旅游市场营销是从满足企业目标的角度出发，发现未来和现存的旅游市场。充分考虑旅游市场的特点和需求，运用合适的标准衡量旅游市场，选取合适的方式赢取旅游市场的过程。

第二节 旅游营销要素体系

一、旅游要素体系概述

认识旅游市场营销，需要从支撑它的要素体系开始。简单的旅游营销要素体系，包括旅游行业，即提供旅游厂商的集合，是卖方，代表着供给；旅游市场，即需求旅游商品买方的集合，代表着需求。在买卖双方之间，有信息的联系、旅游产品的联系、时空的联系、交易的联系，更有经济的联系。卖方有旅游产品和相应服务，通过广告为买方知晓，通过渠道让买方获取。卖方获取金钱，买方得到产品。买方享用旅游产品后，将旅游产品的感受反馈给卖方。买方和卖方的要素互动，形成了旅游营销。

在旅游市场要素方面，要认识旅游需求、旅游者价值和旅游目标市场与细分。

旅游需求是指有支付能力和闲暇时间支撑的某个具体旅游产品的欲望。许多人都想到夏威夷度假，但是，只有拥有足够时间和金钱的旅游者才能够成行。旅游厂商不仅要盘算有多少人对某种旅游产品有需求，更重要的是，应该了解有多少人真正愿意并且有足够的金钱和时间去购买。

旅游者价值表明旅游者选择旅游产品的基础意识平台。旅游者的选择，往往出于比较直接的功利考虑。什么旅游产品能够给他们带来最大的价值，他们就会选择什么样的旅游产品。价值的衡量，从产品质量和价格出发，有绝对考虑，也有相对考虑。旅游者价值，与旅游产品质量成正比，但是与旅游产品价格的关系比较微妙。有时候，旅游者价值随着旅游产品价格的增加而减少；有时候，旅游者价值随着旅游产品价格的增加而增加；有时候，旅游者价值与旅游产品价格的变化似乎没有关系。

更进一步，可以把旅游者价值看作旅游者权衡获取和付出的心理回馈。旅游者得到和付出之间的比例，是旅游者价值的晴雨表。旅游者得到的，有吃住行游购娱方面的直接满足，也有由于这些满足带来的情感利益。旅游者付出的，有金钱、时间、体力和脑力等方面。将这两个方面进行比较，就可以对旅游者价值得出基本判断。旅游者价值增加有以下情况：

(1) 旅游者利益增加。

(2) 旅游者成本降低。

(3) 旅游者利益增加成本降低。

(4) 旅游者利益增幅高于成本增幅。

(5) 旅游者成本降幅高于利益降幅。

(6) 旅游者价值减少情况与之相反。

旅游目标市场是旅游企业意图服务的那部分人群及他们的需求。对于旅游企业来讲，旅游目标市场不可能满足所有旅游者，这既有成本上和能力上的考虑，也有可行性和效率上的考虑。事实上，有很多市场是不相容的。在这种情况下，就需要市场细分，也就是根据旅游者对产品和营销组合需求的不同，旅游企业可以把旅游者分成特征单一的消费群体。这种划分，可以从人口统计学角度出发，如年龄、性别、收入水平、教育程度等；也可以从心理认知角度出发，如同样的喜好，同样的心理成熟度等；还可以从行为选择角度出发，同样的行为模式是重要的细分考虑方面。

在旅游行业要素方面，主要是营销组合，也就是旅游企业为了达到营销目标，应对目标市场的一揽子政策选择。经典的观点是 4Ps，即产品(Product)、价格(Price)、渠道(Place)和促销(Promotion)。其中，产品包括旅游产品种类、旅游产品数量和质量、旅游产品的品牌、旅游产品的服务等。价格包括基准定价、价格折扣、信用政策等。渠道包括覆盖区域、代理企业、空间位置、交通条件等。促销包括促销政策、促销手段、广告组合、人员促销等。

二、旅游市场营销的目的和特征

旅游市场营销的目的是达到旅游企业和旅游者的双赢。旅游企业获取利润、信息和良好的形象，旅游者享用优良的产品，获取满意的体验。从狭义上来说，旅游市场营销的目的是通过创造、鉴别、推介和传递等手段，为旅游企业发现和满足旅游者需求服务。

要了解旅游市场营销的特征，首先要了解旅游业的特征。事实上，旅游业的特征为我们了解旅游市场营销的特征指出了方向。通过了解旅游业特征，我们可以归纳出旅游业市场营销的相关反应。

1. 作为服务业的一般特点

考虑到旅游产业是服务业的重要组成部分，因此，服务业的特点也是旅游业的特点。

(1) 服务业的无形性。消费者在购买时，无法实时实地地检查服务，往往是凭着对服务及服务相关方的个人理解和信心，比较主观，表现为服务业明显的无形性特征。而这种对主观印象的依赖性和无形性特征，直接决定了消费者态度是影响购买决策的关键。服务产品比实体性产品更为个人化，注重个人体验，而相应的服务质量更难被消费者客观评价。

(2) 服务业的能效性。由于消费者消费的服务产品是无形的，消费者难以把握，提供服务的厂商也难以精确预估产出，并且不能用库存来调节顾客的需求。消费者需要的时候，需要及时满足，等待消费者需要的时候，需要做好各种必要的准备。任何超出消费者期望时间的服务产品，轻则质量下降，重则出现不合格的产品。与之相对应，提供服务厂商的效率也随着契合顾客期望的程度而上下起伏。

(3) 服务业的感知性。服务业产品往往暴露在顾客的注意力下，无所遁形。在很多情境中，服务的提供和服务的消费是同时的。并且，顾客还必须亲身接触和参与服务产品的提供过程。为了应对这种情况，服务业分外注重产品的感知性：顾客事先能够被明确告知，事中能够被适当指导，事后能够被持续关注。服务产品与顾客之间能够建立一种亲切的关系。此外，相应设施也必须靠近顾客群。

2. 鲜明的自身特点

除了上述与服务业共同的特征，旅游业还有鲜明的自身特点。

(1) 季节性。旅游需求不是在所有时间段内平均分布的，呈现出强烈的季节性。自然条件和法定假日规定在很大程度上塑造了旅游业的季节性。中国的黄金周现象、欧洲的度假季和平时相比，需求大幅度波动，使得许多旅游企业必须考虑在3个月左右的较短时间内弥补一年的运营成本，而企业季节性关门歇业的现象仍然比较普遍。

(2) 综合性。旅游需求是一种综合性的需求。从供给上看，吃、住、游、行、购、娱往往互相联系。供应商力图把两种或两种以上要素联系起来，互相协调，完成联合营销。从需求上看，大多数游客在购买旅游产品时往往包含多种服务或产品。例如，在选择观光景点的同时，也选择住宿业、旅游交通业、餐饮业或者娱乐业提供的产品。

通过以上分析，我们对旅游业有了一定的了解。应该记住，无论是旅游业，还是其他行业，市场营销的基本理论和方法都是相通的，只是在具体应用方面有所不同。换言之，所有行业都可以共享市场营销的基本原理或核心原理，无论是基于服务还是基于制造业产品。事实上，旅游业市场营销的理论体系就是从制造业引入的。我们常常看到，其他行业的专业营销人士进入旅游业后，业绩非常好，道理就在这里。

尽管如此，旅游业市场营销的自身特点还是决定了它的独特之处。旅游市场需求与供给的实质、产品和价格如何决定及配合、用于影响需求的促销的特点，以及用于方便购买的分销的特点，在很多方面都与纯粹的制造业营销有很大差别。这些差别会在以后章节中述及。

第三节　旅游市场营销观念沿革

旅游市场营销观念又称旅游市场营销理念或旅游市场营销管理哲学，是旅游企业进行旅游市场营销活动的准则或思维框架。正是由于旅游企业市场营销理念不同，在处理企业、顾客、员工和社会四方利益关系时，就会表现出不同的行为方式，产生的结果不能以道理计。事实上，市场营销观念经历了一个漫长的演进过程，不同时期曾出现过各种营销观念。而要分析旅游市场营销观念，首先要了解市场营销观念的演变历程。

第一个阶段是生产者导向的市场营销观念。其核心内容以生产者为中心，不考虑或者很少考虑顾客的需求。生产什么卖什么，以产定销，先产后销，重产轻销。销售手段机械粗暴。

第二个阶段是顾客导向的市场营销观念。其核心内容以消费者为中心，生产围着市场转。需要什么生产什么，以销定产，先销后产，产销平衡。注重顾客利益和厂商利益的双赢。

第三个阶段是多元价值市场营销观念。在这个阶段，营销的视角从消费者和厂商的二元结构中挣脱出来，投向更为广阔的视野。社会的需要、可持续发展成为人们的重要关注点。在这种状况下，生态营销观念、社会营销观念、绿色营销观念应运而生。当前，各种营销观念群雄并起，一争雄长。不故步自封，而是随着环境的变化及时调整自己的营销观念和经营策略成为企业营销的共识。

与以上3个阶段相对应，旅游市场营销大致也经历了这几个阶段。由于旅游市场营销是在外来引入理论的框架指引下成长完善的，因此按照模仿、完善、创新的成长过程，可以分为3个阶段。

第一个阶段是模仿阶段。这一阶段是经典市场营销理论引入旅游市场的阶段。在这一阶段，研究的重点是如何把市场营销的普世理论与旅游市场营销特点相结合，并提出有价值的研究方向。旅游产品与一般工业品的异同、旅游特征等方面是研究的重点。

第二个阶段是完善阶段。这一阶段的相关理论体系基本完善。在市场营销学的理论框架下，构建起基本完善的旅游市场营销学体系。旅游的特征如何影响消费者行为、旅游服务的顾客评估如何有别于有形产品评估、如何依据服务的特征将服务划分为不同的种类、可感知性与不可感知性差异序列理论、顾客卷入服务生产过程的高卷入模式与低卷入模式、旅游市场营销学如何跳出传统的市场营销学的范畴而采取新的营销手段等成为旅游市场营销的基本组成部分。

第三个阶段是创新阶段。在这一阶段，旅游市场营销产生了与经典市场营销不同的独特内容。体验和情境控制、关系营销和服务系统设计成为旅游市场营销的显著特点。研究重点集中在员工与消费者、消费者与消费者、员工与员工的心理体验和控制上。旅游市场营销学的研究更加深入。

复习思考题

1. 从你未来打算从事的旅游行业出发，谈谈你对旅游市场营销的认识。
2. 旅游市场要素体系的内容是什么？
3. 旅游市场营销的目的是什么？有什么特征？
4. 旅游市场营销观念是怎样演进的？

第二章　旅游市场营销环境

[引导案例]

海南离岛免税新政进一步催热免税购物热潮

2013年春节黄金周，海南旅游迎来巨大商机的同时，更是迎来了假日人流高峰的严峻考验。7天长假，全省共接待游客190.48万人，同比增长40.85%，旅游总收入56.51亿元，同比增长32.57%。

近年来自驾客和散客的快速增长，对海南省旅游公共设施提出了更为严格的要求。今年春节期间，中外游客在海南感受到全新的旅游咨询服务。

2013年2月1日，三亚旅游官方手机客户端正式上线，该客户端专门为到三亚旅游的游客提供包含景点、资讯、美食、住宿、交通、线路推荐、导航、投诉咨询等信息服务，极大地方便了游客出行。

为进一步完善旅游咨询和投诉服务，省旅游委制作了"2013年春节假日旅游公用信息指引"，公布旅游、价格、质量、食品、治安、交通等部门的投诉咨询电话，旅游、气象、海事、交警、机场等部门的网站，以及各有关部门的微博，方便游客咨询投诉。省旅游委还印制了海南旅游服务监督卡，在机场、港口等游客密集的区域发放，告知游客投诉方式和渠道。据统计，2月9～15日，省旅游投诉咨询热线接听电话719个，其中咨询类电话477个，投诉类242个。受理旅游投诉案件229宗，均已作出相应处理。

据介绍，春节黄金周期间，海南旅游亮点不断，离岛免税政策效应凸显。蛇年春节是自2012年11月离岛免税新政实施后的首个春节黄金周，客流高峰加上政策效应，让原本就火爆的免税购物再度升温，进一步催热免税购物热潮。据初步统计，2月9～15日，海口免税店和三亚免税店销售免税商品约1.6亿元。

春节期间，低碳、时尚、健康的邮轮旅游，骑行旅游，露营旅游成为新的热点，收到游客的热捧。公路田间随处可见的骑行者，已成为春节假日旅游一道靓丽的风景线。

此外，自驾游游客大幅增加。据统计，春节假日期间，海南的进港车辆41 451辆，增长55.8%；出港车辆34 820辆，增长81.52%。为做好服务自驾游游客的工作，各市县、各有关部门为游客提供了各种便民服务措施，海口市在机场、港口发放"琼北过大年"的自驾车地图，指引自驾游游客和散客出行。

三亚市开设了4个自驾车露营地，在春节假日期间开放，每个露营地均配套有灯光照明、电插座板、移动公厕、冲洗浴间及垃圾收集站等设施，为游客体验露营度假提供条件。万宁市为在日月湾露营的自驾车游客组织了一场互动性强、参与性强的篝火晚会，取得了良好效果。琼海市首个绿野田园驿站等落成并接待自驾游游客，为游客中途休闲放松提供了好去处。

资料来源：http://www.ctax.org.cn/news/csyw/201302/t20130218_716350.shtml。

第一节　旅游市场营销环境概述

作为成功的旅游企业，看待世界的顺序必定是从外而内。事实上，旅游企业如何看待和应对外部世界，是否有效率地根据市场需要配置资源，是评判这家企业优劣好坏的基本标准。无论如何，各种环境因素总是在发挥作用。人文环境、自然环境、政治环境、人口环境、经济环境、科技环境等宏观环境要素和旅游者市场、商务和旅游企业的竞争者及其反应，都是旅游企业不得不关注的重要环境因素。

对于旅游企业来讲，客观评价所处的营销环境，鉴识其中蕴涵的机会和威胁，并且尽可能抓住机会，避免威胁，为制定市场营销战略和市场营销组合提供有价值的信息，是日常的重要工作。

一、旅游市场营销环境的含义

旅游市场营销环境是多种因素共同作用的结果。凡是影响旅游企业市场营销活动的，在促进和障碍两个维度作用于旅游企业市场营销，主体多元、层次丰富，并且不断变化的结构系统就是旅游市场营销环境。

在旅游市场营销中，旅游企业往往设置专门的部门研究和分析旅游市场，力图控制或影响旅游市场环境。但是，有些旅游市场环境对人为干预比较敏感，有些则不是。一般来讲，旅游市场营销环境包括宏观环境和微观环境。宏观环境是指包括人口、自然、经济、技术、政治、法律在内的诸多因素，很难被控制，对旅游企业营销活动产生间接影响。微观环境是指企业内部因素(组织、企业文化、企业资源等)和外部因素(营销中介、供应商、社会公众、顾客和竞争对手)，这些因素直接影响旅游企业提供服务的能力。旅游企业不但可以适应这种环境，而且可以引领和塑造它。

二、分析旅游市场营销环境的原因

首先，了解市场环境意味着旅游企业能够以科学的方法度量、认识和选择市场。对趋势的正确把握，并且顺从趋势的要求，是保证成功的基本点。在此基础上，将其量化，集聚资源，实现重点突破，是行动的基本方式。

其次，对环境的分析不仅仅在于把握机会，还在于避免威胁。旅游企业通过对自己、对竞争对手、对行业和对经济大势的正确分析，可以筛选出最有可能的威胁组合。在此基础上，适时调整自己的战略和决策，制定相应的措施。

最后，企业可以顺势而起，顺势而为。虽然宏观方向难以改变，但是旅游企业在微观环境方面还是大有可为。发现蓝海，深入挖掘渗透，改善自身的管理，可以让旅游企业在与强大趋势吻合，新旅游产品或营销才有可能获得更大的成功。

需要注意的是，我们对旅游市场营销环境的分析和评价往往比较粗糙，缺乏足够的精确性。这不仅和人类认识的局限性紧密有关，也和旅游市场营销环境本身的特点有关。旅游市场营销环境非常复杂，不断变化又相互影响，再加上计量工具有限，使得我们在很多时候只能对旅游环境做大致的把握，缺乏细部的精确性。

第二节 旅游市场宏观营销环境

旅游市场的宏观环境与其他市场相似,大致分为政治与法律、经济、社会文化、科学技术、人口环境、自然环境等方面。这些因素的作用可能是独立的,也可能互相影响,必须注意它们间的相互作用。例如,休闲时间和可支配收入的增长(经济、社会与文化因素),导致了景区人口超出承载力和环境污染(自然环境),它使得旅游者要求对之进行控制(政治法律)。这些又会改变人们的观念和行为(社会文化)。在很多情况下,宏观环境作用于旅游企业营销的方式主要是间接的。

一、人口环境

作为旅游企业,首先关注它所面对的消费者。不同区域、不同国家的人口规模和增长率、消费者的性别、种族、年龄、收入水平、教育水平、家庭类型等因素都是人口统计学环境的重要组成特征。

(一) 人口规模与人口增长率

人口规模越大,表明这个国家或地区的现实需求或者潜在需求处于较高的水平。虽然人口规模并不能直接与一个地方的市场规模相等价,但是其中还是存在着或多或少的联系。如果人口增长率保持在较高水平,对旅游业市场的培育有喜有忧。人口的迅速增长,一方面表现为需要的基础资源量会挤占旅游业的需求,制约旅游业的发展。另一方面,为旅游业提供了丰厚的人力储备。如果收入水平持续增加,也会为旅游业带来发展的机遇,刺激旅游业快速发展。

(二) 人口的地理分布

旅游市场消费需求与人口的地理分布密切相关。旅游消费行为,包括吃、住、行、游、购、娱等方面的市场需求量会随着人们所处的地理位置、气候条件、文化习俗等因素的变化而变化,从而呈现出明显的旅游消费结构和消费水平的变化。在这个意义上,人口的地理分布对于旅游市场营销意义重大。就中国来讲,经济发达的东南沿海地区、京津唐地区是国内旅游和出境旅游的重要客源,他们对旅游产品比较挑剔。而经济较为落后的中西部地区,需要解决的是努力参与到旅游活动中去,而对旅游产品本身的质量要求不高。随着中国城市化程度的日益提升,人们生活水平大幅提高,这些为国内旅游的高速增长提供了可能。同时,与城市化相伴而生的观念变革和消费能力提升也为旅游营销创造了客观条件。

小链接 2-1

重视中国游客 澳大利亚力争简化赴澳旅游签证手续

据澳洲新快网报道,出席 2011 年澳大利亚旅游交易会的澳洲旅游局局长 Andrew McEvoy(安德鲁·麦克沃伊)接受记者专访时,表示中国市场是增长最快的市场,为了吸引更多中国游客,澳大利亚旅游局正与澳大利亚移民局商讨力争简化赴澳旅游签证手续和要求,以缩短签证时间。同时,为应对中国等亚洲游客的快速增长,澳大利亚旅游局还制定了2020规划,到2020年增加40 000张酒店床位,以迎接更多的来自中国以及其他国家和地区的观光客。

Andrew McEvoy说,很高兴看到中国是澳大利亚成长最快的旅游市场,越来越多中国游客的到来为澳大利亚的经济注入活力。针对中国游客的持续增长,来往于澳中之间航线的载客量也在逐渐提升中。面对世界各国都纷纷前往中国吸引中国游客,Andrew McEvoy表示,他希望中国游客到澳大利亚旅游能感受澳大利亚人民的热情好客,欣赏澳大利亚独特的美景,留下一段一生难忘的体验。他说,澳大利亚不怕与世界其他国家和地区争夺中国游客,他相信澳大利亚对中国游客来说非常具有吸引力,澳大利亚的未来能吸引越来越多中国游客的趋势是不会改变的,为此无论是澳大利亚旅游局、澳大利亚各州和领地旅游厅以及航空公司、旅行社、酒店等都在积极做好准备迎接更多中国游客。

资料来源:http://news.xinhuanet.com/travel/2011-04/06/c_121270796.htm.

(三) 人口构成

人口构成分为自然构成和社会构成两大部分。自然构成主要是指性别、年龄等。不同的性别和不同的年龄,对旅游产品的需求都会有所不同。酒店业出现的女性楼层就对性别的差异做了回应。面临越来越明显的"银发"浪潮,旅游业已经开始积极应对。从老年人的生理和心理角度出发,开发适应他们需求的产品。社会构成比较复杂,其中主要的因素包括职业、教育等。不同的职业和不同的教育,与相应的收入、阅历、爱好、生活方式、价值观念、风俗习惯、教育背景等方面联系起来。例如,收入中上层者会把旅游看作生活的必需,习惯于选择去国际或国内的避暑胜地度假,去健康俱乐部、文化中心或体育中心。在中国,"80后"、"90后"正在迅速成为旅游市场的生力军,一个庞大的,与以往有很多不同的新兴旅游市场正在形成。

(四) 家庭状况

人的旅游需求在很多时候与家庭联系在一起。因此,在旅游产品的采购中,家庭的需求往往是重要的参考因素。当前中国典型的家庭是由父母和子女组成的三口之家。在应对家庭的旅游度假需求中,考虑到子女教育、亲子互动的旅游产品越来越多。与三口之家相对应,独身家庭、单亲家庭、无小孩夫妇、空巢家庭等在旅游需求方面也有自身的特殊诉求。例如,在经营产权酒店时,如果考虑的主要市场是独身、分居、丧偶或者离婚的家庭构成,那么,在营销自己产品的时候,就需要强调面积较小、小型器具、家具和设备等。

(五) 人口变动

旅游市场营销对人口变动更为敏感。这种变动体现在数量规模、机构、教育程度等方面,也体现在空间上。事实上,人口的空间变动更能体现旅游市场营销的特点,更加需要重点关注。人口的流动规模、流动分布、流动时间、流动距离、流动比例,以及流动人口结构的变化,都会影响旅游企业的营销策略和营销方法。

二、自然环境

自然环境是旅游业借以依托的重要支撑，同时，旅游业的发展也使得自然环境得以保护和改善。当前，自然环境的加速恶化已经成为全球性的重要问题，水和空气的污染也到了难以忽视的危险程度。

表面看，由于旅游业的不当开发，许多脆弱的自然环境土崩瓦解，原始文化迅速消亡。景点、植被和文化古迹遭到不可逆的严重破坏，旅游目的地居民的身体健康、自然生态的平衡和长远的发展也受到影响。

实际上，旅游业对良好的自然环境有更高的要求。发展旅游业，需要丰富自然资源的支撑、良好生态环境的支撑、合理能源成本的支撑。这些支撑如果不满足，旅游业的发展就会陷入困境。尤其在当前，应对温室效应，提倡低碳生活方式，发展循环经济成为人们的共识。这种共识在人们对旅游产品的选择上会表现出来。因此，旅游企业一方面要从长远的发展考虑，利用新能源产品(如风能、太阳能等)；另一方面可以从创造特色考虑，在营销活动中利用特色吸引消费者。例如，旅游景区在规划设计、建造中一定要考虑到对自然环境的影响，旅行社在设计线路时要考虑到旅游景区的承载力，旅游饭店可以采用环保设备及绿色客用品。

三、政治与法律环境

任何企业的营销活动总要受到政治与法律环境的规范、强制和约束，旅游企业也不例外。在旅游企业经营过程中，与相对应市场及营销活动相关的各种法律法规，以及各参与主体的活动都可以看作旅游市场营销的政治与法律环境。

国家对企业的管制主要通过法律法规表现出来。法律法规的主要目的是保护企业公平竞争，保护消费者不受不正当的商业行为侵害，保护社会利益不受无控制的商业行为侵害。相关法律法规明确规定了企业的活动形式与内容，并保障企业的合法权益，维护自由竞争和公平竞争，监督和惩罚企业的不法行为。当前我国的旅游法规体系已经初见雏形，《中华人民共和国旅游法》于 2013 年 10 月 1 日起施行。

国家的方针政策也是政治与环境法律的重要组成部分。事实上，在很多时候国家的方针政策比法律法规的影响力更大，对旅游企业的营销活动影响更直接、明显。国务院 2009 年底下发的 41 号文件把旅游业上升到国家战略性支柱产业的地位，为旅游企业带来空前未有的市场机会。而国家对节假日休息时间的多次调整，也为旅游业的发展提供了良好的条件，同时也会激化旅游市场竞争。

国际关系密切程度及其稳定性，是旅游业市场营销需要关注的重点。客源国和目的地国的关系好坏，是否稳定，直接影响到双边旅游发展的条件。战争、动乱等大的变动都会对旅游营销带来不利影响。政治体制直接影响到旅游市场营销开展的难易。良好的政治体制，可以显著降低交易成本，提高营销效率。

特定利益团体也是政治与法律环境的重要驱动力。第二次世界大战后，特定利益集团迅速成长，无论在数量上，还是在力量上，都不再是可有可无的力量。在旅游业，他们对政府官员、企业经理施加压力，要求他们更加注重旅游者的权益。这些特定利益团体对旅游企业的营销活动产生一定的影响，因此旅游企业必须认真研究和处理与这些团体的关系。

四、经济环境

市场是旅游企业利润的源泉，企业更多关注的是市场的经济属性，这就决定了经济环境的重要性。毕竟，市场需要购买力。而实际经济购买力的决定因素非常多，可支配收入水平、价格、储蓄、投资、利率、负债及信贷都对经济环境有影响。

站在区域的层面，经济环境的影响因素更加复杂。个体的情况和集体的情况、本身的情况和外部的情况及各种因素的相互影响，使得经济环境对旅游营销活动的影响更加错综复杂。

在诸多因素中，社会购买力更为重要。社会购买力是指一定时期内社会各方面用于购买商品或劳务的货币支付能力。许多因素通过影响社会购买力间接影响旅游企业的营销活动。这些因素包括国家或区域景气状况、消费者收入与支出、消费者信贷、通货膨胀、汇率等。

衡量一个国家或地区的经济实力或是判断国家或地区所处的经济发展阶段，萧条、复苏、增长、高潮是评价旅游市场潜力的重要指标。经济状况比较好的国家或地区，开展旅游市场营销的阻力较小。

汇率是影响旅游业的重要因素，突出表现在国际旅游运营上。汇率是两国货币之间的比价，即用一国货币单位来表示另一国货币单位的价格。汇率变动对旅游企业的影响表现为两个方面：一是当客源国货币升值时，对客源国旅游者有利，会引起目的地入境旅游人数的增加；另一方面，当目的地国货币升值时，对客源国旅游者不利，会引起目的地入境旅游人数的减少。

消费者个人可支配收入的研究是充分了解目标市场的规模、潜力、购买水平和消费支出行为模式的基础。一个消费者的可自由支配收入越多，可用于旅游或其他娱乐活动的开支就越多。旅游消费是一种高层次消费，只有当人均可支配收入达到一定水平时，才能进行旅游消费。

除以上因素外，通货膨胀状况、消费者的支出结构、消费者的支出模式、消费储蓄和信贷也是经济环境的重要组成部分。

五、社会文化环境

旅游业发展的核心推动力是文化，是人们赖以生存的社会塑造了基本信仰、价值观念和生活准则。在这些基本点的引领下，人们借以处理自己本身的关系、自己与他人的关系、自己与机构的关系、自己与自然的关系以及自己与社会的关系。在处理这些关系的过程中，民族特征、文化传统、价值观念、宗教信仰、风俗习惯等因素逐渐凸显，并且对人们的市场选择产生着重大影响。

可以说，社会文化因素表现的形式比较含蓄，不易理解，但是它的作用是实实在在的，影响力巨大。人们对旅游产品的兴趣和偏爱，由于文化的缘故表现不一。对时间、空间、图案、颜色、数字、动植物、社会交往等方面的爱好和禁忌也不相同。一个地方的人认为美的，其他地方的人很可能认为很丑。这需要在旅游市场营销的时候，针对不同文化的需求采取不同的营销战略和措施。

小链接 2-2

文化与旅游互动发展尤为重要
——访云南省建水县县长赵云华

云南省红河哈尼族彝族自治州建水县建城历史已有 1 200 余年，20 世纪 80 年代以来，建水县借助悠久的历史文化、独特的人文资源发展旅游业。通过多年的不懈努力，建水县旅游业各项指标名列红河州前茅，位居云南省前列，已成为云南省重要旅游目的地和红河州的重要旅游城市。对于如何做优做强建水旅游业等问题，笔者日前访问了建水县时任县长赵云华。

赵云华说，近年来，建水县大力实施文化旅游带动战略，牢牢把握云南旅游二次创业的发展机遇，充分发挥旅游资源优势，以建水古城为核心，以边儒文化为内涵，不断加快旅游业发展步伐，初步形成以人文景观为主，以民族风情、宗教文化、康体休闲、农业观光、乡村体验等为有机补充的旅游产品体系。2009 年，全县接待游客达 183.7 万人次，旅游业总收入达 6.67 亿元。

赵云华说，务必要下大工夫保护好建水古城，提升文化品位。建水景区总面积达 170.5 平方千米，在 3.5 平方千米的古城内就有几十个景区景点，搞好古城保护、文物保护及历史风貌恢复无疑十分有利于旅游产业发展。目前，建水县正抓紧实施学政考棚、临安府衙、北正街、迎晖路等一批古风貌保护与恢复工程建设。通过加强文物保护、修缮和申报工作，全县现有国家级重点文物保护单位 5 个、省级重点文物保护单位 8 个、州级重点文物保护单位 13 个、县级重点文物保护单位 29 个。

要做优做强建水县旅游业，推动建水县文化与旅游互动发展尤为重要。长期以来，建水县注重挖掘寺庙、古桥、古井、古塔等历史文化古迹，保护、提炼、整理、传承民族民间文化资源，积极探索具有建水县特色的文化产业建设之路，促进了文化与旅游互动发展。该县成功举办了 2009 年全国汽车场地越野锦标赛和全国摩托车越野锦标赛建水站赛事。2005 年团山民居被列入世界纪念性建筑遗产保护名录，2006 年建水紫陶工艺和彝族花灯被列入云南省非物质文化遗产保护名录。

资料来源：张洪文. 文化与旅游互动发展尤为重要[N]. 中国旅游报，2010-07-19(2).

六、科学技术环境

科学技术的发展总是突破人们的认知极限。正是技术的发展，使得人们可以忽视原有的限制因素。例如，电灯的发明让人们可以更有效地利用夜晚的宝贵时间。也正是技术的发展，使得人们面临过去没有的恐惧和灾难，如原子武器的开发。旅游业的发展，同样也得益于科学技术的突飞猛进。从马车到蒸汽机车，再到喷气式飞机，交通工具的日新月异拉近了客源地与目的地的距离。现代通信技术的发展又使得人们安排旅程更为便利。电子计算机的广泛运用提高了旅游企业的运营效率，网络技术的发展使得天下一家、地球一村成为活生生的现实。在饭店业，科学技术的发展为消费者创造了更多的娱乐消费工具(卡拉 OK、激光视盘、保龄球、室内高尔夫球等)，并使服务项目不断更新，如全球视像电话服务、触摸式信息查询服务、触控点餐系统、为商务客人提供服务的商务中心、快捷的房内入住服务、信息化离店结算服务、电子门锁系统及建筑智能化等。各大饭店管理集团都开发了自己独立的市场信息预测系统和饭店预订系统。这些新技术、新设施也成为吸引客人的兴奋点，从而提高了饭店的竞争力，并使企业和外部的信息交流更加畅通、及时和对称，还使内部管理信息系统更加优化、合理。相关技术环境对旅游市场营销的影响主要表现在流通方式更加现代化和旅游产品生命周期缩短上。

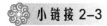

酒店装备高科技揽客

顾客要求越来越高，普通服务已经满足不了他们的需求，酒店不得不与科技公司合作，推出各种高科技娱乐休闲设施，提高吸引力。

1. 酒店、科技公司双赢

喜来登酒店与微软公司合作的"相聚喜来登"系统开始应用于喜来登全球各大酒店。酒店在大堂开辟专门场地，让客人使用公共计算机收发邮件，打印资料，与亲友进行视频聊天或者发送视频贺卡。

威斯汀酒店则与任天堂合作，在部分健身房提供WII设施和WII FIT等游戏。这些游戏可以让玩家随着游戏一起健身。

甚至其他一些名气较小的酒店也开始寻找科技巨头，装备最新科技产品。例如，甘斯沃尔特酒店集团正与索尼公司合作，在迈阿密南滩的新分店开建一个休闲吧。该休闲吧拥有索尼计算机、PS3游戏机、电子书籍阅读器和照相机。

科技公司也利用这一机会向住在酒店里的潜在客户展示他们的产品。微软饭店业总监安德鲁斯说："酒店大堂里的那些住客正是微软公司的潜在客户。"

2. 客人掌控灯光室温

芝加哥的詹姆斯酒店在过去数月里不断测试他们的高科技配套。这套设备由以家庭自动化系统闻名的 CONTROL4 公司安装。这个系统可以让住客自己掌控灯光明暗程度、自动调温器等。除此之外，该系统还为住客量身定制合适的起床方式，如让电视机在设定时间开播，声音还会越来越大，直到客人醒来。

詹姆斯酒店的总经理哈顿说："我们希望让客房里的每件东西都更人性化、更有活力。"哈顿现在正与 CONTROL4 公司沟通反馈，以确保这些新项目不会让客人伤脑筋。"我们必须确保这些高科技产品容易使用。"

另外一家与CONTROL4合作的酒店是文华东方酒店集团。该集团计划在2009年年底开张的拉斯维加斯分店使用新的欢迎体验系统。住客们登记后，一进房间就可以看到窗帘自动拉开，灯自动开启，电视屏幕上会出现有住客姓名的欢迎词。文华东方酒店集团美国分区科技部的副主席内尔格尔说："当您打开门，在您面前的不会是一片漆黑，也不用您摸黑寻找电灯开关，取而代之的是一片明亮。"

资料来源：赖妍. 酒店装备高科技揽客[N]. 新快报前沿周刊，2008-11-16(A20).

第三节 旅游市场微观营销环境

一、企业内部环境

相同的外部环境，但是经营结果却天差地别，主要原因在于企业的制度、结构、领导人和员工的素质不同。旅游企业内部是否有明确有效的分工，相互之间的协作是否和谐、运营机制是否科学、是否能适应竞争需要，都会影响旅游企业营销管理运行。

1. 企业的决策层

旅游企业的兴衰成败与其决策层关系密切，尤其与最高领导人有千丝万缕的联系。一个杰出的领导人，能够选择正确的发展方向、任务、目标、策略和方针政策等。如果他们认为旅游市场营销是企业经营的中心环节，他们会投入大量资源去推动旅游市场营销工作，如果他们认为有其他更重要的工作，旅游市场营销的重要性就会相对降低。

2. 相关职能部门

营销部门的工作需要其他相关业务部门的支持，如财务部门的资金支持、人力资源部门的人力支持、计划部门的指标支持、运营部门的产品支持，等等。换言之，营销部门没有能力包办一切营销事务，需要各部门的通力合作。

3. 企业各类资源

企业各类资源包括时间、土地、人、财、物等。人是企业最重要的资源，其数量、结构和素质决定了旅游企业竞争力。旅游企业的土地、设施、设备、资金是其经营的基础，决定了营销活动的方向和规模。而对时间的掌握，在很大程度上决定了旅游企业营销活动的效率。

4. 企业价值体系

企业价值体系可以有效地降低交易成本，是企业内部价值的重要依托点。通过建设价值体系，可以形成共同的价值观念、基本信念和行为准则，调动员工积极性，发挥员工主动性，提高企业凝聚力，优化企业形象，约束员工行为，为企业开展市场营销活动创造有利的外部环境。

二、竞争者

当前旅游市场的竞争日益激烈。作为旅游市场营销部门，必须深入了解竞争者。首先是对竞争者基本情况的研究，如竞争对手的数量，分布，它们在市场上的活动，规模、资金力量、其中哪些对自己的威胁特别大。这就过渡到对主要竞争对手的研究上。要研究其对本企业构成威胁的主要原因，是市场开发力量雄厚，资金多，规模大，还是其他原因。通过这种研究帮助企业制定相应的竞争策略。其次研究潜在竞争对手。新的进入者所带来的主要是行业竞争强度的增加。一般来说，进入障碍越低，那么进入者就越多，行业的竞争结构就越恶化。

三、供应商

供应商的业务是为旅游企业提供相应资源。在此过程中，通过其提高投入要素价格与降低单位价值质量的能力，来影响旅游行业现有企业的盈利能力与产品竞争力。旅游企业在经营过程中需要大量的输入，包括原材料、能源、资金、信息和劳动力等。这些输入量与供应商有密切关系。保持稳定的关系，供应及时充分，符合质量要求，是旅游企业必须重视的问题。

四、顾客

顾客是旅游产品的消费者，意味着旅游企业重点关注的目标市场。作为顾客，主要通过压价、要求提供较好的产品或服务质量，来影响旅游行业中现有企业的盈利能力。对于市场营销部门，顾客是营销的中心。怎样理解、衡量他们的需求，并且努力满足他们的需求，是市场行销部门的基本工作。而顾客的数量和需求制约着企业营销决策的制定和服务能力的形成。

顾客的理解不能仅仅局限于现有顾客层面，还应该扩展到潜在顾客层面。现有和潜在的顾客数量结构和顾客的实际支付能力是直接影响市场容量的重要因素。不同市场的顾客数量、购买动机、购买力各具特色，因而旅游企业市场营销的策略也不相同。

五、营销中介

旅游产品与旅游者之间存在距离，在很多情况下，弥补这个距离需要营销中介的参与。如果仅仅靠旅游企业自身，可能会出现劳而无功的情况。事实上，大多数旅游产品只有通过一定的渠道和媒介才能被消费者认可和购买，旅游产品才能实现其价值。

对营销中介的控制实际上是对渠道的控制和渗透。需要多少营销中介，筛选营销中介的要求，怎样协调配合营销中介的经营，怎样通过营销中介达到旅游企业自身的经营目标，旅游企业与营销中介的利益如何分配等诸多问题，决定了营销中介管理的重要性和复杂性。在经济全球化、电子分销技术发展日新月异的今天，营销中介的地位更加重要。包括旅游金融中介、旅游代理商、旅游经营商、旅游批发商、专业媒介、政府旅游机构、预订系统和电子分销系统在内的中介门类不断丰富和完善。

小链接 2-4

携程 CEO 范敏：将从中介向服务转型

自携程诞生以来，市场不乏跟进者，最早一批是以艺龙为代表的携程模式的复制者，但多惨淡经营；第二批竞争者则完全不同，以创新模式与携程直接展开竞争，如去哪儿模式和畅翔模式。

所谓去哪儿模式，其实就是垂直搜索引擎，将酒店和机票的最低价格和优惠直接显示给用户，并把用户直接引导至酒店和航空公司的预订网站，有助于酒店和航空公司大力发展自身的会员体系，并降低佣金成本。

而畅翔模式实际是一种 B2B(Business to Business，企业对企业之间的营销关系)。畅翔与企业客户建立长期合作关系，它不仅扮演服务中介，而且还是结算中心，形成企业客户跟畅翔结算、畅翔跟酒店和航空公司结算的递进关系。

携程将如何应对？

针对垂直旅游搜索引擎的竞争，范敏认为，"携程一站式的查询和服务依然具有优势"。携程实现资讯和服务的全面整合，让用户节约查找时间，并通过携程内部的精益服务来满足客人的需求；此外，中国民航市场中，航空公司给予代理们的机票价格基本是一致的，差异度很小，比价搜索虽查到"最低价格"，但却无法保障所链接商户的真实与合法性，而携程却能担保其网络信息的真实性和服务的可靠性。

针对企业的商旅管理，携程认为主要的竞争对手是美国运通等跨国商旅管理公司，商旅管理业务对资源、技术、资金要求颇高，国内其他企业基本未成气候。而就在2010年，携程已经成功超越了国旅运通(美国运通在华的合资公司)，成为国内市场份额排名第一位的商旅管理公司。"国内比较大型的网络企业几乎都是我们的商旅签约客户，如阿里巴巴、腾讯、百度等。"范敏表示，携程正式启动商旅管理实际上只有四五年时间，公司将商旅管理作为一个转型的项目来推动。具体做法就是将商旅管理从财务报表中单列出来。过去，携程财报只单列机票和酒店预订两项，后来增加了商旅管理、旅游度假两大单列项目，这就显示了携程转型的决心，即从过去单一的中介代理向综合旅游内容服务商的转变。携程不只做酒店和机票预订，而是将它们整合到商旅管理、旅游度假的内容服务上。

资料来源：http://finance.qq.com/a/20110112/002348.htm。

六、社区利益

旅游企业的生存发展必须考虑社区利益。这是因为，社区相关方对旅游企业实现其经营目标产生一定影响或有一定利害关系。社区的综合治理状态(社区公共产品的供给、政府行政职能在社区的实现和社区内认同与参与以及社区对政治与公共政策的认同与参与)与其利益直接相关的个人和组织紧密相关。这些个人和组织包括社区居民、社区内外政府机构、社区内公共服务者、社区内外非政府组织、社区内单位以及社区内非正式群体网络。旅游市场营销部门的职责之一就是必须与这些社区利益的相关方建立良好的关系，为企业的营销活动创造一个良好的环境。

第四节 旅游市场营销环境综合分析

面对纷繁复杂的旅游市场营销环境，旅游企业必须准确把握自身优势和劣势，把握机会，避免威胁。常用的分析工具有SWOT分析，即强弱危机综合分析法，这是一种经典的企业竞争态势分析方法，是市场营销的基础分析方法之一，通过评价旅游企业的优势(Strengths)、劣势(Weaknesses)、竞争市场上的机会(Opportunities)和威胁(Threats)，用以在制定旅游企业的发展战略前对企业的市场营销环境进行深入全面的分析。

在市场营销环境分析中，一般分为两大类：一类表示环境威胁，另一类表示环境机会。一般来讲，环境威胁指的是环境中一种不利的发展趋势所形成的挑战，如果不采取果断的战略行为，这种不利趋势将导致企业的竞争地位受到削弱。环境机会就是对企业行为富有吸引力的领域，在这一领域中，该企业将拥有竞争优势，或有得到更多市场营销成果的可能性。对环境的分析也可以有不同的角度。例如，机会威胁矩阵分析和PEST分析，也可以使用波特的五力模型分析。

一、机会威胁矩阵分析

在机会威胁矩阵分析中，我们可以把旅游企业分为4种不同的类型，如图2-1所示。

1. 冒险的旅游企业

冒险的旅游企业，处于象限 2 的位置。这类旅游企业负有进取心，希望能够通过冒险获取丰厚的利润，处于高威胁、高机会的位置。高机会表明环境因素的有利条件便于旅游企业利用市场机会，但高威胁因素又极易使企业陷入困境。

2. 理想的旅游企业

理想的旅游企业，处于象限 1 的位置。这类旅游企业的定位比较完美，威胁不大，机会较多，机会和威胁的结构非常完美。在这种情况下，需要时刻监视周遭环境，防止形势恶化。

3. 成熟的旅游企业

成熟的旅游企业，处于象限 3 的位置。这类旅游企业的威胁和机会都处于较低的水平。机会少表明企业已经充分利用了能够利用的资源，威胁小表明企业能够有较大的战略回旋余地。在这种情势下，旅游企业需要考虑如何突破当前环境的约束，谋求更大的发展。

4. 困难的旅游企业

困难的旅游企业，处于象限 4 的位置。这类旅游企业的市场营销环境极其艰难，机会少，威胁大，稍有不慎，就可能走到危机的边缘。在这种情况下，要么集中资源，选准方向扭转形势；要么尽早撤退，转到其他方向去。

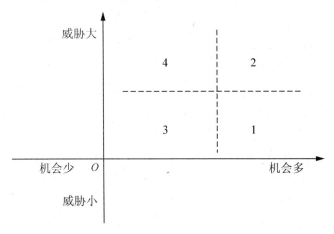

图 2-1　机会威胁矩阵

二、PEST 分析

在 PEST 分析法中，实际上就是把宏观环境的政治(Political)、经济(Economics)、社会(Social)、技术(Technological)等因素提炼出来，通过 4 个方面的因素分析从总体上把握旅游企业宏观环境，并评价这些因素对旅游企业营销目标和战略制定的影响。这种分析方法可以与关键因素分析结合起来。PEST 分析中重要的政治法律变量涉及政治体制、税法的改变、专利数量、环境保护法、产业政策、国防开支水平、与重要大国关系等。经济变量涉及 GDP

及其增长率、可支配收入水平、居民消费倾向、利率、通货膨胀率、汇率、进出口因素、货币与财政政策等。社会变量涉及人口结构比例、人口出生及死亡率、社会保障计划、生活方式、性别比例、对政府的信任度、种族平等状况、宗教信仰状况等。技术因素主要考虑国家对科技开发的投资和支持重点、该领域技术发展动态和研究开发费用总额、技术转移和技术商品化速度等。

小链接 2-5

基于 PEST 方法的红色旅游优劣势比较分析

1. PEST 方法

在 PEST 方法中，P(Political)是政治因素，E(Economics)是经济因素，S(Social)是社会因素，T(Technological)是技术因素。这 4 个因素对本地区或行业定位的作用是关键性的，每一个因素的不确定都会对本地区或行业的生存及发展构成严重威胁。基于 PEST 方法的红色旅游优、劣势比较分析如表 2-1 所示。

表 2-1 基于 PEST 方法的红色旅游优、劣势比较分析

项目	基本内容	比较优势
P. 政治、政策方向	(1) 中共中央办公厅和国务院办公厅印发《2011—2015 年全国红色旅游发展规划纲要》体现对红色旅游的重视； (2) 政治工程，爱国主义、革命传统教育的需要； (3) 各级政府的大力支持和重视，并成立专门机构，组织实施、落实； (4) 部分知名红色品牌形象众所周知	(1) 各红色旅游景色及所在地政府积极性高； (2) 政策性扶持，定位高、起点高、力度大； (3) 对知名红色目的地，知者多但去过少，吸引力大
E. 经济方面	(1) 各级政府投资、规划发展红色旅游； (2) 经济工程，加快革命老区和贫困地区脱贫致富、建设小康社会的步伐； (3) 带动区域发展，改善红色资源周边环境，改善基础设施和交通道路； (4) 各有关企业对红色旅游的特殊支持	(1) 自己保障有利于加强各种资源整合和旅游产业结构重组； (2) 基础低，增长较为明显； (3) 环境保护好，无污染，市场化影响小； (4) 红色旅游享受特殊折扣优惠，开发利用障碍少
S. 社会文化方面	(1) 文化工程：民族精神、青少年思想道德教育、建设社会主义先进化； (2) 资源文化内涵深厚，专题特色强； (3) 政府大力宣传，红色氛围浓	(1) 机关、企业、学校教育需要； (2) 传统文化保存教育较为完整； (3) 各类媒体的免费宣传； (4) 社会舆论的大力支持
T. 市场方面	(1) 建党、建军、新中国成立等重大纪念活动及其他重要节日的需要； (2) 客源层广泛(从学生到老人)； (3) 教育与旅游相结合，寓教于游、寓教于乐	(1) 不受季节的影响，与纪念活动和重要节假日紧密相关，淡旺季不明显； (2) 集体组织，"公费"资助； (3) 对特色群体客源吸引力大
T. 产品方面	(1) 红色旅游特色明显，文化内涵丰富； (2) 内容和形式突出差异性； (3) 结合当地的历史文化、自然景观等形成"红绿"、"红古"结合的旅游产品	(1) 对红色旅游的好奇心，渴望了解和参与； (2) 满足游客多样性、个性化的需求

2. 红色旅游优、劣势比较分析

随着我国社会经济的发展，旅游已成为人们重要的经济活动之一，旅游活动的地域范围越来越大，类型越来越多。虽然我国一些著名的红色旅游景区已广为人知，其宣传促销及景区现代化设施有了长足的发展，但大多数地方红色旅游景区或不太知名的红色旅游景区的发展还存在较大的差距，而且红色旅游作为新生事物，不论在形式、内容以及思想准备上，人们对它的认识还没有完全到位。尤其是作为红色旅游目的地的市场营销拓展人员，更有必要对红色旅游进行研究，了解这个新型旅游模式——比较红色旅游与其他形式的旅游之间的优、劣势，以利于加快红色旅游的发展。

资料来源：梁雪松. 基于PEST方法的红色旅游比较分析[J]. 经济论坛，2011，3：154—156.

三、五力模型分析

五力模型是由迈克尔·波特（Michael Porter）提出的，五力包括供应者的讨价还价能力、购买者的讨价还价能力、潜在竞争者进入的能力、替代品的替代能力、产业内竞争对手现在的竞争能力，如图2-2所示。

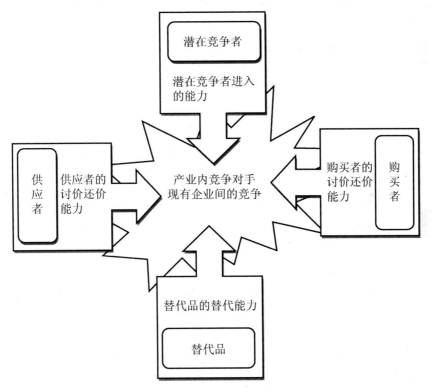

图2-2　波特的五力模型

五力模型分析，其实质是旅游行业的角度识别和发现旅游企业的机会和威胁。一般来讲，在机会识别方面，可以从以下方面着手。

第一，在旅游业的细分市场中，发现即将迅速增长的产业或行业，尤其要关注特定顾客的特殊需求。随着人民生活水平的提高，生活节奏的加快，人们对日常外出旅游的方便、快捷要求提高，出现巨大的一日游消费市场。如何贴近顾客，发展一日游性质的经济、便捷型旅游方式，值得旅游企业认真研究。银发市场、亲子市场、可替代旅游产品、健康旅游产品所涉及的人群比例不大，但是绝对数量惊人，是旅游业发展的潜力所在。

第二，寻求现有旅游产品的新用途和新市场。事实上，旅游业的综合性方便了旅游业与其他产业的交叉和融合。旅游业与农业、旅游业与文化创意产业的结合实际上不仅为现有旅游产品找到了新用途和新市场，而且为相关产业打开了崭新的空间。当前，许多连锁型旅游企业不仅实现了横向一体化，同时实现了原材料生产、供应—食品生产—销售纵向一体化。

第三，量化机会，衡量机会。这包括两个方面：一个方面是对机会加以科学量化，分清楚战略性机会和战术性机会、大机会和小计划、有风险的机会和无风险的机会。另一个方面是与成本和风险对比，进行成本效益比较。只有收益高于成本的机会才是有效的机会，同样，也只有我们能够承受风险的机会才是有效的机会。

在威胁识别方面，可以从以下方面着手。

第一，分清楚现有的威胁和潜在的威胁。旅游业的威胁不仅仅存在于旅游业内，也存在于旅游业外。供应商、消费者、旅游行业竞争者、潜在竞争者、旅游产品的替代者5种基本竞争力量，都或多或少构成旅游企业的威胁。

第二，分清楚可控的威胁和不可控的威胁。有些威胁，旅游企业能够控制。例如，供应商的威胁可以通过纵向一体化来消解。但是更多的威胁，是不可控的威胁，如国家制定的方针政策、法律法规、计划、决定等就属于不可控的威胁。宏观经济因素造成的威胁，也是旅游企业无法控制的。国民经济发展速度下降、投资规模缩小、通货膨胀加剧、失业率上升等不利因素的出现，都构成对旅游业的威胁，而且这些威胁因素通常对绝大多数行业都会产生不良影响。

第三，以发展的眼光看待威胁。威胁不是稳定的，对企业的影响也时大时小。更重要的是，威胁在很多情况下会转化为机会。例如，人口统计方面的变化、人们生活水平的提高、消费倾向的改变，都将影响社会需求，从而对一些产业和企业形成机会，而对另一些产业和企业则构成威胁。人们消费观念的改变，对经营传统旅行社业务的旅游企业造成威胁，但同时，也为他们利用先进的电子商务技术，拓展新的渠道创造了可能。

复习思考题

1. 旅游市场营销环境是什么？分析它的意义何在？
2. 列举出你心目中最重要的旅游市场宏观营销环境和微观营销环境，并说出理由。
3. 选用相关工具分析某个选定的旅游企业面临的宏观和微观环境。
4. 案例题。

借世博契机展现经典上海 上海旅游再"攀高"

借助世博会契机，上海旅游业将迈入一个全新的发展阶段。在2010年3月1日召开的上海市旅游工作会议上，旅游行业提出了一个"攀高"的新目标：今年接待国内旅游者1.8亿人次，同比增长45%；国内旅游收入2930亿元，同比增长50%；接待入境旅游者700万人次，同比增长13%；旅游外汇收入59亿美元，同比增长约17%。

7 000万人次的参观者，184天的会期，对上海旅游业是一次严峻而漫长的考验，但同样也是一次难得的发展契机。时任市旅游局局长道书明告诉记者，全市旅游从业者已经做好准备，通过世博会，上海要成为世界著名旅游城市，同时成为亚太地区著名的购物美食之都、休闲消费之都、节庆会展之都和文化时尚之都。

随着世博会的脚步临近，世博旅游的宣传推广计划正在如火如荼地推进。世博会开幕倒计时90天之际，全球百城世博旅游宣传月已经启动；在倒计时50天、30天到来之时，全国百城世博旅游推广周、世博旅游大篷车巡回推广等活动也将次第展开。旅游部门还将利用2010年意大利"中国文化年"、韩国"中国访问年"、"中俄语言年"、"中越友好年"等国家层面的重大活动和主要国际旅游展，开展世博旅游宣传推广。近期，市旅游局还计划邀请100家海外主要旅行商来上海考察，扩大世博旅游的国际影响。

为了向7 000万名世博游客呈现一个"经典上海"，旅游部门深入发掘上海的海派文化和都市精髓。道书明说，上海的旅游应该是包含了"食、住、行、游、购、娱"的大旅游，是让世博参观者对上海这座城市"发现更多，体验更多"的深度游，上海旅游业在世博中正悄然而变。上海市旅游局首创了"四季上海"旅游消费信息发布，按春、夏、秋、冬四季上海旅游的不同特点，收集当季最有吸引力的旅游项目，汇编成"四季上海"旅游消费信息导刊免费发放，以引导旅游消费。旅游部门还推出了"新沪上八景"和"十佳灯光夜景"评选活动，发掘了一批鲜为人知的美景。据悉，从世博会开幕起，上海还将每月都推出一个美食主题，把上海各处的美馔佳肴集中介绍给海内外游客；各种国内外精彩演出将从世博园区延伸到上海各处，打造迷人"夜上海"；世博游客跨出现代化世博园区，就可以跨进朱家角、七宝、枫泾、新场等上海古镇老街观光旅游，还可以在闸北临汾社区、卢湾石库门弄堂和嘉定城乡这些"世博主题体验之旅"示范点，体验上海市民的真实生活。

184天会期，每天来上海的参观者人数并不均衡，如何统筹世博住宿资源是个难题。为此，市旅游局已建立起世博旅游住宿统计预报制度，适时掌握全市宾、旅馆床位情况，并及时向社会公布。市旅游局还会同有关部门摸排本市企事业单位和各学校可用于临时住宿的社会资源，制定实施临时有偿调用方案；同时，进一步摸排本市周边1.5小时车程内各城市的住宿资源，按照世博游客接待标准，确定参与接待的宾馆、旅馆，并拟定详细的送客方案。旅游部门还制定了"削峰填谷"措施，积极引导游客"错峰参观"、"错时住宿"，以缓解人流高峰期间游客住宿难题。

除此之外，世博旅游公共服务系统也在进一步完善中，入境游、国内游和入园世博团体客源信息动态监管系统已经建立，旅游咨询服务中心也将在世博会前覆盖至机场、车站、码头、主要景区景点等人流密集场所。上海、江苏、浙江三地旅游部门还联合建立了长江三角区城市群(以下简称长三角)世博小语种导游员信息库和资源共享平台，储备了1 000名小语种导游。市旅游局还将选拔培训100名优秀导游员组建"世博金牌导游服务队"，为中外游客提供优质服务。

资料来源：http://2010.qq.com/a/20100302/000028.htm.

案例分析：

1. 哪些宏观环境因素为上海旅游再"攀高"带来了机遇？
2. 请选择某一环境综合分析方法，对后世博时代的上海旅游进行分析，并提出相应的对策。

第三章　旅游市场调研与预测

> [引导案例]
>
> **2010年第二季度全国游客满意度调查报告出炉**
>
> 　　中国经济网北京2010年7月8日讯(记者　顾阳)由中国旅游研究院开展的2010年第二季度全国游客满意度调查报告今日对外发布。
>
> 　　报告显示：第二季度全国游客满意度指数为80.05，处于"满意"等级，较第一季度下降0.04，自2009年第四季度以来连续三个季度呈下降趋势。其中，市场调查指数为84.96，网络调查指数为83.97，质监评价调查指数45.7。
>
> 　　第二季度国内游客满意度指数为84.45，较第一季度下降5.12。团队游客对导游安排购物、投诉处理、交通、价格和景区客流的满意度较低；散客对城市整体服务水平和景点的满意度较低。
>
> 　　入境游客满意度指数为89.61，较第一季度上升3.97。入境游客对城市整体服务水平的满意度上升，但是我国旅游形象、餐饮和交通等得分较低，并且比第一季度有所下降。根据入境旅游客源地，满意度前五位依次是俄罗斯、英国、南非、日本和泰国，后五位是加拿大、中国澳门、印度尼西亚、哈萨克斯坦和朝鲜。
>
> 　　出境游客满意度指数为90.06，较第一季度上升2.08。出境游客感觉旅游比较理想，达到了需求和目的，对旅游价格、文化娱乐和旅行社的满意度上升。根据出境旅游目的地，满意度得分顺序依次为澳大利亚、非洲、中国港澳台、欧洲、日韩、东南亚、美洲。
>
> 　　在一日游市场和过夜游市场中，出境过夜游的游客满意度最高。第二季度城镇居民旅游满意度为74.02，农村居民旅游满意度为74.72，较上一季度有所下降。从"五一"小长假满意度来看，游客对旅游价格、容量和公共服务不满意的问题依然没有得到解决。上海世博会于5月1日开幕，成为旅游市场最为引人瞩目的季度性事件，课题组对此进行了专项调查。结果显示，世博会游客满意指数为77.64，并不令人乐观。其中需要重点关注的问题包括就餐等候时间、餐饮价格、菜品质量、住宿价格、景区的容量和商品价格、旅游市场秩序，以及突发事件处理系统。
>
> 　　在基于网络调查的全国游客满意度上，调查指数为83.97，较第一季度上升0.65。游客重游的愿望、网络预定和城市旅游形象的评论较好，而旅游公共服务、交通和旅游价格的评论较差。其中散客评论聚焦的问题是公共服务，如交通不便、公共厕所缺少和价格管理等；团队游客评论聚焦的问题是服务质量，如购物时间过长、景区特色和食住等。总体来看，旅游服务一致性和多样性是游客共同关注的因素。一致性包括物有所值、宣传真实、信守承诺和首席问责；多样性包括自由行走、多种选择、产品组合和个性定制。

在基于旅游质量监督调查的全国游客满意度上，调查指数为 45.7，较第一季度下降 0.38。尽管第二季度游客抱怨和投诉的比例均有所下降，但是散客和入境游旅客对投诉处理的满意度下降。在投诉系统中，投诉便捷程度和质监网站建设评价较好，投诉公示数量、公示频度、公示详细程度和处理效果等评价较差。

资料来源：http://district.ce.cn/zg/201007/08/t20100708_2159549.shtml。

第一节 旅游市场营销信息系统概述

对旅游市场进行专业而全面的调研与预测是旅游企业实现成功营销的基础。

随着技术的持续更新、消费需求的加速变化、竞争的日趋激烈，营销环境瞬时变幻，信息数量不计其数，这使旅游企业的经营决策的难度日益加大。而旅游企业所有的营销决策的基础是信息，只有提供全面、准确、及时的信息，才能为制定正确的营销决策奠定良好的基础。旅游企业负责人必须借助旅游市场营销信息系统从浩瀚的信息海洋中收集、整理、选取、分析有用、及时、有质量的信息，才能做出科学的决策。

一、旅游市场营销信息

营销信息在旅游市场这一"没有硝烟的战场"上发挥着越来越大的作用，市场竞争在一定程度上已经表现为营销信息的竞争，谁先获得有关的旅游市场营销信息，谁就将获得先机，如果能抓住市场机会，就能取得竞争优势。旅游企业要想取得旅游市场营销的成功，首先要认识营销信息的含义及作用。

1. 旅游市场营销信息的含义

旅游市场营销信息是指在一定的时间和条件下，与旅游企业的市场营销活动有关的各种事物存在方式、状态、特征及发展变化的综合反映。

2. 旅游市场营销信息的作用

对于旅游企业而言，市场营销信息不但对其营销活动，而且对整个企业的未来发展都有重要的导向作用。其具体作用表现在以下 4 个方面。

(1) 旅游企业营销战略的基础。旅游企业在制定营销战略前，必须了解有关的市场营销信息，研究旅游市场和旅游者的需求。

(2) 旅游企业确定营销计划的依据。旅游企业市场营销策略的制定，是建立在特定的市场营销环境基础上的，而要了解市场营销环境条件，就要掌握与旅游市场营销环境及其变化相关的市场营销信息。因此，旅游企业在制定市场营销策略时，必须根据市场营销决策的需要，有计划、有目的地搜集有关的旅游市场营销信息。

(3) 旅游企业进行营销控制的导向。某些环境因素的变化是企业无法预料和无法控制的，旅游企业即使在制订营销计划与营销策略时进行了认真的市场研究，也很难完全把握市场营销环境的变化。所以，在旅游企业的营销计划和营销策略的执行过程中，适时根据营销环境的变化，对原先制订的营销计划和营销策略进行控制和调整是必要的，而要保证调整后的营销计划和营销策略切实有效，则必须以变化着的旅游市场营销信息为依据。

3. 旅游企业对营销信息的要求

旅游企业收集营销信息是为支持营销决策服务的。旅游市场营销决策对所收集的营销信息有以下要求。

(1) 准确性。要求信息来源可靠，收集、处理的方法无偏颇。

(2) 及时性。营销信息的时效性极强，因此对获得信息、传递息和处理信息的速度有严格要求。

(3) 适合性。适合性即信息恰为决策所需的信息量和传送频度。信息量太少，传递间隔过长固然不好；然而量太大造成无用信息过多，或庞杂而理不出头绪，报告过频而使管理者疲于应付也不行。

(4) 系统性。企业在营销活动中受到众多因素的影响和制约，如果仅仅得到一堆杂乱无章的信息是无济于事的。为此，企业必须对有关信息进行分析，分析它们之间的内在联系，提高它们的有序化程度。只有这样，才能得到有效的信息。

(5) 成本性。收集、处理信息必然涉及成本，一方面，支出水平受企业预算制约；另一方面，支出水平不应超出所获信息可能给企业带来的收益，否则，这一信息收集、处理过程就失去了其存在的价值。

二、旅游市场营销信息系统

旅游企业所有的营销决策，都要以掌握充分而准确的信息资料为基础，然而在旅游企业的实际经营管理中，营销管理人员在决策时常常会碰到一些问题：第一，信息量太少，决策缺乏足够的依据；第二，信息量太大，决策者理不出头绪，无从下手；第三，有用的信息太少；第四，信息不易理解，难以在决策过程中灵活运用。要解决这些问题，就需要旅游企业有一套科学的信息管理办法，建立一套系统的程序来收集、整理、分析信息，使信息真正发挥作用，即旅游企业需要一套完善的旅游市场营销信息系统。

旅游市场营销信息系统是由人员、设备和程序所构成的一个相互作用的系统。其基本任务是及时、准确地收集、分类、分析、评价和提供及时、准确、有用的信息，供旅游企业计划、执行和控制营销决策。

旅游市场营销信息系统一般由内部报告系统、市场营销情报系统、市场营销调研系统、市场营销决策支持系统 4 个子系统构成。图 3-1 所显示的便是典型的旅游市场营销信息系统的基本框架。

首先，由市场营销经理或决策者确定所需信息的范围；其次，根据需要建立旅游企业市场营销信息系统内的各子系统，由有关子系统去收集环境提供的信息，再对所得信息进行处理；然后，由营销信息系统在适当时间，按所需形式，将整理好的信息送至有关决策者；最后，市场营销经理做出的决策再流回市场，作用于环境。

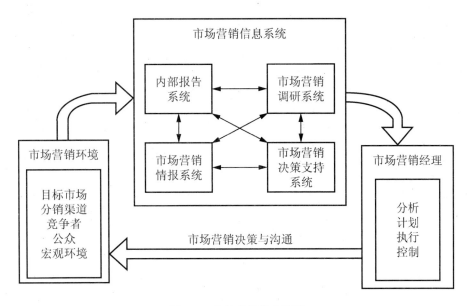

图 3-1　市场营销信息系统

（一）内部报告系统

内部报告系统是旅游市场营销信息系统中最基本的信息系统，旅游企业的内部信息就是通过这个系统传递给营销管理者的。它的最大特点是：①信息来自于旅游企业内部的财务会计、服务、销售等部门；②通常是定期提供的，用于日常营销活动的计划、管理和控制。

内部报告系统提供的数据包括订单、销量、费用、应收应付款、现金流量等。其中的核心是"订单—发货—账单"的循环，即销售人员将顾客的订单送至企业；负责管理订单的机构将有关订单的信息送至企业内的有关部门；相关部门根据订单进行准备；最后，旅游企业将账单送至顾客手中。

旅游企业应设计一个针对营销部门的内部报告系统，提供给营销人员的应是他们想要的、实际需要的和可以经济地获得的信息三者的统一。内部报告系统的任务之一是要提高销售报告的及时性，以便在销售发生意料之外的上升或下降时，旅游企业决策者能尽早采取应对措施。一般来说，旅游企业的营销经理需要他们当前销售的最新报告。但在设计内部报告系统时，旅游企业还应避免发生下述错误：一是每日发送的信息太多，以致营销决策者疲于应付；二是过于着重眼前，使营销决策者对每一微小的变动都急于做出反应。

（二）市场营销情报系统

旅游市场营销情报系统是指向营销人员及时提供有关旅游企业外部营销环境发展变化的情报的一整套信息来源和程序。人员安排可以是由营销人员日常搜取，也可以由专门的营销情报人员进行收集。营销情报人员通常用以下 4 种方式对环境进行观察。

(1) 无目的的观察。指观察者心中无特定的目的，但希望通过广泛的观察来搜集自己感兴趣的信息。

(2) 条件性观察。指观察者心中有特定的目的，但只在一些基本上已认定的范围内非主动地搜集信息。

(3) 非正式搜寻。即营销情报人员为某个特定目的，在某一指定的范围内，做有限度而非系统性的信息搜集。

(4) 正式搜寻。即营销人员依据事前拟订好的计划、程序和方法，以确保获取特定的信息，或与解决某一特定问题有关的信息。

营销情报人员可以从各种渠道获得各类营销情报，如阅读书籍、报刊、上网查询，与顾客、供应商、经销商等交谈，但这些做法往往不太正规并带有偶然性。为了更及时、更系统地得到有关外部环境变化的情报信息，旅游企业通常还会采用以下的渠道或途径来提高所收集情报的质量和数量。

(1) 训练和鼓励销售人员收集情报。

(2) 鼓励中间商及其他合作者向自己通报重要信息。

(3) 聘请专家收集营销情报，或向专业调查公司购买有关竞争对手、市场动向的情报。

(4) 参加各种贸易展览会。

(5) 内部建立信息中心，安排专人查阅主要的出版物、网站，编写简报等。

(三) 市场营销调研系统

营销调研系统的任务是：针对旅游企业面临的明确具体的问题，对有关信息进行系统的收集、分析和评价，并对研究结果提出正式报告，供营销决策部门用于解决这一特定问题。

营销调研系统的特点在于很强的针对性和深入性。它是为解决特定的具体问题而从事信息的收集、整理、分析。旅游企业在营销决策过程中，经常需要对某个特定问题或机会进行重点研究。

例如，某旅行社打算与某家企业合作，往往会成立一个调研小组对合作企业的真实背景、合作的可行性、利弊分析等进行专题调研，写成报告供营销决策人参考。

显然，对这类特定市场问题的研究，无论是内部报告系统还是情报系统都难以胜任，需要由专门的组织来承担，旅游企业可以临时组成一个精干的调研小组来完成这种调研任务，大公司一般会设立专门的营销调研部门。有时甚至企业自身也缺乏获取信息以及进行这类研究的人力、技巧和时间，必须委托专业的营销研究公司来承担，以保证结果的专业性和客观性。

(四) 市场营销决策支持系统

市场营销决策支持系统是由软件和硬件组成的，运用统计分析模型和其他决策模型对市场营销情报系统和市场营销调研系统收集来的数据资料用数学方法进行处理的系统。其结构如图 3-2 所示。

市场营销决策支持系统包含各种统计软件，可帮助分析者深入了解数据之间的关系及其统计上的可靠性，如与销售额变化相关的因素有哪些；各自对销售额变动的影响有多大；如果将旅游产品价格提高 10%，同时增加 20% 的广告费，将会给销售额和利润带来什么影响等。每种统计方法的原理、适用范围和算法请参考有关专业教材，此处不再赘述。

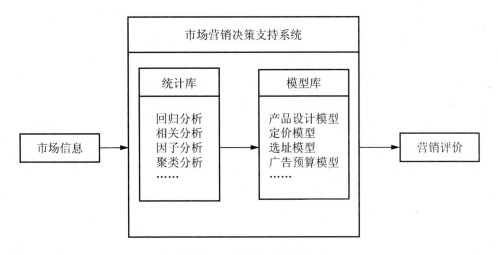

图 3-2　市场营销决策支持系统

模型库包括除统计方法以外各种可帮助科学决策的数学模型。自 20 世纪 60 年代以来，管理学领域大量引进数量模型作为决策依据的做法也为市场营销学专家们仿效。一些营销专家借助现代数学工具建立了大量的数学模型，用于营销决策，如确定最佳销售区域、零售网点配置、广告预算分配、是否开发新型产品等。在现代管理中，上述统计方法和决策模型都被编成程序，配置在计算机上，这大大提高了营销管理者做出更佳决策的能力。在我国，这方面的工作也已开始。未来将需要更多的管理学家进入企业，与营销人员加强相互了解和配合，以提高旅游企业科学决策的能力。

近年来，市场营销决策支持系统中发展最快的就是数据库营销，即建立有关现有与潜在顾客个人信息及购买模式的大型计算机文件。通过数据库营销，我们可以准确地辨别出谁是最大量的购买者，哪个细分市场是最有利可图，哪些产品或服务为旅游企业带来了最大的利润等，进而使旅游企业能够将营销努力与最需要支持的产品、服务与细分市场对应起来，以获得最大的营销收益。

小链接 3-1

旅游目的地营销系统

旅游目的地营销系统（Destination Marketing System，DMS）是目的地旅游信息系统的重要组成部分，它以互联网为基础平台，结合数据库、多媒体和网络营销技术，将基于互联网的高效旅游宣传营销与本地旅游咨询服务有机结合，为游客提供全面、周到的服务平台，是目的地营销的完整解决方案。DMS 主要包括多终端信息发布系统、目的地旅游供应商及产品管理系统、旅游产品质量控制系统、旅游产品预定系统、市场和客户管理分析系统、咨询中心服务系统、电子地图和标准系统接口。

一体化的目的地营销系统不仅支持目的地运营机构的网站自我管理，收集、编辑发布信息，将旅游企业纳入网络化营销中进行网上交易，还可与传统旅游营销模式达到很好的融合；同时支持并满足电子触摸屏、游客信息中心、电话中心信息的需求及电子出版物的制作。其营销范围可从本地区扩展到全国乃至全世界。

我国 DMS 开发与运营是国家"金旅工程"的重要组成部分，2002 年 10 月南海 DMS 作为中国 DMS 的第一个国家试点系统通过专家鉴定；2003 年 1 月国家旅游局联合信息产业部下发了《关于在优秀旅游城市建立并推广使用"旅游目的地营销系统"的通知》，开始在全国 138 个优秀旅游城市推广 DMS；2004 年 3 月国家旅游局信息中心在厦门举办了"旅游目的地营销系统现场推广会"。目前，全国仅有大连、三亚、珠海、惠州、深圳、厦门、苏州、桂林等十余个城市和港澳区域，以及广东、山东、四川、浙江等省的 DMS 投入运营，在城市旅游宣传促销中发挥了重要作用。

我国 DMS 建设是按照国家一省一市的多级系统组织结构进行架构的，由国家旅游局统一指导，分地区建设，逐步实现各级旅游目的地信息系统的互联互通。在实施中存在两种模式：①按国家旅游局要求，由相关省(市)旅游主管部门提出建设方案，统一由金旅雅途公司具体负责系统开发，有关省(市)旅游主管部门提供系统的开发及运行基金，组织该省(市)有关信息资源并负责具体的运营和管理；②各省(市)旅游主管部门通过招投标或合作的方式自主开发并自主运营和管理，一般由旅游行政主管部门信息中心或部门负责。我国 DMS 开发与运营采取政府主导的运作模式，即使部分省(市)采取与当地电信运营商合作的方式，但政府在其中也扮演主导角色。

资料来源：张补宏. 我国旅游目的地营销系统开发与运营探讨[J]. 地理与地理信息科学，2006(5)：111.

第二节 旅游市场营销调研

面对变幻莫测的旅游市场，越来越多旅游企业开始重视市场营销调研，通过科学而专业的市场营销调研准确地把握市场的脉搏，做旅游市场上的弄潮儿。

一、旅游市场营销调研概述

旅游市场营销调研是以营销管理和决策为目的，运用科学方法，对有关信息进行有计划、有步骤、系统地收集、整理、分析和报告的过程。

旅游市场营销调研的内容，归纳起来主要包括以下几个方面。

1. 旅游企业营销宏观环境调研

(1) 政治法律制度环境调研。调研内容主要包括：政治环境的稳定性；政府有关法规，如环境保护法、旅游法、保险法；政府有关方针、政策；外国政局的变化；旅游消费者的政治倾向性；政治影响。

(2) 社会经济环境调研。调研内容主要包括：社会制度和经济制度，国民生产总值、国民收入，城市居民存款情况，消费水平和消费结构，物价水平及其结构；投资状况。

(3) 自然地理环境调研。调研内容主要包括：地理位置，资源状况，气候条件，地形、地貌，旅游目的地的基础设施和配套设施的建设情况。

(4) 人口状况调研。指人口及其增长情况等。

(5) 社会文化调研。指社会时尚的变化、消费潮流等。

2. 旅游市场需求调查

(1) 旅游市场调研。指市场需求总量及其构成调研，各细分市场及目标市场的需求调研，市场份额及其变化情况调研，掌握市场上对某类产品的需求特征及其原因和规律性。

(2) 旅游消费者调研。指购买能力、个人可任意支配收入、消费水平及消费结构调研，旅游消费者对本企业产品的忠诚程度调研，旅游消费者的欲望与购买动机调研，旅游消费者受教育的程度和文化水平调研，旅游消费者的购买习惯、季节、逗留时间调研，旅游消费者的宗教信仰、民族、种族、风俗习惯调研，家庭人口结构和家庭生命周期调研。

3. 旅游企业经营潜力调研

旅游企业经营潜力调研包括：旅游企业内部人力资源调研与分析，旅游企业内部财力资源调研与分析，旅游企业内部物力资源调研与分析，旅游企业竞争地位调研与分析，旅游企业产品销售状况调研与分析，旅游企业组织机构及其效率调研与分析。

4. 旅游产品状况调研

(1) 产品或服务调研：产品市场份额调研，产品线调研。
(2) 价格调研：产品成本及比价调研，价格与供求关系调研，定价效果调查。

5. 销售渠道调研

销售渠道调研包括：现有销售渠道调研，经销商调查，渠道调整的可行性分析。

6. 广告及促销状况调研

广告及促销状况调研包括：广告及促销媒体调研，广告及促销受众调研，广告及促销效果调研。

7. 企业形象调研

企业形象调研包括：企业理念形象调研，企业行为形象调研，企业视觉传递形象调研。

二、旅游市场营销调研的类型

根据调研目的的不同，旅游市场营销调研的类型可以分为以下 3 种。

(一) 探测性调研

探测性调研是当旅游市场营销人员对所需研究的问题不太清楚时，为明确进一步调研的内容和重点，需进行试探性的调研。例如，营销管理部门发现某产品销量一直在稳步上升，但市场占有率却似乎在下降。通过探测性调研，营销人员确定了该产品市场占有率确实在下降，原因可能有以下几种：①产品质量下降；②竞争对手推出了具有明显优势的新产品；③消费者的兴趣发生转移；④原有的经销商推销不力。

探测性调研通常是一种非正式的、在利用二手资料基础上的小范围的调查，往往为正式调查中初步调研或明确问题阶段所采用。

(二) 描述性调研

描述性调研是一种对客观情况进行如实描述的调查。回答诸如消费者要买什么、什么时间买、在哪儿买、怎样买之类的问题。描述性调研注重对实际资料的记录,因此多采用询问法和观察法。描述性调研是在已经明确所要研究的问题与重点的基础上,拟订调研计划,对所需资料进行收集、记录和分析。

(三) 因果性调研

如果说描述性调研是要对问题"知其然",那么因果性调研就是要对问题"知其所以然"。因果性调研主要回答为什么,通常是在收集、整理资料的基础上,通过逻辑推理和统计分析方法,找出不同市场变量之间的因果关系或函数关系及其变动规律。因此,因果调查最理想的方法是采用实验法收集数据,再运用统计方法或其他数学模型进行分析,这样得出的结果最为可靠。当然,在调研实践中,难度也较大。

> **★ 小测试**
>
> 下列这些市场营销调研行为各属于哪种调研类型?
> (1) 某饭店对近年的广告效果与销量之间的关系进行分析。
> (2) 某旅行社向销售人员了解本企业价格水平是否比竞争对手高。
> (3) 某景区分析总结游客的消费行为。
> 【答案】(1) 属于因果性调研;(2) 属于探测性调研;(3) 属于描述性调研。

三、旅游市场调研的程序

在正式调研过程中,为保证调研结果的准确、可靠及不至花费过高,遵循科学的调研程序和掌握必要的调研技术是非常必要的。典型的市场营销调研大都可分为以下3个阶段:调研准备阶段、调研实施和结果处理阶段。3个阶段又可进一步分为5步:①确定问题和研究目标;②制订调研计划;③收集信息;④分析信息;⑤提出研究报告,如图3-3所示。

图3-3 市场营销调研程序

(一) 调研准备阶段

1. 确定问题和研究目标

只有将每次调研所要解决问题的范围圈定到一个确切的限度内,才便于有效地制订计划和实施调研。而且,问题提得越明确,越能防止调研过程中不必要的浪费,将信息采集量和处理量减至最低。调研的第一步要求营销经理和营销研究人员认真地确定问题和研究目标。

2. 制订调研计划

营销调研的第二阶段要求制订的一个收集所需信息的最有效的计划。营销经理在批准计划以前需要估计该调研计划的成本。

调研方案需包含以下内容。

(1) 确定所需要的信息：确定搜集资料的范围和方式。

(2) 信息来源：信息可分为第一手资料和第二手资料。一般说，调研中应尽可能利用二手资料，因获得二手资料相对来说较容易且快捷。但一手资料对解决当前问题针对性更强。营销调研的核心之一就是如何有效地收集到必要、充分且可靠的一手资料。

(3) 调研方法：收集一手资料的方法，主要有 3 种，即观察法、实验法和询问法焦点小组访谈法。

(4) 抽样设计：这一计划要解决下述 3 个问题，即谁是抽样对象？调查样本有多大？样本应如何挑选出来？

(5) 选择的调研工具：一是调查表；二是仪器，如录音机、照相机、摄像机、收视测试器、印象测试机等。其中，最常用的是调查表，调查表中常设计封闭式问题和开放式问题进行调查。

(二) 调研实施阶段

调研计划报上级主管部门批准后，就要着手进行信息的收集工作。调研实施阶段的主要任务是组织调研人员按照调研计划规定的时间、方法、内容的要求，系统地搜集资料和数据，听取被调查者的意见。

通常根据调研任务和规模要求建立调查组织或外请专业调查公司，训练调查人员，准备调查工具，实地展开调查等。

(三) 结果处理阶段

1. 分析信息

收集来的信息必须经过分析和处理才能使用。这一阶段包括：①检查资料是否齐全；②对资料进行编辑加工，去粗取精，找出误差，剔除前后矛盾处；③对资料进行分类、列表，以便于归档、查找、使用；④运用统计模型和其他数学模型对数据进行处理，以充分发掘从现有数据中可推出的结果，在看似无关的信息之间建立起内在联系。

2. 提出研究报告

调研的目的是要对决策者关心的问题提出结论性的建议。正规的市场调研必须就它所研究问题的结论提出正式的报告。报告包括以下几项内容。

(1) 引言：说明调研的目的、对象、范围、方法、时间、地点等。

(2) 摘要：简洁概括整个研究的结论和建议，这也许是决策者有时间读的唯一部分。

(3) 正文：详细说明调查目标、调查过程、结论和建议。

(4) 附件：包括样本分配、数据图表、问卷附本、访问记录、参考资料目录等。

3. 追踪和反馈

报告交出后，调研人员的工作并未结束，他们还须跟踪了解该报告的建议是否被决策者采纳。如果没有采纳，是因为什么？如果采纳了，采纳后的实际效果如何？是否需要提出进一步的补充和修正意见？

小链接 3-2

旅游企业发展环境调研报告（节选）

为贯彻落实《国务院关于加快发展旅游业的意见》，优化旅游企业发展环境，国家旅游局组织开展了《旅游企业发展环境》专题调研。调研组在认真研究制订工作方案、调研提纲、收集资料的基础上，于2010年3月上中旬，先后到北京、河北、上海、山东、河南、四川等地，以典型企业访谈、召开小型座谈会等方式，开展了实地调研。3月下旬和4月初，调研组对实地调研及有关资料进行了汇总分析和集体讨论。现以调研中所了解的旅游企业发展环境方面所存在的主要问题及原因、意见和建议为主要内容，形成本调研报告。

一、普遍存在的问题

(1) 资金积累和融资困难。旅游企业的发展资金积累较为缓慢。旅行社是微利行业，酒店投资量大、成本高、回收期长，景区与酒店基本相同。有的企业发展几十年规模仍然有限，资金的原始积累过程较长，旅游企业普遍受到资金短缺的困扰。融资困难主要体现在：第一，旅行社、旅游商品企业、旅游汽车公司等非资源经营性企业多为中小规模，固定资产小，缺少高附加值的抵押财产，难以达到银行贷款规定的条件，申请贷款困难；第二，酒店、景区等资源经营性企业难以将资源资本化，金融部门只规定将景区门票作为质押条件，而不将旅游资源价值作为申请贷款抵押的条件，使得企业申请贷款渠道窄；第三，很多景区仍然是行政管理，政企未分，产权不明，限制了企业通过股份制改造直接融资；第四，农家乐(包括民居接待点)的企业身份不明确，金融部门没有出台农家乐担保、贷款优惠的具体政策，大多数农家乐经营户不能获得银行贷款，可持续发展能力受到限制。

(2) 旅游项目用地困难。一是缺乏旅游用地专项支持政策，《中华人民共和国土地管理法》及《中华人民共和国土地管理法实施条例》等法律、法规对旅游用地的范畴、定义及类型没有明确规定，没有对旅游项目用地及旅游投资建设用地优惠等政策的具体规定；二是绝大部分地区在土地利用总体规划中对旅游用地规定不明确，旅游用地规划没有真正与本地区城市总体规划和土地利用规划有效地结合起来，可变性较大，操作性不强，很多旅游项目用地指标不足，往往只能通过置换集体用地来满足，供需矛盾突出；三是农家乐、乡村酒店等乡村旅游用地多采用租赁方式，办不了《中华人民共和国国有土地使用证》和《中华人民共和国房屋所有权证》，使得业主很难大规模投入，限制了乡村旅游的提档升级；同时其多为当地村民经营，有较大资金实力的外来投资者很难介入，土地紧张和流转规模小、难度大及"差别"待遇等因素制约了乡村旅游的发展壮大；四是旅游业对环境要求高、用地规模大，且没有优惠政策，旅游用地成本高于工业用地，增大了投资商的成本，项目招商困难；五是各地在不同程度上存在旅游用地审批程序烦琐、部分旅游景区和度假村等旅游用地不合理或实际开发不到位等土地浪费现象和旅游用地产权不明确等问题。

(3) 员工队伍不稳定和素质呈下降趋势。首先，长期的价格竞争和成本压力，使得旅游企业无力负担较高的员工薪酬，宣传引导不够和社会评价不高，员工职业自豪感和忠诚度下降，事业凝聚力和向心力减弱，导致旅游行业员工流失率较高、流动速度快、初次就业比例高，员工队伍素质呈下降趋势。此外，旅游高等教育脱离行业需求，职业教育的技能培养滞后，难以为旅游业输送合格的人才。

(4) 认识方面存在的不足。很多人认为"旅游就是吃喝玩乐"，对旅游产业改善国民经济结构、增进国民福利、提升城市形象和改善城市人居条件的战略性作用认识不足，导致很多地方缺乏对旅游产业发展的主动思考和系统规划，旅游政策措施的制定和落实较为困难，还导致了政府和企事业组织等难以保障公民的旅游福利，影响旅游的公开采购。

二、意见和建议

(1) 落实水、电、气同价政策。协调国家有关部门，就贯彻国务院41号文件、落实"旅游企业享受与工业用电、用水、用气同价"政策，制定出台具体执行文件。

(2) 推进资源性旅游企业改革机制、增强实力。联合有关部门出台政策，明确支持旅游资源经营性企业实行股份制改造，明晰产权，政企分开，建立法人治理结构，吸引国内外资本进入，壮大旅游企业，并寻求在境内外资本市场上市融资，增强旅游企业的实力。

(3) 保障旅游企业合理用地需求。将旅游用地纳入城市总体规划和土地利用规划，实行旅游项目与一般工业项目同等用地价格和其他优惠政策，切实保障旅游用地需求。

(4) 解决旅游融资渠道问题。协调金融信贷机构，对经营状况良好、潜力大、信贷记录良好的中小型旅游企业，给予更为优惠的贷款和担保政策；研究出台支持农家乐、家庭旅馆等乡村旅游发展壮大的投融资政策等。

(5) 解决旅行社责任过重问题。通过制定旅游法和其他立法措施，减轻旅行社优先赔付和连带责任。探索建立综合旅游保险，解决因不可抗力和非旅行社责任导致旅游者权益损失的赔偿问题。

(6) 尽可能减少政府接待、会议对旅游经营的干扰。主要应避免或尽可能减少政府重要接待、大型会议等活动临时征用导致旅游接待酒店、车船预订取消和封闭景区、道路导游改变、调整旅游计划。

(7) 规范旅游市场和优化企业经营环境。主要是依法规范旅行社业市场秩序，减少对饭店经营的干扰，协调解决景区周遍环境问题，许可小型轿车从事旅游客运。

(8) 进一步发挥行业协会的作用。加快行业协会的转型升级，探索协会的服务模式，切实发挥各级各类旅游协会服务会员、保障权益、沟通交流和行业自律等功能作用。

(9) 加强旅游公共服务。将游客咨询中心、交通标识系统、旅游目的地网络平台、旅游紧急求援等非盈利性、外部正效益明显的旅游公共服务设施纳入城市建设规划和相关规划，安排建设投入，同时促进旅游保险新产品的开发。

(10) 加强宣传引导。旅游行政管理部门、行业组织和企业都要高度重视运用舆论宣传工具，积极主导地引导旅游宣传向客观、全面、负责任的方向发展，推动社会各方面全面、科学地认识旅游。树立服务专家和终身服务观念，引导全社会尊重服务性劳动，为建立稳定、高素质的旅游员工队伍奠定基础。

资料来源：http://www.clocin.com/p-375386374.html。

四、旅游市场营销调研的信息来源

为了得到所需要的市场信息，营销调研人员要搜集有关资料，市场资料分为二手资料和一手资料。

1. 二手资料

二手资料是指为其他目的或用途经过他人收集、记录和整理所积累起来的各种数据和文字资料。二手资料容易取得，省时、省力、节省费用。因此，在市场调研中首先要充分利用现有资料，而将原始资料作为对现有资料的补充和验证。

小链接 3-3

世博会为上海酒店市场添活力

浩华管理顾问公司发布新闻稿称：国际酒店数据调研公司 STRGlobal 近日最新发布的业绩结果显示，2010 年 5 月，上海酒店市场的平均房价已接近人民币 1 000 元，这一平均房价业绩自 2008 年 10 月以来首度出现。

据 STRGlobal 统计，5 月份，上海酒店市场的住宿率实现了 54%的增长，整体市场的平均住宿率在当月高达 72%，自 2007 年 11 月以来首次超过 70%关口，平均房价上涨幅度达到 29%，相应地，市场平均每间房收益水平自 2007 年 11 月以来首次达到人民币 700 元，与去年同期相比增长了 99%。

依据 STRGlobal 的统计数据，五星级酒店市场的业绩达到了 4 年来的最高水平，这出乎很多业内人士的预料。浩华的新闻稿中称：原先认为世博会将为中档酒店市场带来更丰富的客源，对上海高档酒店能多大程度从世博会受益颇感忧虑。但是，现在那些高档酒店的业绩表现却为我们描绘出了一幅与中档酒店市场相似的画面，甚至业绩更加绚丽。5 月，五星级酒店市场的住宿率达到 79%，平均房价达到人民币 2 091 元，进而推动了平均每间房收益水平较去年同期增长了 105%，平均每间房高达人民币 1 600 元以上的收益是上海酒店市场在 2006 年达到巅峰后就从未达到过的水平。

"我估计很多人在年初都不敢指望市场会出现如此强劲的业绩表现和开局"，浩华上海办公室董事吴姿莹说，"让我们共同期待上海酒店市场在 2010 年重树辉煌。"

STRGlobal 享有全球 4 万多家酒店的经营数据，一直为浩华提供酒店数据分析支持，是浩华的紧密合作伙伴。

资料来源：http://www.ctnews.com.cn/zglyb/html/2010-06/30/content_11066.htm.

2. 一手资料

一手资料又称原始资料，是指为某一特定目的而搜集的原始资料。一手资料是调查人员通过实地调查所取得的资料，主要由内部报告系统和外部信息系统提供。

五、旅游市场营销调研方法

旅游市场营销调研人员搜集二手资料的方法较为简单，如查阅现有资料、阅读报刊、杂志等，而搜集一手资料则较为费时费力，搜集一手资料的方法主要有观察法、询问法、实验法。

(一) 观察法

观察法是指旅游市场营销调研人员通过现场观察有关的对象和事物，观察消费者购物和使用产品的方式而获取所需资料的一种方法。观察调查法根据调查结果的标准化程度而分为控制观察和无控制调查两类。前者须拟定观察提纲，确定观察的总体范围和具体对象，制定观察表或卡片，进行有目的、有计划的观察。后者对观察项目、程序和步骤等不做严密的规定。观察调查法又根据观察者置身于观察活动中的程序而分为参与观察与非参与观察。

(二) 询问法

询问法即以面谈或问卷的方式向被调查对象提出询问，以获得所需资料的方法。询问法分为面谈法和问卷调查法。

询问法是通过向被调查对象提出问题而获取所需资料的一种方法。

1. 面谈法

面谈法是根据访谈提纲通过向被访问对象当面提问来搜集信息的一种方法。

面谈可以分为个人面谈(Personal Interview)与小组面谈(Group Interview)、单次面谈(Single Interview)与多次面谈(Multiple Interview)等。

2. 问卷调查法

问卷调查法是旅游市场营销调研人员根据事先设计的调查问卷询问被调查者而获取信息的方法。按与被调查者接触的方式，问卷调查法分为以下4种。

(1) 直接询问法。直接询问法是调查人员直接与调查对象面谈，以取得资料的方法。这种方法比较灵活，能取得意外的资料，但费用高。

(2) 电话询问法。电话询问法是旅游市场营销调研人员通过使用电话向被访问对象提问来搜集信息的方法。这种方法能迅速取得资料，费用低，但有一定局限性，且无法控制不合作者。

(3) 邮寄询问法。邮寄询问法是旅游市场营销调研人员将事先设计好的调查问卷邮寄给被调查对象让其回答后再寄回的一种搜集信息的方法。这种方法调查范围大、费用低，被调查者有充分思考的时间，但时间长，回收率低。

(4) 网络询问法。网络询问法是旅游市场营销调研人员将问卷通过利用网络媒介邮寄或者利用网络技术让被调查者在线自行填写的一种搜集信息的方法。这种方法可以减少误差，提高回收率，但费用较高。

(三) 实验法

实验法是指旅游市场营销调研人员将有目的地控制一个或几个市场因素的变化，以研究某市场现象在这些因素影响下的变动情况的调查方法。实验方法可分为事后设计和事前事后设计等。首先选择两组条件相当的市场对象,一组作为实验组,一组作为控制组。在事后设计实验中,改变实验组的某些可控变量(如价格、包装等),而控制组仍保持原样,经过一段时间的实验后,对两组的运行结果进行比较,得出某些变量变化对市场的影响情况。在事前事后设计实验中,首先测定实验前后实验组本身的变化和控制组本身的变化,然后比较这两组的变化的大小,以得出因某些变量变化对市场的影响情况。选择相匹配的目标小组,给予不同的处理,控制外来变量和核查所观察到的差异是否具有统计学意义。例如,在飞机上互联网接入服务的不同收费,对乘客使用的影响。

六、旅游市场营销调研中的调研工具

旅游市场营销调研工具主要有有以下3种:调查问卷、定性测量和仪器。

(一) 调查问卷

具体内容参见本节第八部分旅游市场营销调研的问卷设计。

(二) 定性测量

定性测量是一种探测消费者感知的有创意的方法。方法的确定来自调研者的创意,如以下几种。

(1) 词汇联想。了解在消费者心中某品牌的形象,提供一些潜意识,如与品牌相关的力量、偏好、独特性。

(2) 投影技术。例如,要求被测试消费者将对某个品牌的印象比喻为一个人、城市、动物、织物、职业、车、杂志、蔬菜、国籍或其他品牌等。

(3) 想象具体化。要求被测试消费者用图画来描述他们对使用某产品的感觉。

(4) 品牌拟人化。让被测试消费者回答某品牌如果是人,会是什么样的人?他会做什么?他在哪里生存?他穿什么?在聚会上他会和谁说话?

(5) 梯形上升。以一系列递进的"为什么"来了解顾客的购买动机。例如,为什么要买诺基亚手机?因为它看上去不错(归因)。为什么"不错"很重要?因为它值得信赖(功能利益)。为什么值得信赖很重要?因为它可以帮助同事和家人找到我(情感利益)。为什么你每时每刻需要被找到?我可以帮助他们,如果他们有麻烦(品牌本质),品牌使这个人觉得自己是好人。

(三) 仪器

用于调研的仪器有以下几种。

(1) 电流计。测量一个对象在看到一个广告或图像后的兴趣或情感的强度。

(2) 视速器。能够在少于1%秒的时间间隔中将一个广告闪现在对象面前,闪现后,被试说出他们所记忆的内容。

(3) 眼相机。研究被试眼睛活动情况。例如,眼光最先落到什么地方,在每个项目中逗留多长时间等。

(4) 全球定位系统(GPS)、皮肤传感器、脑电波扫描仪、全身扫描仪等。

七、旅游市场营销调研对象的选择方法

旅游市场营销调研人员要根据营销问题的实质、调研目的以及被调查对象的特点与分布情况来选择调研对象。一般来说，调研对象的选择有全面调查和抽样调查两种。

（一）全面调查

全面调查就是对需要调查的对象进行逐一调查。这种调查方法可以得到全面可靠的数据和资料，但调查中需要花费大量的人力、物力、财力，而且调查时间较长。全面调查一般适用于产品销售范围很窄或用户很少的情况。

（二）抽样调查

1. 随机抽样

随机抽样即样本的确定不受人们主观意志所支配，而是采取一定的统计方法进行抽取，总体中的每一个个体被抽取的机会都是等同的。随机抽样分为简单随机抽样、分层随机抽样和分群随机抽样3种。

2. 非随机抽样

非随机抽样法抽取的样本往往受调查者主观因素的影响，常用的非随机抽样方法有以下几种。

(1) 方便抽样：根据调研人员的方便任意抽取样本的方法。

(2) 判断抽样：根据调研人员的主观判断从调研对象总体中抽取样本的方法。

(3) 配额抽样：也称"定额抽样"，是一种与分层抽样法相对的非随机抽样法相对的非随机抽样方法。调查人员将调查总体样本按一定标志分类或分层，确定各类单位的样本数额，在配额内任意抽选样本的抽样方式。

八、旅游市场营销调研的问卷设计

一份完整的调查问卷主要由3部分组成：一是问卷说明，二是要提出的问题，三是个人资料。有的还有附加成分：调查单位、调查员、调查时间、复核员、复核时间等。在这3部分中，中心是要设计提出的问题。

（一）问题的设计

根据具体情况的不同，问卷上的问题可以采用不同的形式。

1. 封闭式问题

调查问卷中的封闭性问题设计有以下类型。
(1) 单项选择题
一个问题只有一个答案供选择，例如：
在安排这次旅行中，您是通过旅行社进行酒店房间预订？
是□　　否□

(2) 多项选择题

一个问题提出 3 个或更多的答案供选择，例如：

"在本次旅行中，您和谁一起旅行？"

没有□　只有孩子□　配偶□　同事/朋友/亲属□　配偶和孩子□　旅行团□

2. 开放式问题

调查问卷中的开放性问题设计有以下类型。

(1) 自由格式

被调查者几乎不受任何限制回答问题，例如：

你对中国国际旅行社有什么意见？

(2) 语句完成法

提出一些不完整的语句，每次一个，由被调查者完成该语句。例如：

当我选择一家饭店时，在我的决定中最重要的考虑点是_____。

(3) 故事完成法

提出一个未完成的故事由被调查人来完成。例如：

我在几天前入住了桔子酒店。我注意到该酒店的内外都展现了明亮的颜色，这使我产生下列联想和感慨_____。

(4) 词汇联想法

列出一些词汇，每次一个，由被调查者提出他头脑中涌现的每一个词。例如：

当你听到下列文字时，你脑海中涌现一个词是什么？

故宫

中国

(5) 主题联想测试

给出一幅有图画，要求被调查者构想出一个图中正在发生或可能发生的故事。

(6) 图画完成法

给出一幅有两个人的图画，一个人正在发表一个意见，要求被调查者发表另一个意见并写入图中的空框中，如图3-4 所示。

图 3-4　图画完成法

3. 态度测量问题

(1) 顺位式问题

对某些属性或因素进行排序,例如:

请按照重要程度由高到低进行排序,列出对你来说在选择酒店时最看重的 3 个因素。

价格　　服务　　周围环境　　交通　　配套设施　　客房装饰

(2) 语意差别式问题

在两个意义相反的词之间列上一些标度,被调查人选择他意愿方向和程度的某一点。例如:

大——小

有经验——无经验

现代化——老式

(3) 数值尺度式问题

a. 李克特量表。指被调查人可以在同意和不同意的量度之间选择。例如:

小的饭店一般比大饭店服务得好:

坚决不同意　　不同意　　中立　　同意　　坚决同意

1□　　　　2□　　　　3□　　　4□　　　5□

b. 重要性量表。指对某些属性从"根本重要"到"极重要"进行重要性分等。例如:

客房服务对我是:

极重要　　重要　　有点重要　　很不重要　　根本不重要

1□　　　2□　　　3□　　　　4□　　　　5□

c. 购买意图量表。指测量购买人意图。例如:

如果客房提供服务,我将:

肯定会用　　可能会用　　不知道　　可能不用　　肯定不用

1□　　　　2□　　　　3□　　　4□　　　　5□

(二) 设计问卷时应注意的问题

问卷必须主题明确、通俗易懂、结构合理。在设计问卷时应注意以下几个问题。

(1) 注意写好卷首的说明信。以亲切诚恳的语言,站在被调查者的角度,言简意明地介绍调查目的和要求,争取被调查者的合作。

(2) 注意选择问题的类型及顺序。问卷中可以采用二项选择、多项选择等封闭式问题;也可以采用自由回答的开放式问题,根据调查内容进行选用。通常将趣味性强的简单问题放在前面,核心问题放在中间,涉及个人资料的敏感性问题放在后面。

(3) 注意问题的语言及问卷的长短。问卷的语言要亲切、易懂,避免专业术语和提示性语言。问卷的长短,控制在 30 分钟之内能回答完全部问题。

(4) 注意问卷的规范性。问卷要便于资料的校验、整理和统计。

第三节　旅游市场需求测量与预测

一、需求测量的主要概念

(一) 市场需求的测量方法

市场需求的测量，可以根据测量所要达到的目的及所需的条件从多层次、多侧面进行。从 6 个不同的产品层次，即产品品种、产品类、产品系列、企业销售、行业销售和全部销售；5 个不同的空间层次，即消费者、区域、地区、全国、世界；4 个不同的时间层次，即目前、短期、中期、长期。由此得出了 6×5×4＝120(种)的需求测量方法(内容)。每种需求测量的方法都服务于一个特定的目的。旅游企业可以为了筹集资金的目的而预测某个产品的近期需求，也可以为了决定是否建设亚洲的分渠道而预测亚洲对它的主要产品线的需求。

(二) 测量的市场类型

市场是某产品的实际购买者和潜在购买者的集合。

潜在市场是指对特定商品有某种程度兴趣的消费者。

有效市场是对特定商品具有兴趣、收入和途径的消费者的集合。市场规模会因为途径上的障碍而缩小。

合格的有效市场是对特定的商品具有兴趣、收入、途径并且合格的消费者的集合。

服务市场是公司决定追求的那部分合格的有效市场，即目标市场。

参透市场指已经购买了该产品的市场。

(三) 需求测量的概念

需求测量的主要概念是市场需求和公司需求。每个概念又有需求函数、预测和潜量。

(1) 市场需求

指在特定的地理范围、特定时期、特定市场营销环境、特定市场营销计划的情况下，特定的消费者群体可能购买的总量。

市场总需求是随给定条件的变化而变化的，如图 3-5 所示。

横轴：特定时期内行业市场营销费用的可能水平；

纵轴：由此产生的需求水平；

曲线：市场需求与行业市场营销费用的关系；

Q_1：市场最低量，即不需任何刺激需求的费用也会有的基本的销售量；

Q_2：市场潜量，市场需求的上线，即市场营销费用超过一定水平后，就不会再刺激需求了，市场需求的最高限。

市场最低量与市场潜量之间的距离表示出需求的市场营销敏感性。

① 市场预测：预期的市场需求。

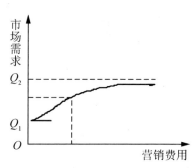

图 3-5　市场需求随给定条件而变化

② 市场潜量：在特定的环境下，随着行业市场营销费用的无限增长，市场需求所能达到的极限。

(2) 公司需求

公司需求指公司在市场需求上的份额。

$$Q_i = S_i Q$$

式中：Q_i——公司的需求；S_i——公司的市场份额；Q——市场总需求。

① 公司预测：公司在不同水平的市场营销努力下对销售情况的判断。公司预测是既定的市场营销计划的结果，不能作为市场营销费用决策的基础。

② 公司潜量：在公司市场营销努力的增长高于竞争者时公司需求所能达到的极限。

二、测量目前的需求

（一）总市场潜量

$$Q = nqp$$

式中：Q——总市场潜量；n——已知的假定条件下，特定产品或市场的购买者数量；q——购买者的平均购买数量；p——平均单价。

（二）地区市场潜量

判断地区市场潜量的方法有以下两种。

(1) 市场累积法。识别出每个市场上所有的潜在购买者，并判断出他们的潜在购买量的方法。产业市场常常使用该方法来判断地区市场潜量。

(2) 多因素指数法。消费品市场常用简单的指数法来判断地区市场潜量。

美国《销售与市场营销管理》杂志所公布的"购买力年度调查"确定了地区需求的多因素指数，某地区相对购买力指数计算公式为

$$B_i = 0.5 Y_i + 0.3 R_i + 0.2 P_i$$

式中：B_i——地区 i 的购买力占全国购买力的比例；Y_i——地区 i 的个人可支配收入占全国可支配收入的比例；R_i——地区 i 的零售额占全国零售额的比例；P_i——地区 i 的人口占全国人口的比例。

（三）判断行业销售和市场份额

旅游需要了解市场的实际行业销售额，确认竞争者的销售额。行业贸易协会经常收集并发表行业的销售数据，每个公司可以对照整个行业的情况来评价自己的绩效。

三、旅游需求的测量

一国或一地的旅游需求的大小是通过旅游需求的指标来衡量的。衡量一个国家或地区旅游需求量的是总体指标，衡量个别旅游者旅游需求量的是个体指标。这里介绍的是衡量旅游需求量的总体指标。

（一）旅游者人次数

旅游者人次数包括两部分：国际旅游人次数和国内旅游人次数。国际旅游人次数又分

为入境旅游者人次数和出境旅游者人次数。前者是指一个国家(或地区)在报告期内所接待的国外(境外)旅游者人次数,而后者则是指报告期内一国(或一个地区)居民出国(出境)旅游的人次数,旅游者每出入境一次,统计1人次。国内旅游人次数是指报告期内一国居民离开常住地在境内其他地方旅游的人次数。旅游者每出游一次,统计1人次。

(二) 一日游游客

一日游游客分为国际一日游游客和国内一日游游客。

国际一日游游客是指一个国家所接待的入境游客中,未在该国旅游住宿设施内过夜的外国人等境外旅游者。国际一日游游客包括乘坐游船、游艇、火车、汽车去(或途径)一国旅游,在车(船)上过夜的游客和机、车、船上的乘务人员,但不包括在境外(内)居住而在境内(外)工作,当天往返的周边国家的边民。

国内一日游游客是指一国居民离开常住地10千米以外,出游时间超过6小时,不足24小时,并未在境内其他地方的旅游住宿设施内过夜的国内游客。

(三) 接待旅游者人天数

接待旅游者人天数反映报告期内一个国家或地区的旅游住宿设施实际接待的各类旅游者的规模。旅游者人天数是旅游者人次数与旅游者人均停留天数的乘积。其公式为

$$旅游者人天数=旅游者人次数×旅游者人均停留天数$$

(四) 人均停留天数

旅游者在一国或一地的人均停留天数是反映旅游需求的又一指标。其计算公式为

$$人均停留天数=\frac{\Sigma 旅游者次数×停留天数}{\Sigma 旅游者人次数}$$

(五) 旅游开支

旅游开支是指在一定时期内,入境旅游者和国内旅游者在旅游目的地(国)旅游活动中所支出的货币量。其计算公式为

$$旅游开支数=旅游者人次数×人均旅游开支数$$

其中,人均旅游开支数的计算公式为

$$人均旅游开支数=\frac{\Sigma 旅游者人次数×旅游开支}{\Sigma 旅游者人次数}$$

(六) 旅游开支率

旅游开支率是指一定时期内,一国或一地区人们用于旅游的开支占该国或该地区个人消费总额(或个人收入总额)的比率。其计算公式为

$$E=\frac{T_e}{P_e}×100\%$$

式中: T_e——旅游开支总额;P_e——个人消费总额。

旅游开支率作为一个价值指标,反映一定时期内,一国或一地区人们对旅游的需求程度。

(七) 出游率

出游率是指在一定时期，一国或一地区出外旅游的人次与其总人口的比率。其计算公式为

$$C = \frac{N_t}{N_p} \times 100\%$$

式中：N_t——出外旅游人次；N_p——总人口数。

通过这一指标，可以看出该国或该地区形成旅游需求的能力。

(八) 旅游需求频率

旅游需求频率是指一定时期内，一国或一个地区外出旅游的旅游者总人次数与该国或该地区在该时期内外出旅游者总人数之比。其计算公式为

$$R_f = \frac{T_p}{T_N} \times 100\%$$

式中：R_f——旅游需求频率；T_p——旅游人次数；T_N——旅游人数。

该指标反映一国或一地区旅游者出游的频率。旅游需求频率越高，反映该国或该地区所形成的旅游需求量越大；反之，旅游需求量就小。

(九) 重游率

重游率是指一定时期内，一国或一个地区多次外出旅游的旅游者人数占该国在该时期内外出旅游的旅游者总人数的比例。其计算公式为

$$R = \frac{T_n}{T_N} \times 100\%$$

式中：R——重游率；T_n——一定时期内多次外出旅游的人数；T_N——该时期外出旅游的总人数。

以上指标，是从不同角度侧面衡量旅游需求的总体指标。通过这些指标，我们可以了解一国或一地区旅游需求的过去、现在状况，这对于我们提供旅游供给、更好地满足旅游者的旅游需求，从而使旅游业得以更好地发展，都是非常重要的依据。

四、旅游市场预测

(一) 旅游市场预测及其作用

旅游市场预测是指通过对旅游企业内外环境的调研，根据既成的市场事实，利用已有的知识和经验，用科学的方法和逻辑推理，对影响旅游企业市场变化的各种因素进行定性和定量的研究、分析、判断和估计，以掌握旅游市场未来变化趋势和规律，从而为旅游营销决策提供可靠依据的过程。

旅游市场预测有 5 个构成要素：人(预测者，是预测工作的主体)、信息(预测的依据)、手段(预测方法技术)、预测对象(旅游市场的未来或未知状况)和预测结果(推定或判断结论)。

这 5 个要素是相互联系、相互依赖的不可分割的有机整体。旅游市场预测的过程及组成要素，如图 3-6 所示。

图 3-6　旅游市场预测过程及组成要素

旅游市场预测对旅游企业的经营具有很大的作用。

首先，旅游市场预测是企业科学决策的前提和依据。通过预测可以提高旅游决策的科学性，把决策从经验、技术阶段提高到科学阶段。

其次，旅游市场预测是提高旅游企业经济效益和经营管理水平的先决条件。通过预测可以增加企业的主动应变能力和竞争能力。

最后，旅游市场预测是旅游企业取得超前信息的手段和工具。

预测和决策之间是密不可分的，调查是预测的基础和前提，决策是进行预测的目的，而预测的精确度是进行决策和制订计划成败的关键。旅游市场需求对其影响因素的反应十分敏感，变化也较复杂。同时，旅游产品的供给又有生产和消费的同时性以及不可储存性，一个旅游企业能否搞好市场预测，不仅会影响它的营销对策、生产经营活动的正确性、经营风险的承担，还会影响到它的经营效益，甚至关系到企业的生存。

（二）旅游市场预测的内容

在旅游市场的旅游供给和旅游需求的两个方面中，对于旅游企业来说，旅游需求是主导方面的问题，因而，对旅游需求的预测是旅游市场预测的主要内容。旅游企业研究旅游需求的目的是更好地供给。任何一个旅游企业在开发新产品和新市场时，必须分析其是否存在新的需求，需求程度能否给企业带来预期收益？新的市场规模是否足够大？需求未来趋向及其状态如何等。旅游市场预测涉及很多内容，主要包括以下 5 个方面：旅游市场环境预测、旅游市场需求预测、旅游容量预测、旅游价格预测和旅游效益预测。

（三）旅游市场预测的方法

1. 定性预测方法

定性预测方法是指在市场调查的基础上，凭借预测者的经验和智慧，通过分析、推理、判断，对市场未来的情况及其发展变化做出预测的方法。

常用的定性预测方法有以下几种。

（1）集合意见法

集体意见法亦称集体意见法。通过会议的形式，让与会者，如企业的决策人员、专家技术人员、销售人员、直接用户等各抒己见，充分讨论，找出问题的焦点，最后得出完整的预测结论。这种预测方法简便易行,但是易受主观因素及一些心理因素的影响,适合用于企业方向性问题的粗略预测。

(2) 德尔菲法

德尔菲法是一种专家函询调查法。按照预测课题所列出的项目,以匿名方式向有关专家进行多次调查,充分利用专家的知识和经验,反复征询专家意见,经过预测人员的分类得出趋向一致的预测结论。

(3) 销售人员意见综合法

销售人员意见综合法是根据销售人员的判断做出预测的方法。销售人员了解市场的发展趋势,他们的判断能接近事实,而且销售人员参与预测过程,会对自己的销售定额充满信心,进而激励其完成定额。但销售人员有其主观和客观的局限性,因而对销售人员的意见要汇总、修正,然后得出总体判断的结论。

(4) 购买者意图调查法

购买者意图调查法是对消费者的意向进行周期性的调查,获得信息,通过综合分析,预计出消费者购买意向的主要变动方向的方法,如表 3-1 所示。

表 3-1　消费者购买意图调查举例

你是否有意在 6 个月内购买欧洲游产品?					
0	0.2	0.4	0.6	0.8	1.0
不可能	有些可能	可能	很可能	非常可能	肯定

表 3-1 中的数字称为购买概率尺度。调查的平均得分越高,购买的可能性就越大。

2. 定量预测方法

定量预测方法,就是在充分占有信息数据资料的基础上,用数学方法通过数据分析和数学模型来近似地揭示数量变动关系,并据以预测未来变化,做出定量推算。这种方法客观准确。但是,由于影响的因素十分复杂,有的客观因素难以定量,数学模型不可能将客观经济现象的所有数量关系都反映出来,因而也有一定局限性。所以,还需要同定性主观判断法、系统分析法、概率分析法结合运用,以提高预测的精确度。

定量预测的方法和模型很多,现将经常使用的方法做简单介绍。

(1) 统计需求法

许多实际因素会影响产品的销售。统计需求分析是分析影响销售的最为重要的实际因素及其相对影响。分析因素常有价格、收入、人口和促销。

统计需求分析将销售(Q)作为需求自变量组(X_1, X_2, …, X_n)的函数,即

$$Q = f(X_1, X_2, \cdots, X_n)$$

例如,某旅行社通过分析发现下述需求方程与其 1999—2009 年间的销售额非常吻合,方程能正确解释 94% 的情况。要预测下年的销售,将数值代入方程即可。

$$Q = -3\,649 + 0.665\,X_1 + 1\,180\log X_2 + 774\,X_3 + 324\,X_4 - 2.83\,X_5 (10-5)$$

式中:Q——年销售额(千美元);X_1——上年销售额(千美元);X_2——年广告费(千美元);X_3——虚变量,1999—2003 年为 1,2004 年后为 0;X_4——年数(1999 年取 0,2000 年取 1,依此类推);X_5——可支配个人收入。

(2) 时间序列分析法

时间序列分析法根据以前的销售进行预测。先将以前的销售(Q)分解成4个部分：

$$Q = T + C + S + E$$

式中，趋势(T)：人口、资本构成和技术等的发展趋势；周期(C)：销售的波浪形变化。许多销售会受到周期性宏观经济活动有规律的影响；季节(S)：一年中销售变化的固定模式，可以广泛地理解为以小时、星期、月或季度为单位的循环往复的销售模式，与气候、假期、贸易习惯等有关；意外(E)：包括罢工、洪水、潮流、动乱、火灾、战乱等变故。

将以前的销售序列 Q 分解成 T、C、S、E 4个成分后，再将它们重新组合起来对销售进行预测。

常用的时间序列分析法有以下几种。

① 平均数法。平均数法是以预测目标的以往历史数值平均值作为未来的预测值。例如，某饭店1～5月的每月销售收入分别为20万、22万元、21万元、24万元和23万元。现分别采用简单平均法、移动平均法、加权移动平均法来预测6月的销售预测值。

简单平均法的所得为

6月销售预测值＝(20＋22＋21＋24＋23)万元/5＝22万元

移动平均法的公式为

$$F = \frac{\sum_{t=1}^{t} D_t}{t}$$

式中：D_t——为第 t 期的实际数；t——为移动资料期。

假定采用3、4、5月为移动资料期，则6月预测量为

$$F = (21 + 24 + 23)\text{万元}/3 = 22.67 \text{万元}$$

加权移动平均法：对近3个月的资料，分别采用1、2、3的权数，则6月预测量为

$$F = \frac{(21 \times 1 + 24 \times 2 + 23 \times 3)\text{万元}}{1 + 2 + 3} = 23\text{万元}$$

② 指数平滑法。指数平滑法是从移动平均法发展而来的，在提高近期资料对预测值的影响作用时，不是采用加权的办法，而是将前期的实际资料用平滑系数加以调整，求得预测值的一种方法。该方法有一次、二次和多次的指数平滑法，现仅介绍一次指数平滑法。

指数平滑法的公式为

$$F_t = aD_{t-1} + (1-a)F_{t-1}$$

式中：F_t——下期预测值；D_{t-1}——本期实际数；F_{t-1}——本期预测值；a——平滑系数($0 < a < 1$)。

平滑系数 a 指经验值，由预测者给定。a 值越大，则近期变动趋向对预测值的影响越大，反之则越小。平滑系数一般取 0.1～0.3，变动幅度较大的数据，a 取大些。

例如，某企业预测本月销售额是180万元，而实际销售额为160万元。若采取 $a = 0.2$ 的平滑系数，则下月的预测值应为

0.2×160万元＋(1－0.2)×180万元＝176万元

③ 最小二乘法。最小二乘法(趋势外推法)以预测目标时间数列为因变量，按自然顺序编码的时间为自变量，运用最小二乘法建立起线性方程，然后将预测期的时间编码顺序代入方程求得预测值。

当市场销售量随时间移动，其变化是明显呈直线上升或下降趋势时，最小二乘法依据预测直线上各点的预测值与相对应的实际值之差的平方和为最小的原则，利用微分学中的极值原理，建立起直线方程并求解系数 a 和 b，得到有倾向性的趋势直线(或称回归直线)，其最能代表实际资料的变动趋势，延长此趋势线便可预测未来时期的销售额。

假设时间序列统计资料的各期观察值呈线性增长趋势，各期观察值为 Y_i，时间序列 $t_i =$ 1，2，3，…，n。a 为直线起点，b 为直线斜率，Y_i 为 i 期的预测值，则直线方程为

$$Y_i = a + bt_i$$

其中：a、b 两个未知数是回归系数，可用最小二乘法求得，计算公式为

$$\begin{cases} a = \dfrac{\Sigma y_i}{n} - b \cdot \dfrac{1}{n} \Sigma t_i \\ b = \dfrac{\Sigma t_i \cdot y_i - \dfrac{1}{n} \Sigma t_i \Sigma y_i}{\Sigma t_i^2 - \dfrac{1}{n}(\Sigma t_i)^2} \end{cases}$$

两式中都有 Σt_i，为简便计算，设法使 $t_i = 0$，方法如下：

当资料期数为奇数时，将 $t = 0$ 置于资料期的正中间，间隔为 1，往前后分另各为 -1，-2，…，$-n$ 与 $+1$，$+2$，…，$+n$。

当资料期数为偶数时，将中间的一对 t 值取为 $+1$ 和 -1，然后顺次以正的和负的奇数向两个方向分别展开。于是当 $\Sigma t_i = 0$ 时，a，b 的简化公式为

$$\begin{cases} a = \dfrac{\Sigma y_i}{n} \\ b = \dfrac{\Sigma y_i \cdot t_i}{\Sigma t_i^2} \end{cases}$$

小链接 3-4

人工智能方法在旅游预测中的应用及评析(节选)

人工智能方法近些年越来越多地被应用到旅游预测中，主要有粗糙集方法、遗传算法、模糊时间序列、灰色理论、人工神经网络和支持向量机。人工智能的最大优点是对数据的概率分布等额外信息没有严格的要求，有更好的包容性和适应能力。

1. 粗糙集方法

粗糙集(Rough Sets，RS)理论是 1982 年由波兰学者帕拉克(Z. Pawlak)提出的，它是一种刻画不完整性和不确定性的数学工具，能有效地分析不精确(Imprecise)、不一致(Inconsistent)、不完整(Incomplete)等各种不完备的信息，还可以对这些混乱的数据进行分析和推理，从而发现隐含的知识，揭示其潜在的本质规律。凯里·高(Carey Gob)与罗布·劳(Rob Law)运用粗糙集理论对香港的十大客源国的旅游需求做了预测，并发现其准确率达到

87.12%。奥和罗(Au and Law)运用粗糙集理论分别对旅游购物、餐饮、观光支出进行了研究分析。粗糙集理论更注重的是分类机制,而非传统分析方法的准确预测,因而可以作为一种可行的辅助手段来进行分析与预测。

2. 遗传算法

遗传算法(Genetic Algorithms,GA)是模拟达尔文的遗传选择和自然淘汰的生物进化过程的计算模型,是一种通过模拟自然进化过程搜索最优解的方法,它是由美国密歇根大学霍兰德教授(Holland)于1975年首先提出来的,并出版了颇有影响的专著《自然系统和人工系统的自适应》(Adaptation in Natural and Artificial Systems)。蒙萨拉特(Monsarrat)引用结合跃迁概率矩阵的遗传算法来进行旅游需求预测,通过研究发现这种组合模型比单一的遗传算法具有更好的预测精度。蒙萨拉特和布格(Burger)都认为遗传算法更适合于解释旅游需求组合的变化。

3. 模糊时间序列

模糊时间序列(The Fuzzy)是由宋(Song)和奇逊(Chisson)首先提出的,是从动态的角度出发,综合分析这种模糊化的时间序列数据的结构特征,探索动态模糊系统的内在规律性,从而达到对动态模糊现象进行预测和分析的目的。模糊时间序列对于短期预测有很好的效果,王朝宏(Chaohung Wang)用模糊时间序列、灰色模型和马可夫链改进模型对中国台湾的旅游做了预测,并通过误差分析发现模糊时间序列适合于中国香港到中国台湾的预测,灰色模型更适合于美国和中国香港到中国台湾的入境旅游预测,而马可夫链改进模型更适合于德国到中国台湾的旅游需求估计。

4. 灰色理论

灰色理论(The Gray Theory,GT)认为,在客观世界中,大量存在的不是白色系统(信息完全明确)也不是黑色系统(信息完全不明确),而是介于两者之间的灰色系统。一切随机量都是在一定范围内、一定时间段上变化的灰色量及灰色过程。数据处理不去寻找其统计规律和概率分布,而是对原始数据做一定处理后,使其成为有规律的时间序列数据,在此基础上建立数学模型。

灰色系统理论提供了在贫信息情况下解决系统问题的新途径。朱晓华、杨秀春以中国1978—2001年入境旅游客源为例,定量分析线性回归模型、移动平均预测模型、指数平滑模型,以及灰色预测模型的应用及其差异问题,并发现线性回归预测模型的绝对误差最大,随着序列数据的减少,指数平滑模型绝对误差整体相对变大,而灰色模型绝对误差整体相对变小。

可见序列较短时灰色预测模型有较好的预测效果。

5. 三次多项式模型

楚(Chu)用1989—1990年新加坡入境旅游数据建立预测模型,并将预测精度与前人的研究进行了对比,发现三次多项式的预测精度优于简单线性回归和天真方法,但比正弦波非线性模型、自回归移动平均模型(ARIMA)和组合预测模型稍逊一筹。然而,由于三次多项式模型(Cubic Polynomial Model,CPM)的内在线性,所以表现出预测成本低的优点。

6. 人工神经网络

人工神经网络(Artificial Neural Networks,ANN)是一种理论化的人脑神经网络数学模型,在对人脑或自然神经网络的某些行为特征的抽象和模拟基础上建立的一种信息处理系统。它通过调整内部大量节点之间相互连接的关系，从而达到处理信息的目的。人工神经网络具有并行分布的信息处理结构和自学习与自适应的能力，可以通过预先提供的一批相互对应的输入—输出数据，分析掌握两者之间潜在的规律，积累信息。根据这些规律和信息，把积累下来的各种定性或定量的因素作为因子加以输入，从而建立输入和输出之间的高度非线性映射，采用自适应模式识别方式来进行预测。

7. 支持向量回归

支持向量回归(Support Vector Regression，SVR)是20世纪90年代末期威普尼克(Vapnik)提出的一种新型机器学习方法。它以统计学理论、赫柏(Heber)稳健回归理论和沃尔夫(Won)对偶规划理论为基础，具有推广性能强、拟合精度高、全局最优等特点，已成为机器学习的研究热点，并在信号处理、模式识别、回归分析、经济预测等诸多领域取得了成功的运用。

8. 决策支持系统、协整理论、Compertz、光谱分析等

除了上面介绍的一些方法外，还有许多分析技术应用到旅游预测中来，如运用决策支持系统(Decision Support System，DSS)的帕特普洛斯(Petmpoulos)，协整理论(Co. integration，CI)的韦伯(Webber)、阿尔吉里(Algieri)等，通过他们的研究发现，这些方法在旅游预测中都有良好的预测效果。科斯赫尔(Coshall)用光谱分析(Spectral Analysis，SA)发现从英国以航空和水运的方式到法国、荷兰、比利时的旅客流量存在着季节性而未表现出明显的周期性。

资料来源：杨立勋，殷书炉. 人工智能方法在旅游预测中的应用及评析[J]. 旅游学刊，2008(9)：18—22.

复习思考题

1. 什么是旅游营销信息系统？其构成内容有哪些？
2. 旅游营销调研的阶段包括什么？
3. 旅游调研类型和方法有哪些？
4. 旅游市场需求的指标有什么？旅游市场预测的方法有哪些？
5. 案例题。

C饭店是北京一家四星级商务型饭店，原有280间标准客房和各式套房，并拥有较为完备的商务和其他服务设施。饭店开业7年来，出租率一直稳定在80%以上，且平均房价一直居于同星级饭店前茅。为此，饭店对原有的另一栋非出租的内部公寓进行更新改造，使它增加了250间客房。与此同时，北京其他四星级饭店也纷纷进入市场，加上市场外部环境的影响使C饭店出租率下滑到不足40%。

因此，该饭店管理阶层调整营销策略，促使销售部采取各种方式来提升出租率。经3个多月努力，饭店的出租率上升了30多个百分点。然而，由于新增客户源主要为旅行团队，致使平均房价由原来的95美元下滑至不足60美元。此外，原有饭店老客户由于不满意目前客源混杂现象，纷纷对饭店提出抱怨，有些长住客户决定搬出饭店。员工对接待旅游团也不适应，因而当来客登记和客人离开结账时大堂经常出现混乱现象，客房清理不及时和行李不能按时送达等现象时有发生。这些对饭店的经营提出了挑战。

案例分析：
你认为该饭店所做的营销决策是否正确？如果不正确，问题出在哪里？

第四章 旅游者消费行为

> **[引导案例]**
>
> **韩国主要入境游客的消费形态比较**
>
> 随着韩国入境游客的增多，游客需求亦日益多样。2009年，韩国对到访主要入境游客的消费形态进行了调查分析，结果是入境游客的国籍不同，其消费风格也截然不同，各有特色，五花八门。
>
> 1. 中国人"不问价格型"
>
> 根据调查显示，不管价格如何昂贵，大量购买名牌的"不问价格型"中国人居多，所以百货店方面认为在外国游客当中，中国人是"最大方"的。
>
> 日本人专门对巴黎世家、宝缇嘉等稀少、流行的品牌情有独钟，而香奈儿、路易威登(LV)、爱马仕等世界名牌依旧备受中国人青睐。近来，中国人越来越对韩国的化妆品、女性服装比较感兴趣，人均购买价值达50万~70万韩元的雪花秀、欧蕙等韩国化妆品，一次采购价值高达100万韩元的中国游客也不在少数。
>
> 在购物方面，与平均购买10万~15万韩元的日本人相比，中国人属于"最大方"的消费风格。
>
> 2. 日本人"小心谨慎型"
>
> 在购选一件商品时，日本人所花费的时间是中国人的两倍。日本人与中国人一样，主要是购买韩国的服装和化妆品。但日本人在选购商品时，要认真仔细确认商品的成分等事项，还要详细了解所购商品的使用方法、功能等，只有在确认之后才能小量购买，这就是日本人"小心谨慎型"的购物风格。
>
> 日本人是经常透过橱窗观赏内部的陈列商品，也像韩国的大嫂一样，对降价折扣、提供赠品等也表现出特别敏感的反映。日本人也特别容易被店主的细微亲切所感动，是"温情型"顾客。对导购员的热情服务马上表示感谢，如果收到名片回国后一定会给导购员回信或电邮的大多是日本人。在用餐方面，中国人大多是在购物场所用餐，而日本人则不同，享受体验各式各样的饮食。
>
> 3. 美国、欧洲国家"实用型"
>
> 英语圈国家的游客属于"实用型"一类，在韩国购物时主要是选择价格便宜的本土化妆品，并且在采购的当天还要考虑一下汇率，经比较如果韩国便宜才能下手的顾客居多。除化妆品之外，如果旅行过程中遇到天气变化，虽然也会临时买袜子、围巾等季节性小商品及韩国产的外套，但是他们不像中国人、日本人那样大宗采购。美国、欧洲游客主要购买红参、人参酒、陶瓷等韩国的传统特色商品。以商务为目的到访韩国的美国、欧洲客人非常多，回国时主要选购三星、LG等最新的电子产品，而不是服装、杂货等商品。

> **4. 阿拉伯国家"老板型"**
>
> 到访韩国的阿拉伯国家游客虽然不多,但是根据级别的高低有的身边拥有 5～10 名警卫、随从、翻译和导游等,一次人均购买三四个名牌箱包的也不少见,这绝对属于阔绰的"老板型"。
>
> 而东南亚国家游客结束韩国旅行回国时,主要是给单位同事、家人带一些化妆品等礼物,是属于"义务防御型"。
>
> 资料来源:中国国家旅游局驻首尔办事处. 韩国主要入境游客的消费形态[J]. 旅游市场,2010(3).

第一节 旅游者消费行为概述

在一个缺少消费者而不是缺少产品的社会中,以消费者为中心至关重要。仅仅满足消费者需求并不够,还必须取悦消费者。这是今天很多企业必须面对,也必须做到的,即不仅要使消费者满意,还要使消费者感动。使消费者满意可能容易做到,使消费者感动就更加考验企业营销体系的综合竞争能力。而消费者都是价值最大化的追求者,他们会了解商品是否符合他们的期望,这将决定他们的满意度和再次购买的可能性。

旅游者的存在,一方面,使旅游企业有了生存和发展的动力,另一方面,数量众多且需求多样化的旅游者的存在,又使得企业的营销活动更具有挑战性和风险。事实上,即使是同一名旅游者,因购买旅游产品的目的或原因不同,其需求和消费行为也会发生很大变化。例如,一名旅游者因公外出旅行时,他可能对价格不怎么敏感,按公司制定的标准选择适合的酒店和航班,其购买决策相对比较简单。但是,如果他与家人或朋友一起出游,他可能会精心挑选廉价航班和经济型酒店,购买决策变得相对复杂。因此,旅游者的出游原因或目的,将直接影响其购买决策,需要旅游企业关注其变化。

一、旅游者消费行为概念

消费者行为是指个人和组织为满足需要和欲望而寻找、选择、购买、使用、评价及处置产品和服务时介入的活动过程。它是所有营销活动的关键,只有了解消费者行为模式,企业才能正确寻找特定产品的目标消费者,将产品和服务的供给信息传递给特定的消费者人群,并通过某一产品或服务有效地满足消费者特定需求和欲望。旅游消费行为可以从以下几个方面进行理解。

(一) 消费主体多样化

旅游者既可以是数量众多的个人,也可以是一个组织。例如,会议、展览、奖励旅游市场的购买者往往是一个组织,购买数量庞大,购买决策复杂,与一般消费者的购买决策有较大的区别。

(二) 消费对象组合化

旅游者购买、享用的旅游产品是组合旅游产品。因此,其消费构成极其复杂,综合性和连带性较强。具体来看,既有有形产品,又有无形服务;包括生存性消费、享受性消费和发展性消费 3 种类型消费产品；包括旅游前消费、旅游中消费和旅游后消费等不同产品消费。

(三) 购买角色复杂化

在旅游消费活动中，同一旅游产品的决策者、购买者、使用者可能是同一个人，也可能是不同的人。在不同类型的旅游消费活动中，所扮演的角色也是不同的。因此，旅游营销人员必须分析不同旅游产品消费过程中，与购买决策相关的重要人员的行为，并通过影响其行为来达到营销的目的。

(四) 消费行为过程化

旅游者消费行为是旅游者为了满足需求，选择、咨询、决策、购买、享用和反馈旅游产品的一系列行为过程总和。因此，旅游者的消费行为既包括购买前的一系列选择过程，又延伸到购买之后的反馈和行为。

二、研究旅游者消费行为的基本假定

理解消费者行为和认识消费者绝不是一件轻而易举的事情，这是一个很难的研究课题。因为消费者往往言行不一致，他们不会暴露自己的内心世界，对环境的反应在最后一刻会发生变化。但与此同时，旅游者消费行为研究也是一件非常有趣的事情，在有关旅游产品的消费与购买过程中总是夹杂着感情色彩。目前，可以运用心理学、社会学、人类学、人口学、经济学等诸多学科，掌握旅游者消费行为的规律和行为模式。为此，在研究旅游者消费行为之前，首先明确几个基本假定。

(一) 旅游者的消费行为是有目的的和以目标为导向的

消费者是理性的，而消费者行为是一种为了达到目标而采取的手段，因此，其消费行为也是理性的。在营销人员看来缺乏理性的行为，对于消费者来说完全是出自理性的。

(二) 旅游者有选择的自由

在目前供大于求的市场环境下，旅游者拥有众多的可供选择的产品，接触各种各样的信息。而旅游者会根据自己的需求，通过各种标准和方式进行细致的筛选，完成决策活动。

小链接 4-1

可以 DIY 的旅游目的地

从消费者的角度来看，旅游目的地是一个可以"自己动手"(DIY) 的"工具箱"，而不是一个已经加工完毕的产品。它能够给旅游者提供各种各样的机会，让消费者自己生产属于他们自己的产品或经历。可能变化的选择的确是多种多样，只有一些诸如钱、信息对他们加以限制。旅游者可以以不同方式利用各种旅游目的地提供的条件。下面以克里特岛的旅游目的地为例，可以清楚地看到不同的旅游者是怎样利用这个目的地的。

旅游者 A　住在一个非常大、现代的、位于度假胜地的酒店中，这是一个非常安静的度假胜地：在酒店就餐，并在酒店里的游泳池中度过一天当中绝大部分的时间，来享受阳光浴。晚上，在酒店的酒吧中饮酒。

旅游者 B 在海滨的一所简单综合公寓住下，早上非常晚才起床，然后去享受阳光浴，接着在晚上的 Aghios Nikolaos 俱乐部参加派对。

旅游者 C 利用他们的退休金在当地的客栈放松身心，并且试图与克里特岛人接触与交流。

旅游者 D 利用现代的度假村酒店作为基地，但是每天都外出游览景点，其中包括 Knossos 的庙宇和 Heraklion 的古代博物馆。

旅游者 E 住在他们能够找到的、最便宜的住宿接待设施中，因为他们想要利用他们所有的时间和钱陶醉于对水上运动的爱好当中，如潜水和风帆冲浪运动。

旅游者 F 租车游览克里特岛，在每一个他们想要浏览的地方都停留非常短暂的几晚，他们没有什么提前计划好的旅游行程。

旅游者 G 乘坐游船巡游地中海，这可以包括一天时间的停靠，拜访 Heraklion 岛和一个可以选择的 Samarian Gorge 地区的短途旅游。

资料来源：〔英〕约翰·斯沃布鲁克，〔英〕苏珊·霍纳. 旅游消费者行为学[M]. 俞慧君，张鸥，漆小燕译. 北京：电子工业出版社，2004.

（三）旅游者消费行为是一个过程

消费者行为是多面向的，包含许多活动。基本上，可以将消费者行为分为购前、购中、购后 3 个阶段，但每一个阶段都包含许多活动在内。因此，消费者行为是一个非常复杂的过程，营销人员需要理解这个过程。

（四）可以对旅游者消费行为施加影响

通过理解购买决策过程及影响这个过程的因素，营销人员可以影响消费者的行为方式。尤其是网络发达的今天，企业越来越多地依靠社交网络等技术手段，全方位地影响消费者的行为。

（五）旅游者需要教育或引导

消费者由于缺乏某种知识，可能会做一些损害自己利益和社会利益的事情。例如，有些人认为，他们应付得了酒精饮料，喝多一点还可以照样驾车。因此，企业营销人员负有教育消费者的社会责任。

小链接 4-2

旅游教育的一种方式：负责任旅游

第二次世界大战(以下简称二战)后，出现了以大规模的客流为特征的"大众旅游"现象，这种旅游现象在给游客带来更多生活享受的同时，也给旅游目的地带来了前所未有的问题。一旦一个地方成为旅游的目标，在很短的时间里大量的农村社区被现代物质、高层建筑和外国游客等充塞，导致接待地社会问题增多。面对大众旅游产生的问题，国外学者提出"可选择性旅游"等概念，主张以小规模旅游替代大众旅游，作为对大众旅游的回应，"负责任旅游"也被视为是可选择性旅游的一种方式。

从游客行为角度来看,"负责任旅游"被认为是符合生态和社会伦理准则的旅游行为。

世界旅游组织在其提出的《全球伦理规范》基础上,提出了做负责任旅游者和旅行者的建议,认为旅游和旅行是自我教育、相互容忍和了解人民及其文化差异的过程,每一个人具有创造负责任旅行和旅游的责任,政府、企业和社区必须尽量在这方面起作用。建议游客采取下列"负责任旅游"方式旅行:对其他文化保持开放的意识,尊重人权,帮助保护自然资源,尊敬文化资源,采取对地方经济和社会发展作贡献的旅行活动,在出发之前了解目的地当前的健康情况,以及其他要注意的紧急和咨询服务,尽量了解目的地,并花一定的时间去了解习俗、道德、传统,避免冒犯当地人民的行为。熟悉所要访问的目的地法律,以免做出被旅游目的地认为是违法的事情。

一些旅游公司在互联网上宣传负责任旅游或者伦理旅行,这些公司对本公司应该为"负责任旅游"必须做什么提出具体要求,同时也为旅游者制定行为准则。例如,一些旅游公司对旅游者提出"必须做什么"和"不应做什么"的要求,或者建议作为一个"负责任的旅游者"要考虑的事情,制定本公司组织的游客到达某旅游目的地时应具备的行为规范。

资料来源:张帆. 负责任旅游者行为特征探究[J]. 产业观察, 2007(36).

三、研究旅游者消费行为的重要性

研究旅游者消费者行为是形成市场营销战略的基础,将直接影响营销活动的成败。重视旅游者消费行为,有助于企业真正以消费者为中心开展营销活动,寻找最有价值的目标市场,针对性地制定有效的营销策略。

(一)市场分析的核心

市场分析的内容首先就是要分析消费者,要了解消费者的需要和欲望,并以此作为制订企业营销计划和战略的重要基础。当然,市场分析除了要了解消费者的需求以外,还要对本企业、竞争对手及宏观环境因素进行全面的分析。但是无论如何,在众多的市场环境因素中,消费者始终是核心的问题。

(二)市场细分的基础

如今,大规模的市场几乎不再存在,因此,如何寻找适合自己的目标市场显得至关重要。而市场细分的目的就在于,确定目标顾客,并根据其目标顾客的需求,制订针对性的营销计划,从而满足消费者的需求。而旅游者消费行为研究为市场细分提供了重要基础。

(三)营销策略的依据

营销策略是实现企业目标的重要手段,而在整个营销策略的制定过程中,消费者需求满足是最为重要的依据。

(1) 产品。目前消费者正在使用什么产品?他们喜欢什么样的产品?不喜欢什么样的产品?除了产品已经能够做到的事情外,消费者还喜欢产品能做些什么事情?

(2) 价格。消费者把什么样的价格看做值得去购买的?这并不意味着是最低价格。几乎没有消费者会持续不断地购买他们所能找到的最便宜的产品。然而,大多数消费者有着一个很清晰的想法,那就是,这产品真正值多少钱。

(3) 渠道。消费者喜欢从哪里购买产品？目前他们是在哪里购买这种类型的产品的？为什么？这种来源对于他们去购买是否方便？企业能否提供一个不同的销售途径，从而使消费者购买企业的产品变得更容易？

(4) 促销。什么样的促销会使消费者感兴趣？什么样的促销将会促使他们去购买产品？从激活消费者的需求和提供令消费者满意的途径出发，什么样的促销能满足消费者的需求？

实际上，当营销人员面对以上销售问题的时候，这种方法意味着要从消费者开始。

四、旅游者消费行为模式

旅游者的消费行为非常复杂，不同旅游者对旅游产品的购买表现出很大的差异。为更好地开展市场营销活动，旅游市场营销人员有必要了解和把握不同旅游者消费行为的规律性。这种规律表现为一定的购买行为模式。

旅游者消费行为模式是指一般的或大多数旅游者在购买旅游产品时表现出的典型方式。旅游者在购买旅游产品时，因个体不同表现出相互间的差异。如果排除不同个体间购买行为的差异，可以掌握旅游者对旅游产品购买的一般性规律。美国著名市场营销学家科特勒提出了一个非常简洁的"刺激-反应"消费者购买行为模式，这也为旅游者消费行为建立了一种分析模式，如图4-1所示。

营销刺激	外部刺激	购买者特征	决策过程	购买者反应
产品	经济	文化	识别需要	产品选择
价格	技术	社会	收集信息	品牌选择
地点	政治	个人	评估方案	经销商选择
促销	文化	心理	购买决策	购买时机
			购后行为	购买数量

图4-1 科特勒的消费者购物行为"刺激-反应"模式

科特勒的刺激—反应消费模式，包括3个内容：刺激、黑箱和反应，即营销和环境的刺激进入购买者的意识，购买者的个性和决策过程导致了一定的购买决定。营销人员的任务是要了解在外部刺激和购买者决策之间购买者的意识发生了什么变化。

(一) 刺激

消费者行为的第一个阶段是刺激阶段。旅游者的消费行为过程是一种心理行为过程，是由刺激因素的输入而诱发的。输入的刺激因素有消费者内在的因素，也有消费者外部的因素。其中，外部因素又包括企业内部的营销刺激和企业外部的环境刺激两类刺激，它们共同作用于消费者，以期引起消费者的注意。

(二) 黑箱

消费者受到各种内部和外部刺激之后，进入第二个阶段——黑箱，包括购买者的特征和购买者的决策过程两个中介因素。黑箱反映了消费者的消费心理过程，是消费行为研究的重点。虽然不同的旅游者的黑箱过程千差万别，但心理学家的研究已经表明，旅游者的黑箱包括识别需求、收集信息、评估方案、购买决策、购后行为等几个阶段。

(三) 反应

消费者在接受刺激并经过黑箱中的转换后，会做出一系列可以观察到的购买行为，包括"6W1H"内容。营销人员只有分析这"6W1H"问题，才能正确地掌握消费者行为特征。

1. 由谁购买

由谁购买(Who)即确定购买者是谁，他是购买决策的执行者。旅游企业可以通过按年龄、性别、职业、收入等因素，对消费者进行细分，了解谁是企业某种旅游产品的购买者，分析某种旅游产品的购买者最可能是什么类型的消费者。

2. 购买什么

购买什么(What)即购买对象的问题。它是指消费者主要购买什么类型的旅游产品，包括选择购买的旅游产品的品牌、质量水准、服务形态、价格等。

3. 为何购买

为何购买(Why)即购买目的，是消费者购买某旅游产品的真正目的和动机。这是由消费者的需要类型和消费者对需要的认识引起的，随着每次购买的具体需要不同和对需要的理解和认识不同而不同。

4. 谁参与购买

一项旅游购买除了前面提到的购买执行者外还有与购买相关的其他参与者(Who)，他们都对一项旅游产品购买行为产生影响。对于家庭购买来说，购买角色最为复杂，除执行者外还包括购买的决策者、倡导者、影响者和使用者。由于消费者购买的旅游产品不同，所需解决的问题也不一样，参与购买的人也会各不相同。

5. 怎样购买

怎样购买(How)是指购买行动和购买方式，即旅游者在购买行为中的具体购买方法和货币支付方式。例如，现场购买并消费、网上购买、电话购买、现金支付、支票结算、信用卡付款、延期支付、分期付款等。

6. 何时购买

何时购买(When)是指消费者对某旅游产品购买的时机或时间。了解消费者对某种旅游产品的购买是否有季节性，季节性表现为什么特征，消费者喜欢或经常在什么时间购买该旅游产品。

7. 何地购买

何地购买(Where)指旅游消费者选择购买某旅游产品的地点。旅游消费者对旅游产品的

购买地点的选择依据是什么,体现出什么规律,是研究旅游消费者行为时必须搞清的问题。

一般来说,旅游企业及其市场营销人员对目标消费者购买行为中的上述7个方面的内容了解得越清楚,就越能掌握市场需求、顾客偏好的变化规律,拟定出高效率的市场营销战略和市场营销组合。

第二节 影响旅游者购买行为决策的因素

旅游者行为会受到内外在力量的影响,即旅游者的行为会受到消费者内部的心理机制和力量影响,同时也会受到旅游者外部的环境和人际互动的力量影响。

小链接 4-3

日本赴华出境旅游的消费趋势

2010年年初以来,受金融危机的影响逐渐消退以及北半球对"H1N1流感"疫情的有效防控等因素的影响,加之日元汇率持续走高,刺激了日本国民受压抑的海外旅游需求,日本赴海外旅游强力复苏。

汇率持续走高: 2010年年初以来,日元对人民币汇率持续走高,虽时有起伏,但基本都维持在100日元兑7.5元人民币以上的水平。日元汇率的持续走高,客观上使海外旅行及购物成本核算降低,同时也刺激了日本国民赴华旅游、购物的消费需求。

金融危机: 自金融危机以来,日本游客海外团队旅游多选择价格便宜、距离较近和耗时较短的目的地。符合这一特征的亚洲主要目的地集中于中国、韩国和港澳台地区。

世博情结: 2010年1~9月,围绕"中国世博旅游年"主题的各项宣传推广活动渐次展开,加之日本国民的普遍世博情结,日本旅华市场增幅大大高于同期出境旅游市场增幅。

政策因素: 日本政权更迭后执政的民主党,一向被认为对华友好,特别是继鸠山由纪夫后上任的菅直人首相在执政初期,更是将日中关系看作与日美关系并重。受其政治主张及外交关系的影响,一方面在与其他在野党斗争、妥协的基础上,菅直人政府在此期间进行了多项以党务、政务为主的旨在加强两国友好交流的大型互访活动。在政策指导方面,日本政府自2009年成立了由国土交通省牵头的中央政府省际横向旅游协调对策本部,负责日本政府观光立国战略的推进和相关部门之间的协调,加大对旅游投入预算,以期带动国民出境旅游。

政治影响: 2010年9月发生在钓鱼岛的渔船事件再次印证了中日旅游市场易受两国间政治影响的传统。事件发生后,日本右翼掀起的反华浪潮此起彼伏,日本大肆报道中国国内的反日游行,宣扬中国民众的排日情绪,这使得各旅行社的赴华旅游业务急速陷入低谷。

自然灾害: 2011年3月地震、海啸发生后,日本游客大多中止了赴海外旅游。由公司组织的海外旅游在取消行程后,大多将该项旅费开支捐到了灾区,从而影响了其出境旅游。

资料来源:旅游市场,2011(1).

营销的目的就是影响旅游者的行为。为了实现这个目的,营销人员必须了解旅游者的消费行为及其原因。而在旅游者的购买过程中,其购买决策在很大程度上受到文化、社会、个人和心理四大因素的影响,具体如图4-2所示。

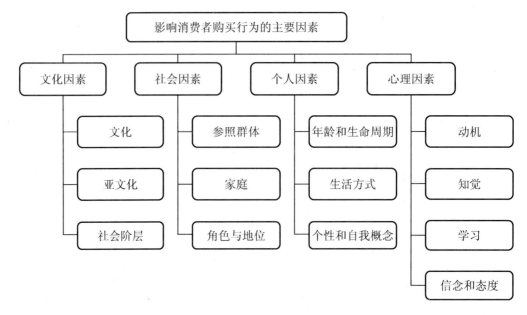

图 4-2 影响消费者购买行为的主要因素

一、文化因素

(一) 文化与消费者行为

广义的文化是指人类在社会历史发展过程中所创造的物质财富和精神财富的总和。它包括风俗习惯、行为规范、宗教信仰、生活方式、价值观念、态度体系，以及人们创造的物质产品等。狭义的文化是指社会的意识形态，以及与之相适应的制度和组织机构。这里所讲的是广义的文化对消费者行为的影响。

文化因素对消费者行为起着最广泛、最深刻的影响(如表 4-1 所示)。文化是决定人们的欲望和行为的最基本的因素，它几乎包括了影响人们行为和思想过程的每一事物。营销人员如果能够了解其目标消费者所在文化的核心价值，那么他们就较能够预测和掌握消费者的行为。

表 4-1 文化因素对旅游者性格和行为表现的影响

洲别	国别	一般性格及旅游行为表现
欧洲	德国	严明刻板，准时勤劳，认真踏实，拘谨可靠，家庭和群体观念强，整洁干净，尊重传统和权威，喜谈原野风光，个人爱好和体育活动
		出国旅游者是比较富裕的人，中高级管理人员和自由职业者，20~45 岁最多，挑剔旅游服务质量，强调合同规定，注重环境舒适宁静，到国外希望自由，散客多于团体，喜欢打高尔夫球、徒步或骑自行车
	英国	墨守成规，爱好独处，谨慎寡言，骄矜冷漠，文明礼貌，举止得当，喜谈天气，内向含蓄，遵时守纪，谈吐风趣，少谈政治
		向往气候条件优越、阳光明媚的旅游胜地，多为富有老人和无牵无挂的年轻人，自我服务的旅游形式较多，从度假旅游转向长途旅游，计较价格和服务质量，追求异国情调，挑剔卫生条件

续表

洲别	国别	一般性格及旅游行为表现
欧洲	法国	自由热情,乐意助人,追求生活乐趣,喜欢物美,避免价廉,说话滔滔不绝,用手势加重语气,忌讳菊花、杜鹃花、纸花和黄色花朵
		度假行为低于德国和英国,国际、国内旅游业兴旺发达,喜欢多点停留的周游方式,青年人乐于冒险,喜欢异国风情和历史文化,单独旅游挑剔卫生和接待条件,热衷学习,爱参观游览名胜古迹
	西班牙	爱握手拥抱,谈话表情丰富,喜欢谈政治、体育和旅行,避免说宗教、家庭和工作,一般不守时,不把大丽花和菊花送人
		喜欢旅行游览,希望参观大城市和历史文化名胜,不喜欢定点度假,喜欢逛商店,但购买力不高
	意大利	热情好客,重视生日,正式活动才注重衣着,时间观念不强,妇女对"太太"和"小姐"的称呼颇为计较,熟人之间可直呼其名,但对有地位的人须冠以荣誉职称
		对异国古老文化和历史遗迹兴趣很大,喜欢海滨,人均消费额较高,喜欢美食
	丹麦 挪威 瑞典 芬兰	沉默寡言,性格差异大,见面时一般都握手,丹麦和瑞典人讲究礼仪(芬兰人除外),瑞典人言谈文明,举止得体,芬兰和瑞典人避免谈政治
		经济实力强,喜欢明确旅游日程,预先了解旅游景点,注重生态环境保护,清洁卫生,喜欢野外活动、滑雪和骑自行车,对服务质量敏感,注重价格
	俄罗斯	注重礼貌,整洁守时,感情外向,豪爽大方,对色泽颇为讲究
		商务旅游发达,喜欢到本地区主要的疗养区度假,购买力强
美洲	美国	独立性强,自信好胜,喜欢探新求异,举止随心所欲,业务交往讲究准时,不太注重穿着,喜欢群居,结伴行事,热衷社团活动,开朗直爽,热情好客,慷慨大方
		旅游花费高、旅游者收入高、社会地位高、年龄较高、文化程度较高,度假猎奇,喜欢中国的历史古迹和人类创造,喜住豪华饭店,注重卫生安全,希望热情服务,人均花费高
	加拿大	与美国人相近,衣着、待人接物比较正统,守时,喜欢谈论自己国家和人民好的地方
		外出注重清洁卫生,计较服务质量,出游者家庭年收入高、文化程度高、年龄大、女性比例大
	日本	注重礼节,纪律严明,办事谨慎,团结一致,保密性强,注重人情关系,衣着大方整洁
		主要旅游目的地是美国、韩国、新加坡及中国香港和中国台湾,以观光度假为主,在外停留时间较长,多修学和文化交流,女青年旅游市场看好
东南亚	新加坡	虽为西方文化,但仍保留自己民族的传统习惯,约会事先商定,准时赴约,多谈旅游见闻及新加坡的经济成就,讲礼貌,爱卫生
	菲律宾	喜欢模仿美国人的生活方式,时间观念不强,但以准时赴约为好,家庭观念强,避谈政治倾向、宗教、国家现状等问题
	泰国	重视头部,轻视双脚,双手合十施礼,佛祖和国王是至高无上的,男女授受不亲
大洋洲	澳大利亚	爽快认真,但不墨守成规,喜欢与陌生人交谈,待人接物随便,时间观念强,女性保守。海外主要旅游目的地是新西兰、亚太地区和英美等国

资料来源:郭英之.现代旅游者行为模式研究与市场营销策略.

(二)亚文化

每一种文化都包含着能为其成员提供更为具体的认同感和社会化的亚文化。在主流文化当中,根据种族、地理位置、政治信仰、宗教信仰、国家和伦理背景等差异,可以发现很多亚文化群体。这一群体具有某些和其他群体及其所在大群体所不同的特性。在亚文化内部，人们在态度、价值观和购买决策方面更为相似。也就是说，即使同样处于相同的主流文化当中，但由于人们在亚文化上存在差异，也可能导致在购买什么、怎样购买、何时购买、在哪购买等方面有完全不同的决策。因此，营销人员可以借由辨别亚文化的不同来制定特殊的营销组合以满足该亚文化下消费者的需求。

（三）社会阶层

每个社会都是由若干个不同的社会阶层组成的。社会阶层是指一个社会中相对稳定和有序的分类体系，每个体系当中的社会成员都有类似的价值观、兴趣和行为。许多社会学家根据不同的社会准则将社会划分为不同的等级，常见的划分标准有职业、受教育程度、收入水平、资产及家庭类型等。不同地区或国家区分社会地位的参照因素不一定相同。在中国，社会地位的区分主要与教育背景、职业类别及收入水平相关。各社会阶层之间并没有绝对的界限，并且社会阶层的衡量元素是若干元素的综合体。

由于社会各等级人群的价值观念、生活习性和消费行为具有较大的相似性，所以处在同一阶层的旅游者，其购买行为也大致相同，他们对媒介有类似的偏好，偏向于选择同类产品或品牌，对旅游企业的营销活动做出的反应也基本一致。一般而言，受教育程度较高的社会中上层人群收入较高，可自由支配收入相对较多，个人闲暇时间相对稳定，观念新颖开通，倾向于通过现代时尚的媒介如网络工具接触消费信息，有较强的接触外界新事物的渴望。可自由支配收入和闲暇时间及对外界新事物的好奇使得他们乐于旅游，也有能力旅游，因此，这一阶层往往成为旅游营销的主要目标市场，如都市白领层、大学教师层等。而对于收入较低的低层消费者来说，消费观念比较保守，他们本着安稳平静的生活态度，愿意把钱花在购买家用电器、住房等耐用品上，而不愿尝试新事物，把旅游当做一种浪费，所以对旅游消费不是很感兴趣。但是旅游营销人员也不要忽视、更不能放弃这部分市场，应该根据他们的特点，有针对性地开发设计一些费用低、时间短的旅游项目，通过一些营销宣传活动改变他们对旅游的消极看法，刺激他们的旅游兴趣，让他们不同程度地增加旅游支出。例如，当今很多旅游企业根据农民的实际需求量身定制的一系列农民旅游项目，如城市观光游、宗教游、农科知识普及活动等，使得以农民旅游为主的低端旅游市场的发展潜力逐渐显现出来。

（四）文化旅游

旅游是文化产业，文化是旅游的生命力。目前，文化旅游涵盖了旅游的方方面面，人们往往通过它了解到不同的思想和不同的生活方式，因此旅游是促进国际间文化合作的一个重要手段。从另一个角度看，若想吸引游客必须促进民族文化的发展。在许多国家，旅游与文化有着千丝万缕的联系，它不仅增进了人们相互间的了解，更重要的是树立了一个国家的国际形象。如今，越来越多的国家通过深入挖掘本国文化，吸引更多的国际游客。营销人员总是不断地努力识别文化的变化趋势，目的是设计一些新的能被市场接受的产品和服务。

王室文化作为旅游吸引物

伦敦文化与民族的多样性是伦敦独一无二的文化活动、音乐、饮食与传统的源泉，也是伦敦作为国际大都市不断吸引游客的魅力所在。其中，王室文化对旅游者的吸引力非常大。英国王室是世界上目前仅存的数个王室之一，对于早已久违王室统治的外国游客，能亲身感受一下王宫气息，具有很大的吸引力。因此王室的社会功能虽然在退化，但它的旅游价值却在提高。王室文化目前是英国旅游业的最大卖点之一，每年直接或间接为英国旅游业贡献5亿英镑。英国王室领地对外开放的地方大部分都在伦敦和近郊，如白金汉宫、伦敦塔、肯辛顿宫、温莎城堡等。这些王室景点都有官方网站，游客可以清晰地了解其开放时间、展品介绍。游客参观有规定的路线，室内地面都做了特别保护。宫内的解说，或配有多种语言的随身听讲解，或有专人导游讲解，都有王室的统一版本，不容导游随意编野史，帮助游客了解这里曾经发生的故事和王室珍贵收藏的来龙去脉。王室礼品店也有统一的进货渠道，虽然价格贵一些，但货真价实。除此之外，白金汉宫每天换岗仪式和一年一度的女王官方生日阅兵都是非常吸引游客的经常性项目。值得一提的是，像白金汉宫和温莎城堡这样的经典景点，当天参观的门票填写上个人信息，盖上专用戳后，可凭此门票在一年内无限次免费游览。这无疑是吸引国内游客的一大举措。

资料来源：中国国家旅游局驻伦敦办事处. 大力发展文化产业，不断提升城市竞争力，促进文化与旅游和谐和发展——伦敦市倾力打造世界文化之都[J]. 旅游市场，2011(5).

二、社会因素

由于每一个人都是生活在某一群体当中，因此旅游者购买行为也受一些社会因素的影响，包括消费者参考群体、家庭、社会角色和地位等。由于社会因素能在很大程度上影响人们的反应，各个企业在指定营销策略时都必须予以考虑。

（一）参照群体

参照群体是指对消费者的思想、态度、信念或行为形成具有直接或间接影响的群体。它既可能是一个团体组织，也可能是一个行政部门，甚至可能是某几个人，如电影演员、运动员等。广义地讲，所有影响个人购买行为的都是人们的参照群体。

参照群体首先可以分为直接的参照群体和间接的参照群体。直接的参照群体，又称成员群体，是直接接触到人们生活的面对面的成员群体关系。他们可以是主要成员群体或次要成员群体。主要成员群体包括人们以非正式的面对面的方式经常相互影响的所有群体，如家庭、朋友或同事。相反，人们与次要成员群体的交往是非持续而且更正式的，这些群体如俱乐部、宗教团体等。间接的参照群体不是一种成员群体，又称象征群体，包括渴望参照群体和非渴望参照群体。渴望参照群体是人们渴望加入的群体，非渴望参照群体是人们试图与其保持距离、避免与其有关的群体，如图4-3所示。

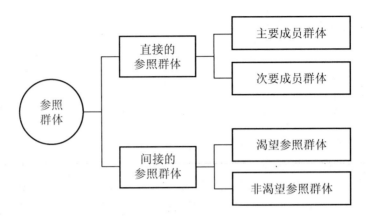

图 4-3　参照群体的类型

还有一种日渐重要的参照群体，称为虚拟群体。虚拟群体主要是基于因特网的兴起而所产生的新型参照群体，虚拟群体也可称为虚拟社会群体。例如，很多的聊天网站或嗜好网站每天都有很多的网友上网互动，这些网站的网友彼此间的互动程度，并不属于真实世界中的群体成员互动。另外，通过使用聊天软件，很多人也从互联网上认识了很多朋友，同时也彼此相互影响。

小链接 4-5

旅游购物中的参照群体

在团队旅游中，旅游者的购物行为往往受到不同类型参照群体的影响。

1. 导游

导游对旅游商品的宣传介绍可能会增强旅游者对消费对象的知觉，影响旅游者的态度，从而影响旅游者的消费行为。在旅游团内，导游与游客对当地商品的了解上体现为信息不对称，即便导游没有其他的经济利益(如回扣)的驱使，他们也会乐意向旅游者介绍当地的各种特色商品。当游客信任导游时，导游的解说会激发旅游者购买旅游商品的欲望，增加旅游者购物的可能性。但当游客对导游失去信任时，导游的劝说与诱导只能增加游客的反感情绪，降低旅游者购物的可能性。

2. 团队成员

旅游者可能受旅游团队其他成员的影响而产生购物行为。在旅游团中，旅游者属于一个社会群体(一个特殊的社会群体)。在这个群体内，个体可能受到参照群体的消费行为影响，如当旅游团队中某个旅游者买了某件比较得意的旅游纪念品或者其他商品时，团队内其他旅游者一般都会仿效，即使一个人在家时非常节俭，在旅游时也会尽量向旅行团中的其他人看齐，保持大致相同的消费水准。购物的从众心理在旅游过程中表现得尤为突出，这也可以从团队游客的购买量大于散客而得到证明，如图 4-4 所示。

3. 亲朋好友

亲朋好友对旅游者购物的影响主要表现在两个方面：一方面他们往往是旅游者赠送纪念品的对象，为他人购买旅游商品时，旅游者必须考虑所赠送对象的爱好、需要、档次等，商品的包装也要讲究；另一方面，他们又是旅游者信任的重要的信息来源，尤其是那些已去过同一旅游目的地的亲朋好友将会为旅游者提供宝贵的购物经验，从而直接影响旅游者的购物活动。

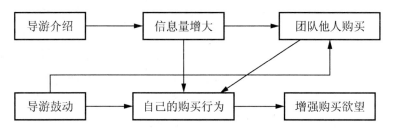

图4-4　旅行社对旅游者购物行为的影响

资料来源：石美玉. 旅游购物研究[M]. 北京：中国旅游出版社，2006.

在每个相关群体当中通常都存在所谓的"意见领袖"，他们因自己多方面的才能，如信息灵活、经验丰富、足智多谋、胆识过人或者有较强的社会交际能力等，而对周围人群有重要的行为示范和潮流引导作用。他们通过收集、过滤信息和制定购买决策或购买服务和产品，为其他成员输送信息，以此来引导潮流。事实上，很多旅游企业重视"意见领袖"在旅游产品营销过程中的作用，利用"意见领袖"打广告或者通过免费体验等方式吸引这些"意见领袖"的参与，从而把他们的体验心得传播给相关群体。

营销人员要努力识别其目标市场的参照群体。这些参照群体至少会以3种方式影响消费者：第一，参照群体为消费者展示消费行为模式和生活方式；第二，由于消费者有效仿其参照群体的愿望，因此参照群体影响消费者的态度和自我观念；第三，参照群体促使人们的行为趋于某种"一致化"，从而抑制或刺激消费者对某些产品和品牌的选择。

参照群体的影响力取决于旅游产品、品牌及旅游产品生命周期。企业应善于运用参照群体对消费者施加影响，扩大产品销售。

(二) 家庭

每个人的一生中都离不开家庭。家庭是以婚姻、血缘或者收养关系的成员为基础组成的一种社会生活组织形式或社会单位。最基本的家庭类型是核心家庭，即由父母和子女构成的家庭。核心家庭在每种文化中都非常重要。此外，还有扩展家庭，即包括核心家庭和其他家属在内的家庭，最常见的是包括一方或双方祖父母在内的大家庭。随着社会的变迁，这种扩展家庭的数目越来越少，而一种比较特殊的核心家庭——单亲家庭相对地越来越多。

对于许多消费者而言，家庭是最主要的社会组织，家庭对购买行为的影响非常大。

首先，家庭是最重要的消费者购买组织，很多产品的购买是以家庭为单位的。例如，大部分旅游以家庭为单位进行，度假、娱乐及外出就餐的消费决定是家庭成员共同作用的结果。家庭成员一起做出的决定一般涉及几个成员的共同参与，他们从不同的渠道获取信息，可能持有不同的观点，并且在决策过程中扮演多种角色(倡议者、影响者、决策者、购买者、消费者)。因此，理解家庭决策时的互动性、每个成员扮演的角色，以及他们各自的信息来源，将在很大程度上帮助营销人员制定营销决策，更好地吸引家庭型顾客市场。

其次，家庭是消费者的首要参照群体之一，家庭成员个体的购买决策受其他成员的影响。在家庭中，子女通过观察父母的消费模式来学习，因此很大程度上继承了与父母相类似的文化观念、态度和消费模式，从而影响着他们的购买行为。所以，家庭是"社会化过程"中的一个关键组织。对于很多人而言，家庭是其社会化过程中所接触到的第一个组织。一个人在其一生中一般要经历两个家庭：第一个是父母的家庭，在父母的养育下逐渐长大成人；然后又组成自己的家庭，即第二个家庭。当消费者做购买决策时，必然要受到这两个家庭的影响。其中，受原有家庭的影响比较间接，受现有家庭的影响比较直接。子女同样也在很大程度上影响父母的购买决定。研究结果表明，小孩对整个家庭做出购买决策，如度假计划、娱乐选择和餐厅类型等方面具有很大影响力。是否带小孩同行，旅游过程对小孩是利是弊，小孩是否适应目的地的气候，酒店是否有看护小孩服务等，都成为父母消费旅游产品前的考虑因素。因此，营销人员必须了解家庭是如何影响消费者行为，以及家庭本身是如何来进行其决策与消费的。

家庭娱乐模式随着家庭的不同生活阶段而逐渐发生变化。没有孩子的家庭拥有很强的旅行欲望，而刚刚有了孩子的家庭往往会减少旅行的次数。但是随着孩子的成长，家庭旅行活动又会增加。拥有15～17岁孩子的家庭旅行模式高于拥有15岁以下孩子的家庭。当孩子成家立业后，夫妇没有负担，则又会像过去一样恢复对旅行的兴趣。处于这个阶段的夫妇，通常拥有更多的自由支配时间，有充分的经济能力进行更多的旅行。生活在城市比生活在乡村的人更具有旅行倾向性，家庭生命周期阶段如图4-5所示。

青年	中年	老年
单身 已婚无子女 已婚有子女 婴儿 幼儿 儿童 离婚有子女	单身 已婚无子女 已婚有子女 幼儿 儿童 已婚无未独立子女 离婚无子女 离婚有子女 幼儿 儿童 离婚无未独立子女	老年已婚 老年未婚

图4-5　家庭生命周期阶段

(三) 社会角色和地位

一个人在其一生中会参加许多群体，如家庭、俱乐部及其他各种组织。每个人在各个群体中的位置可用社会角色和地位来确定。社会地位是由其职业、收入和财产、受教育的程度、居住地和家庭背景决定的，不同社会地位的人会对不同的产品和品牌有不同的喜好、习惯和与他人相处的方式。社会角色是指一个人在他所处的团体中，他人期望他应该具有的表现，如你在公司里是一位经理，你就被期望要有较强的预测与决策的能力。社会和群体规定了角色的态度和行为模式,个人往往自觉或不自觉地扮演好某种角色,因此,社会角色也决定着消费者的购买行为。每一角色都伴随着一种地位,这一地位反映了社会对他的总评价;而地位标志又随着不同阶层和地理区域而有所变化。对消费者进行正确的社会地位和角色判断,对营销活动的成功是很重要的,营销人员开展各种节日促销活动即是很好的例子。

三、个人因素

旅游者购买决策也受其个人特性的影响,特别是受其年龄所处的生命周期阶段、生活方式、个性及自我观念的影响。

(一) 年龄所处的生命周期阶段

生命周期阶段随着年龄的变化而变化,而年龄又是影响旅游消费决策的重要因素。消费者所处的生命周期不同,其生理状况、心理状况、收入状况、闲暇时间、偏好会有较大差别。不同年龄的人喜欢购买的旅游产品是不一样的,表4-2对几个主要的生命周期阶段进行了归纳,分析了各个阶段可能具有的一些建议性消费特点。

表4-2 生命周期和旅游业

生命周期阶段		年 龄	旅游消费特征
童年	幼童	4岁及以下	对父母而言是"问题消费者",飞机上需要婴儿位置,酒店里可能需要托婴服务
	孩童	5~12岁	对外出就餐地点的选择有重要的影响;度假胜地的酒店应为小孩提供娱乐项目
青少年	少年	13~15岁	变成独立的消费者,但是通常没有明显的独立收入;对外出旅游有主要影响;饭店有供其独立使用的娱乐设施
	青年	16~18岁	独立的消费者,经常做兼职工作;对社交活动有很高的需求
年轻的成年期	单身年轻人	19~24岁	全职工作或念大学,或半工半读;收入足以负担如为了约会等小规模地使用酒店、景区服务;和家人一起旅行,旅游开支较少
	年轻夫妇	25~34岁	大多是双收入家庭,但是家庭开支和投资通常减少了可用于旅游的资金;对旅游兴趣很大
中年	中年早期	35~49岁	收入大幅增长,但是孩子需要不断的支持;对旅游有最大的嗜好
	中老年	50~59岁	收入达到最高,但有时提前退休,收入会减少;对旅游有很强的偏好;和中年群体相比,外出就餐相对较少
老年	老年早期	60~74岁	收入稳定且充足,退休后有充裕的闲暇时间;通常身体健康,充满活力;想要享受生活;出于健康考虑,对饮食有一些特别的讲究
	老年中期	75~84岁	中国日益增长的人口群体,更多的健康问题,通常丧偶独居;身体状况变差;可能需要老人院的护理;在饮食上更加注意
	老年晚期	85岁及以上	生活上更需要照顾;女性比例高于男性;年老体弱,但有些老人反应灵敏,身体健康;通常需要特殊的饮食和帮助

资料来源:徐惠群. 旅游营销[M]. 北京:中国人民大学出版社,2009.

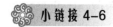

人口结构影响消费结构

不同人口特征的消费者，消费、储蓄和投资行为方式都不同，进而影响商品与资产的价格。这就是为什么社会人口的结构会影响一个国家的经济格局。

美国人口学家依据出生年代不同，把美国人口划分成 3 个主要的世代，即生育高峰的一代(1946 年二战后到 1964 年出生的人)、X 一代(1961—1980 年出生的人)和新新人类(1975 年之后出生的人)，其中又包括 Y 一代(出生于 1981—2000 年的"千禧一代")和 Z 一代(2001 年至今)。

很多美国知名企业的崛起就是由于抓住了社会人口结构变化的契机，二战后美国出现的"婴儿潮"，是美国历史上的一个人口高峰。

目前，在我国消费结构中，80 后和 90 后群体引人注目。

1. 80 后群体(1980—1990 年出生的群体)

80 后群体指国家依法实行计划生育后所出生的一代人，据统计，中国的这个群体超过 2 亿。80 后在消费上奉行"我有我主张"，消费上更注重自己的感受，不管是贵是贱，不管是对是错，不管别人如何评价，"只要我喜欢"，就会买下。这个群体如今在中国已经走入工作岗位，将是中国下一个消费群体的中坚力量。

很多企业敏锐地嗅到这个群体的商机并获得了成功。例如，中国移动的"动感地带"一开始就将目标瞄准了 80 后，针对这一消费群体的特点，"动感地带"确立了"时尚、好玩、探索"的品牌定位。中国移动以少有的魄力赋予了"动感地带"消费者以很大的特权，一句"我的地盘我做主"把 80 后对自由的向往表达得淋漓尽致，这使得动感地带短短两年就获得了千万用户。

2. 90 后群体(1990—1999 年出生的群体)

90 后群体占到总人口的 10%左右。90 后普遍为独生子女，他们还没有真正登上社会的舞台，还处在被呵护、被教育的阶段，但他们普遍早熟，从一开始就乐意成为消费社会、技术时代的宠儿。90 后几乎是靠吃超市的东西、吃"洋产品"长大的一代，消费观念超前、欲望更强，背后支持消费的能力也更强。很多企业目前已经开始开拓这一个比 80 后更加个性化的市场，如针对 90 后非常注重自己形象，并且很喜欢从时尚杂志汲取时尚知识的特点，在时尚杂志上推介单品。

资料来源：肖明超. 人口结构深处的营销先机[J]. 销售与市场，2010(5).

(二) 生活方式

生活方式是一个人在生活上所表现的习惯。即使人们来自相同的亚文化、社会阶层甚至职业背景，也会有相当不同的生活方式。通过对消费者生活方式进行研究，可以得到的不仅仅是社会阶层和个性方面的信息，而是能够全面描述一个人的行为以及在社会中与人互动的整体模式。生活方式变量反映了人口统计学以外的东西，它非常真实，且很有意义，影响人们的购买行为。

VALS (Values and Lifestyle Survey, 价格观和生活方式体系)是旅游市场营销中一种很有用的工具。这个概念是由斯坦福国际研究所(SRI International)研究出来的,在宾夕法尼亚州商业部的一份报告中,它首次被作为一种旅游市场研究工具。它把美国人的生活方式分成9种,根据他们的自我形象、期望、价值与信仰及他们习惯使用的产品,又把他们划为四大类别:需求驱动群体(生存者生活方式、维持者生活方式)、外向型群体(归属者生活方式、竞争者生活方式、成就者生活方式)、内向型群体(自我为中心的生活方式、经验主义的生活方式、交际广泛的生活方式)、外向型与内向型相结合的生活方式(混合型生活方式)。

后来,斯坦福国际研究所提出一个新的 VALS2,则根据人们如何花费时间和金钱来划分其消费倾向。它运用"自我导向型"和"资源依托型"两个维度,把美国消费者分成了8个群体(见表 4-3)。依据自我导向这个变量,最终得到 3 种不同的消费者:原则导向型消费者、地位导向型消费者和行动导向型消费者;原则导向型消费者根据他们对世界的看法和理想购买;地位导向型消费者根据他人的行为和意见购买;行为导向型消费者受他们对行动、变化和冒险的渴望的推动而购买。每一种导向的消费者都再按照其资源(收入、受教育程度、健康、自信、体能和其他因素)的拥有程度(高或低),进一步划分为两种类型。拥有资源水平很高或很低的消费者,还被单独划分成两个不同的群体——实现者、挣扎者。一个人在整个一生当中,可能要依次经历这些生活方式当中的几种。

表 4-3　VALS2 划分的 8 种美国消费群体

自我导向性	原则导向型	**实现者**:成熟、有责任心、受过良好教育的专业人士。他们的闲暇时间主要在家中度过,但熟悉外部世界发生的各种事情,总有新想法,接受社会变革。他们收入高,但很实际,是一种价值导向型的消费者
		信仰者:收入中等的原则导向型消费者。比较保守,行为比较规范,喜欢美国产品和老品牌的消费者。生活中主要是家庭、教堂、社区和国内
	地位导向型	**成功者**:成功的、工作导向的人,从工作和家庭中获得满足。政治上保守,尊重权威和地位。喜欢名牌产品和服务,借以炫耀他们的成功
		奋斗者:价值观与成功者类似,但在经济、社会和心理上都不如成功者。风度对他们尤为重要,因为他们模仿其他拥有更多资源的消费者
	行动导向型	**经验者**:喜欢以有形的方式影响周围环境的人。在所有群体中年龄最小,有充沛的精力,并把它们投注到体育锻炼和社会活动当中。他们是追星族式的消费者,在服装、快餐食品、音乐和其他为年轻人所钟爱的项目上不吝花钱。他们特别喜欢新事物
		行动者:喜欢对周围环境产生影响,但方式更为实际。他们看重自足的生活,生活重心在家庭、工作和身体上的休闲活动,对外部世界不太关心。作为消费者,人们对他们的印象主要是务实的和功能上的购买意图,而不是为了物质上的拥有
资源依托型		**实现者**:收入最高,拥有各种资源,可以做任何或全部想做的事情。形象对他们十分重要,不是权力和地位的象征,而是他们的品位、独立性和人格的表征。由于兴趣广泛,热衷变化,他们往往购买"生活中最美好的事物"
		挣扎者:收入最低,其他资源也太少,作为消费者总是捉襟见肘。由于各种限制,他们往往能成为品牌忠诚的消费者

(三) 个性及自我观念

个性是指导致一个人对周围环境做出相对独立的、一贯的和持久反应的独特心理特征的总和，包括消费者的兴趣、爱好、气质、性格、能力等许多方面。

心理学的研究表明，旅游者的个性心理具有以下特点。

(1) 稳定性：指旅游者通过其行为所表现出的某种惯常的心理倾向性。偶尔的心理现象不是个性，如一个人性格内向、沉默寡言，是指他一贯如此，但他也可能偶尔有慷慨激昂的时候。

(2) 整体性：指旅游者的各种个性倾向、心理特征和心理活动过程都是相互协调、有机联系在一起的。例如，旅游者气质是多血质型，其性格往往表现为开朗活泼、精力充沛，其相应的交际能力活动能力也较强。

(3) 独特性：指不同旅游者所表现的个性心理上的差异性。这是由于构成个性的内在特点的各要素的特殊组合，所以没有两个人是完全相同的。

(4) 倾向性：指旅游者在社会实践中，对现实事物的一定看法、态度和感情倾向。例如，兴趣、理想、信念以及世界观等，它对于一个人个性的完善与改变有着重要的影响。

(5) 可塑性：指个性心理特征随着主体的经历而发生不同程度的变化，从而在每个阶段都呈现出不同的特征。承认个性的稳定性并不等于说它永远不会改变。例如，年龄的变化、客观环境的变化、主观努力等都会在不同程度上影响个性的改变。

许多营销人员都使用一个与个性有关的概念，即自我观念(也是自我形象)。自我观念作为个性的核心，是指一个人对其自身所持有的认识和态度，也就是个人对自己及自己和周围事物的关系的概括性描述。一般认为，现实当中自我观念通常有 3 种：现实的、真实的自我，理想的自我和别人眼中的自我。人们经常购买一些自己并不需要的商品或对旅游产品购买后的感觉表达一些并不符合自己真实想法的意见，只是为了增加与朋友和商务伙伴交往时的分量；在旅游中一些平时看起来很严肃的人变得活跃起来，一些成年人变得孩子气等现象都表明了自我观念中的三位统一。那些自认为外向的和活跃的人，倘若把乘船旅游视为一种适合老年人躺在摇椅上消磨时光的方式的话，他们就不会购买乘船度假这种产品。他们更有可能选择一种潜水或滑雪度假产品。游船业在改变其"老人"形象方面已经相当成功，现状已经能够吸引那些外向的、活跃的消费者了。

四、心理因素

消费者购买行为受动机、知觉、学习、信念和态度等主要心理因素的影响。

(一) 动机

动机是人们基于某种愿望而引起的一种心理冲动，可以被视为是一种个人内在的驱力，这种驱力促使个人采取行动。驱力主要来自因需要未得到满足而产生的紧张。当消费者的紧张到达某一种程度时，便会产生驱力以促使消费者采取行动来满足其需要以降低其紧张。

因此，动机是一种驱力，其主要的目的在于消除消费者的紧张，体现了客观要求对人的激励作用。

1. 需要层次理论

人们的旅游需要和动机不仅是复杂的、多变的，而且还是以层次的形式出现的。同时，消费者行为所要达到的目的或行为背后的动机，并不必然是浅显易见的，往往很多消费者目的或动机是隐藏不彰的。此外，消费者行为的背后经常会有超过一个以上的动机同时运作。

美国心理学家亚伯拉罕·马斯洛(Abraham Maslow)第一次把人的需要划分成不同的层次，提出了需求层次理论。需要层次理论认为，人的需要是按照一定层次排列的，从最迫切的需要到最不迫切的需要。马斯洛的需要层次(见图 4-6)按照重要性，依次是生理需要、安全需要、社会需要、尊重需要和自我需要。一个人首先要满足最重要的需要，当那个重要的需要得到满足之后，它就不再是一种驱动力，人们会转而寻求对下一个最重要的需要的满足。

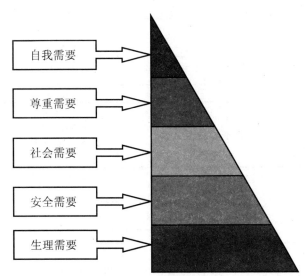

图 4-6　马斯洛的需要层次

根据马斯洛的需要层次理论，皮尔斯(Pearce)和他的合作者提出了旅行需求模式(如图 4-7 所示)，它更加关注旅游者及其旅游动机。旅行需求模式认为，人们的旅游行为有一个生活周期，它反映了人们旅游动机的等级，就像人一生所从事过的职业有不同的阶层，他们的旅游需求很可能受到金钱、身体状况和他人的限制。

旅游需求阶梯保留了马斯洛的观点，即人们必须满足梯子的低阶段需求，然后才能向梯子的高阶段移动。因此，旅游者关心的是发展和扩展他们的关系，尽管旅游者也可能有安全和生理阶段因素方面的需求，但是他们可能还不会特别关注对自尊和自我发展的需求。旅游需求阶梯着重强调在寻求度假经历方面必须有一系列的动机。

随着成为越来越有经验的旅游者，人们通常顺着阶梯往上升

对满足的需求
自我实现的需求
多获得流动体验的需求

自尊/自我发展的需求

受其他因素指导的需求
对地位的需求
对获得尊重的需求
对成就的需求

受自我指导的需求
对自我发展的需求
对成长的需求
对好奇/精神刺激的需求
对统治权/控制能力的需求
对自我功效的需求
对内在地重复令人满意的行为的需求

关系的需求

受其他因素指导的需求
对减少他人忧虑的需求
对附属的需求

受自我指导的需求
对给予或友爱的需求

生理的需求

受自我指导的需求
对减少忧虑的需求
对预测和解释世界的需求

受其他因素指导的需求
对安全的需求

安全的需求

受外在因素引导的需求
对逃避、兴奋和好奇的需求
对激励、外部兴奋和刺激的需求

受内在因素引导的需求
对性、吃、喝的需求
对放松（管理激励水平）的需求

高水平的动机包括低水平的动机，在高水平动机发挥作用之前，低水平的动机必须得到满足或者体验

图 4-7　旅游需求阶梯

2. 旅游动机类型

旅游者不可能仅仅被一种动机所影响，在任何时候，他们都是受到多重动机的影响。许多旅游类书籍的作者对世界范围内存在的基本旅游动机进行了分类。这些分类的不同形式也被广泛应用于大量的商业性现场调研当中。下面列举的动机应用了瓦伦娜·史密斯(Valene Smith)、墨菲(Murphy)和麦金托什(McIntosh)与德纳(Goeldner)的成果。这些内容与世界旅游组织(WTO)正在制定的用于进行国际旅游调查的旅游目的分类大体上相符。

(1) 与业务和工作有关的动机
① 参与私营部门和公共部门的业务活动，参加大会、会议、短期课程。
② 为了工作的原因而离家旅行，包括航空公司职员、卡车司机、维修技师等。

(2) 身体和生理方面的动机
① 参与室内运动和积极的室外娱乐活动，如打高尔夫球、散步、航行、滑雪。
② 参加保健、健身、疗养活动。
③ 休息、放松，从日常生活的压力中解脱出来。
④ 在海岸上寻找温暖、阳光、放松。

(3) 文化、心理和个人教育方面的动机
① 作为观众、演员或志愿者参与节庆活动、戏剧、音乐活动和博物馆的活动。
② 参与个人感兴趣的活动，包括智力方面、手工艺方面的活动和其他休闲活动。
③ 访问拥有文化遗址和自然遗址的目的地(包括生态旅游)。

(4) 社会和人际及伦理方面的动机
① 享受与亲朋为伴的乐趣。
② 承担社会义务，出席相应活动，参加婚礼、葬礼等。
③ 陪伴因其他原因而旅行的人，诸如业务原因或社会责任。
④ 访问自己的故里。

(5) 娱乐、消遣和享受方面的动机
① 观看体育和其他观赏性事件
② 游览主题公园和游乐园。
③ 进行休闲购物。

(6) 宗教方面的动机
① 参加朝圣之旅。
② 进行静修来参悟和学习。

在世界旅游组织公布的2020年预测报告中显示，目前旅游动机已经呈现明显多元化、复杂化现象，旅游者希望从旅行过程中获取更多的体验，包括发掘人类生活本原，理解和欣赏自然文化环境，追求与个性紧密相关的专项旅游或特殊爱好旅游，短途、家族性休闲旅游等。具有文化内涵、知识性和价值兼具的旅行体验颇受关注，旅游者渴望深入社区，从而获得真实深刻的交流体验。

3. 旅游动机与旅游行为

人们从产生旅游动机到实际的旅游行为是一个比较复杂的心理过程。只有当主客观条件具备、能满足旅游需要时，旅游动机才能确立，并由思想动力向现实转化，变成实际的旅游行为。然而，人们在实际的旅游活动中，一种需要满足了，还会产生其他新的需要，这样新的机会又会产生。同时，并非所有动机都能转化为行为，在社会生活中，在旅游环境里，人的需要是随着社会的发展与环境的变化而发展变化的。只有最强烈的动机才会引发行动。因此，人的行为与相对应的动机强度变化有密切关系。

总而言之，只有理解了人类行为的动机，才能知道消费者是怎样意识到他们的需要的。营销人员必须让消费者意识到他们的"需要不足"状态，进而提供方法来消除这种不足。只有先意识到这种不足，消费者才能开始想办法来满足相关的需要。作为旅游业的营销人员，了解这种变化关系对掌握旅游者的心理和预测其行为有着重要的意义。

（二）知觉

人们每天遭遇成千上万条商业信息的刺激，但是，这并不代表消费者就会注意到它们的存在。消费者往往根据自身的需求、偏好、过去的经历及态度，关注某些相关信息并进行信息过滤，这就是知觉形成的过程(如图4-8所示)。知觉形成的过程是指个人选择、组织和解释信息并勾画出一幅有意义的世界图式的过程。它不仅取决于刺激物的特征，而且依赖于刺激物同周围环境的关系及个人所处的状况。一个被激励的人随时准备行动，然而，他如何行动则受其对情况的知觉程度的影响。处于相同的激励状态和目标情况下的两个人，其行为可能大不一样。这是由于他们对情况的知觉各异。

人们之所以对同一刺激物产生不同的知觉，是因为人们要经历3种知觉过程，即选择性注意、选择性曲解和选择性记忆。即使消费者通过选择性注意从数不清的信息中关注到了自己所需要的信息，这些信息也不可能长期保留。消费者还需要对过滤的信息进行挑选，对于符合自己性格、信念和态度的信息保留时间较长，即选择性记忆过程。知觉形成过程实际上就是一个挑选过程，它反映了顾客的世界观和价值观，从而为市场营销的实施提供重要信息。营销人员需要设计出清晰明了、有吸引力的信息来抓住顾客的注意力，从而应对这个高度竞争的过程。

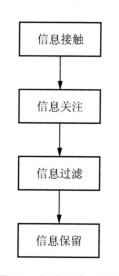

图 4-8　知觉形成的过程

1. 选择性注意

人的一生中几乎每时每刻都面临刺激物，但并非都能注意和留下印象。一般情况下，人们能够选择性注意的情况有下述3种：一是与人们目前需要有关的，二是预期将出现的，三是差异度较大或较为特殊的。利用这一特点，有些旅行社在零售本地景点观光路线时，为了引导旅游者决策，在宣传手册上详细描述本旅行社经营的一两条线路并附有照片。同时，还列出一些设计明显很差，价格又很高的其他线路。其实，旅行社并不经营这些线路，只是把它们编排出来为旅游者提供参照物，促使消费者更注意地选择旅行社实际经营的那一两条线路。

2. 选择性曲解

人们对客观事物的理解和认识有时是不正确的，其中可能含有个人偏见或成见，这是对客观事物的曲解。这种按个人意愿曲解外界事物使之合乎自己意思的倾向称为选择性曲解。例如，旅游者长期形成的对某个旅行社信誉偏好，是不会轻易改变的，其他旅行社信誉再高，他也极有可能扭曲这些旅行社的信誉，从而判断自己偏好的旅行社是最好的。人们倾向于对自己的先入之见，用支持而非挑战的方式来对信息做出阐述。

3. 选择性记忆

人不可能记住所有已经了解的事物，多数人只记忆那些合乎自己信念、支持其态度的事物。例如，很多人只记忆自己喜欢的品牌，每次需要再购时，只想这个品牌而不记其他。这种心理机制就称为选择性记忆。

上述3种知觉过程的客观存在说明，旅游企业要想使自己的产品深入人心，得到旅游者青睐，必须跨越并充分利用旅游者的感觉壁垒。

(三) 学习

学习是指来自信息与经验的影响，而所产生的一种行为、情感及思想上的相当持久的改变。因此，外部的环境与消费者内在的心理历程都会促成和影响消费者的学习，如图4-9所示。人类的大多数行为都是通过学习获得的。

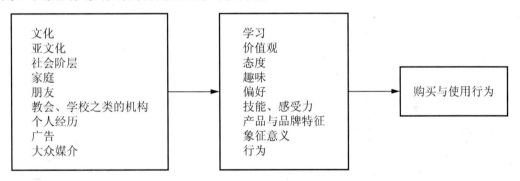

图4-9 学习是消费者行为的关键

学习既可能是来自消费者本身的亲身体验，如学习某种操作，不亲身实践就无法掌握；也可能是来自非实践的学习，如消费者想买某一产品，他可以通过广告、产品说明书、其他人的口传信息等了解产品，学习到有关商品的知识。当然，由学习导致人行为的改变，有时是立刻就会发生的，但有时是潜移默化的，行为改变也是在长时期才会显现出来。这种情况在广告效应中最为典型。广告效果测试显示，重复的次数多了，会导致购买行为的改变。

人们的旅游决策主要是根据后天经验做出的，而人们的后天经验在很大程度上又取决于人们从旅游企业和其他人那里学到了多少知识。旅游企业应通过人员推销、促销资料等，向潜在旅客提供必要的信息，使他们了解如何解决各种旅游问题，如何满足各种旅游需要，并向他们证明本企业的产品和服务有助于满足他们的各种需要。

(四) 信念和态度

1. 信念

信念是指一个人对某些事物所持有的描述性思想。通过行为和学习，人们获得了自己的信念和态度。例如，人们认为迪斯尼乐园是一处很好的游乐场所、国际著名酒店管理集团希尔顿集团管理下的酒店服务质量非常好等。而信念和态度又反过来影响人们的购买行为。旅游企业应关注人们头脑中对其产品或服务所持有的信念，即本企业产品和品牌的形象。人们根据自己的信念做出行动，如果一些信念是错误的，并妨碍了购买行为，营销人员就要运用促销活动去纠正这些错误信念。

2. 态度

态度是指一个人对某个客观事物或观念的相对稳定的评价、感觉及倾向，其评价对象可以是一个产品、一项服务或一个企业。态度的形成往往建立在过去经历基础上，一般具有持久性，态度一旦形成便难以改变。一个人的各种态度是与某个模式相匹配的，要改变其中一种态度，可能要牵动很多其他态度。对于企业来说，生产那些符合现存态度的产品，比要改变人们对产品的态度容易得多。当然，如果用于改变态度的成本可以得到补偿的话又自当别论。

识别消费者对某项产品或某个企业的态度很重要，因为个人的态度会直接影响他/她的行为意向(如参观或购买意图)，而行为意向是实际消费(如实际参观或购买)的先兆。因此，态度也是影响消费行为能否顺利完成的元素。如果某消费者对某个旅游企业抱着积极的态度，当其需要购买旅游产品时，就更有可能会光临这个旅游企业并成为其消费者之一。

小链接 4-7

美国休闲游客旅游态度

2010年，Ypartnership 和 Harrison 两家咨询公司通过网络对 2 524 名美国休闲游客的调查发现，根据旅行的态度，分为四大类别：

(1) 勇敢派：年轻、男性、爱好冒险旅游。
(2) 家庭主义派：年轻、女性、家庭团结。
(3) 旅行者派：年长、男性、爱好户外运动。
(4) 特殊派：年长、女生、爱好艺术。

勇敢派约占休闲游客的 28%，是这 4 类人中最年轻的(平均年龄为 40 岁)。他们基本上是有职业的夫妇或者单身者，喜欢运动和俱乐部活动。他们喜欢探险、户外度假及好玩的旅行。他们特别能接受电子邮件中提供的旅行机会。

家庭主义派约占休闲游客的 23%，趋向于家庭旅游，是这 4 类人中第二年轻的(平均年龄为 42 岁)。他们的家庭基本上是夫妇两人都有工作，并且有 18 岁以下的孩子，他们喜欢现成的旅游产品线路。他们的偏好是主题公园、邮轮和海边度假。他们很注重旅行安全，并且经常货比三家。

旅行者派约占休闲游客的 23%。他们的家庭幸福，是这 4 类人中第二年长的(平均年龄为 47 岁)。他们事业有成，偏好"不会有错误"的旅行。他们将旅行看做一次学习的机会。

他们的出游次数很多,而且花费也很高。他们喜欢家庭旅行并中意高端的目的地。

特殊派约占休闲游客的 26%,是 4 类人中最年长的(平均年龄为 52 岁)。这其中超过 1/3(36%)的人是祖父母。他们往往富有但家里又没人,他们喜欢城市文化体验,特别对博物馆和剧院感兴趣。城市、欧洲和其他外国目的地是他们的出游目标。他们偏好精品酒店和度假村。

资料来源:中国国家旅游局驻洛杉矶办事处. 2010 美国休闲旅游市场消费趋势报告[J]. 旅游市场,2010(11).

综上所述,一个人的购买行为是文化、社会、个人和心理因素之间相互影响和作用的结果。其中很多因素是营销人员无法改变的,但这些因素在识别那些对产品有兴趣的购买者方面颇有用处。其他因素则受到旅游营销人员的影响,旅游营销人员借助有效的产品、价格、渠道和促销管理,可以诱发旅游者的强烈反应。

第三节 旅游者购买决策过程

消费者购买决策过程是指消费者在购买产品或服务过程中所经历的步骤。旅游者决策通常是一个错综复杂的过程,由 5 个环节构成:识别需要、收集信息、评估方案、购买决策和购后行为。这个模式强调了一点:购买过程在实际购买发生之前很早就开始了,并持续到购买之后很久。这就鼓励营销人员要关注整个购买过程,而不仅仅是购买决策本身。

消费者购买决策的 5 个步骤代表了消费者从认识和需求旅游产品到评估一项购买的总体过程。需要注意的是,这个过程并不表示消费者的决策会按次序经历这个过程的所有步骤。在做出购买决定之前,即在形成购买决策过程的任何阶段,消费者都有可能在某个决策阶段完全停止,或者是回到前一步或前几步去重复已经做过的某些活动。下面对典型过程的共性特点进行研究,以便把握个性行为的处理原则。

一、识别需要

消费者购买决策过程的第一阶段是识别需要。当一个人意识到某种问题或需要时,购买过程就算开始了。当消费者感觉到他们本身所拥有的同他们必须拥有(需求)或者同他们想要拥有的(欲望)东西之间存在差异,同时发现自己的现状存在一种潜在的改善的可能性时,也就出现了是否要购买某种商品的问题。当然,不是每种差异都会引发消费决策过程的开始,只有当差异大到足够消费者意识到有某个问题存在,并需要采取行动来解决这个问题时才会真正开始一个消费决策过程。这种需要可能由内部刺激所诱发。根据已往的经验,消费者学会了应付这种需要,而且还知道什么东西能满足这种需要。例如,紧张的工作使得人们希望用一种方法来消除疲劳、放松自己。当消费者发现旅游产品的消费能给他一种既可望又可及的良性预期时,消费者的旅游决策行为就能由此产生。

在这个阶段,营销人员的使命就是帮助消费者意识到需要的存在,并且提高他们对问题需要解决的紧迫性的意识,告诉他们营销人员所属企业能为其提供这些问题的解决方案。为此,首先,营销人员必须确定那些影响消费者对需要进行识别的因素和情形。他们应该对消费者进行调查,弄清什么类型的需要或问题导致他们购买某种产品,什么引发了这些需要,这些需要如何引导消费者选择某种特殊的产品。其次,在调查的基础上,营销人员通过广告、人员推销和其他一些直接接触的促销方式,把一些潜在的问题暴露给潜在消费者。这是非常重要的,尤其是旅游产品的某些内容是服务类无形商品,无法像有形产品那样用产品本身吸引购买者注意力,所以在宣传中把旅游产品的一部分展示给消费者。对其消费需求加以引导,是十分必要的。例如,都市人的生活节奏紧张、噪声和生活压力大,周边地区的农家乐抓住这一问题作为营销机会,推出宁静乡村庄园的一顿悠闲轻松的晚餐或舒适平静的周末的概念。最后,营销人员还要注意文化对需求所产生的影响。因为不同的文化、地区和国家之间,虽然消费者的需要可能一样,但欲求与需求则会有很多的差异。

二、收集信息

一位意识到有需要的消费者可能会寻找更多的信息,也可能并不需要这样做。如果消费者的内驱动力很强烈,而且能够满足需要的产品又触手可得,那么,消费者很可能马上就购买了。否则,消费者可能会把需要搁置下来,先收集相关信息,包括所需商品的类别、品牌、性能、方式等方面。

信息的收集可以来自消费者内部或外部,或者同时来自两者。内部信息是储存于消费者记忆中的信息,这一部分的信息大多是来自于先前对于产品的经验。外部信息是指寻求来自于外部环境的信息:一是非营销控制的信息来源,指产品的信息来源与商业企图无关,因此也称为非商业的信息,主要包括经验来源、个人来源及公共来源;二是营销控制的信息来源,指产品信息是营销人员为推广产品而产生的,因此,其背后往往具有强烈的商业企图。

具体来看,旅游者的信息来源可以分为以下4类。

(1) 个人来源。指消费者经由个人人际关系所得到的信息来源,包括来自周围相关群体,如朋友、家人、同事等的信息。

(2) 商业来源。指来自媒体(包括报纸、杂志、电视、网络)的商业性广告和促销活动,以及旅游企业网站自身发布的商业信息。

(3) 公共来源。指来自于交易以外的客观第三者所提供的信息,包括大众传播媒体、政府机构与旅游协会等其他非营利性的组织对旅游企业独立客观的评价信息。

(4) 经验来源。指个人亲身体验所获取的信息,包括过去的经历和相关促销的回忆。

这些信息来源的相对影响力随产品和购买者的不同文化而变化。一般来说,消费者所得到的产品信息在数量上主要是被营销人员所操纵的商业来源。不过,很多消费者对商业来源的信息存有一定的戒心,认为大多数企业强调产品的特性而不提它的不足之处,这些观点在受到良好教育和较高收入的人群中体现得更为明显。然而,最有影响力的信息来源往往是个人信息。商业信息通常起到告知买者的作用,而个人信息起着评价产品的作用。例如,人们从广告当中注意到某个餐馆,但在购买之前还会向朋友征询意见。由于从个人来源所获得的信息比广告更可信,因此其影响力也更大。所以,对于旅游产品营销而言,良好口碑的传播变得尤为重要。

消费者收集信息的积极性和投入程度受若干不同因素的影响,其中最主要的几个方面包括决策的重要性、过去的经验、感知的风险程度、信息来源和时间的限制。

(1) 决策的重要性。决策的重要性与该产品的信息收集有正相关。如果消费者认为该决策非常重要,则将会花费较多的时间去收集相关的信息与替代选择方案。

(2) 过去的经验。消费者如果对一个产品有明确的先前经验,则较易将其信息的搜集局限在这些与先前所经验产品相关的信息上面。

(3) 感知的风险程度。当察觉到购买的风险增加时，消费者会增加其信息搜集，而且考虑更多的替代品牌。

(4) 信息来源。当消费者的产品相关知识很丰富且消息很灵通，则其往往不需要增加额外信息的搜集。若消费者是新手，则往往需要进行大规模的信息搜集，才能确保决策的正确。

(5) 时间的限制。信息搜集受到时间的限制，因此消费者不会进行大规模的信息搜集。

营销人员应该仔细地识别消费者的信息来源，并判断每一种来源的重要性。可以问消费者最开始他们是如何了解本产品的，他们都知道些什么信息，他们对各种不同信息来源的重要性如何估价，等等。这些信息对制订有效的传播方案很有帮助。

三、评估方案

消费者收集信息后可能产生一组品牌，消费者会从这个组合中进一步评估各种方案，并做出决策。没有一种简单的评估过程可以适用于所有的消费者，或一个消费者的所有购买场合，具体的评价过程是有差异的。

旅游者评估方案的一个有效的方法就是将产品/服务所有属性的重要性和带来的利益加权平均。第一，旅游者可以把旅游产品看作一系列旅游产品属性的集合。对于度假产品来说，这些属性包括风景、安全、住宿餐饮、产品价格等。这些属性中的哪些比较重要，对于不同的旅游者来说看法会有所差异。他们会特别注意与他们的需要有关的属性。第二，旅游者对每一种属性的重视程度不同，即每个旅游者根据他个人特殊的需要和欲望来评价每一种属性的重要程度。例如，对于某个旅游者而言，在度假产品的选择过程中，风景最为重要，权重为40%，其次为住宿餐饮(30%)、安全(20%)、价格(10%)。第三，旅游者很可能会形成一系列有关每一种旅游产品的各种属性的信念。这种对某个旅游产品所形成的各种信念，由于每个旅游者的个人经验不同，加之选择性知觉、选择性曲解和选择性记忆的影响，旅游者的这些信念可能与旅游产品的真正属性有所不同。第四，人们认为，旅游者对每一种属性都有一个效用函数。效用函数描述当旅游产品的属性发生变化时旅游者所期望的对旅游产品的整体满足感是怎样变化的。第五，旅游者通过某种评价程序而形成对不同旅游产品的态度。在评价过程中到底使用一种还是多种评价程序，取决于旅游者及其购买过程。

评估可选方案的另一种有效方式就是，用一个单一的标准去筛选候选名单中的所有项目。一旦选择项目不符合这个标准，就当机立断地将之从候选名单中去除，不要再考虑其他因素。如果两个航空公司在首要评价标准(如价格)上获得相似的评价，就要通过第二重要的标准(如航班时刻表)来对其进行衡量。

对于营销管理人员而言，一个主要目标便是在于判定哪些评估准则在影响消费者选择上最为重要。

四、购买决策

在评估阶段，消费者对不同品牌进行排序，并形成了购买意向。实施购买行动在整个决策过程中是最关键的环节，这一阶段对于消费者和销售者而言都是心理压力释放的阶段，前者从选择购买对象的压力中得以解放，后者从说服顾客购买的压力中脱身而出并实现销售收的完成，但这一阶段并不意味着水到渠成。一般来说，消费者会购买他最喜欢的品牌，但在购买意向和购买决策之间还可能受到他人态度、意外情况等两个因素的影响,如图 4-10 所示。

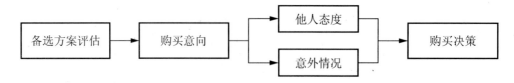

图 4-10　备选方案评估与购买决策之间的步骤

首先是他人态度。他人态度越坚决,这个人与决策者关系越密切,他对决策者的影响就越大。

其次是意外情况的影响。消费者所形成的购买意向基于对收入、价格和产品效用的预期。当消费者马上要购买时,也许会出现一些意想不到的情形,使购买意向发生改变。例如,假期取消、旅游目的地出现自然灾难、家中出现病人等,那么,购买行动亦会再次延缓。

因此,营销人员在实现购买阶段采用技巧性的、灵活的促销手段,以及巩固顾客关系、强化消费者对品牌的忠诚是非常重要的。

另外,一个营销人员还需要了解哪些人参与到购买决策过程中,每个人都扮演什么样的角色,如图 4-11 所示。其中,倡议者是建议、发起购买过程或为该过程牵头的人,他可以是家庭中的任何成员;影响者是意见比较受重视的家庭成员;决策者是实际做出购买或不购买决定的家庭成员;购买者是实际交付货币完成购买的家庭成员;最后,消费者是实际使用者。例如,为了庆祝孩子考上理想的大学,孩子的妈妈提议在暑期的时候全家出国旅游,开始对各旅行社进行咨询成为倡议者;爸爸作为一家之主,对这一重要决定发表意见而成为影响者;爸爸在征求家庭成员的意见后,加上自己对此事的判断决定是否购买,以及购买哪一家旅行社提供的旅游产品成为决策者;妈妈和孩子到旅行社签订合同、交付货币完成对出国旅游产品的购买成为购买者;最后全家高兴地参加出国旅游成为消费者。

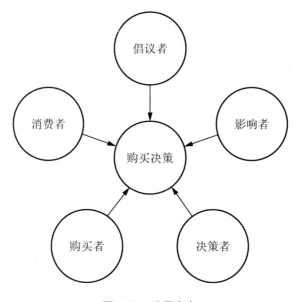

图 4-11　购买角色

五、购后行为

在购买旅游产品时，消费者期望从购买中产生某种结果。一般来说，消费者购买了旅游产品之后，也许满意，也许不满意。这一阶段是一个比较的过程，消费者的满意程度取决于消费者对产品的期望与产品的实际感受之间的比较上。如果产品与预期吻合，消费者就会感到满意，并将这种满意以再次购买或把他们的成功经历告诉亲友从而影响他人购买决策的方式回报企业。如果达不到预期，消费者就会不满意，并将这种不满意以拒绝再次购买或通过对亲友诉说他们的经历来提醒他人不要购买该企业同样的旅游产品，甚至直接向厂商寻求赔偿、采取法律行动寻求赔偿或向厂商、私人或政府机关投诉的方式表现出来（如图4-12所示）。

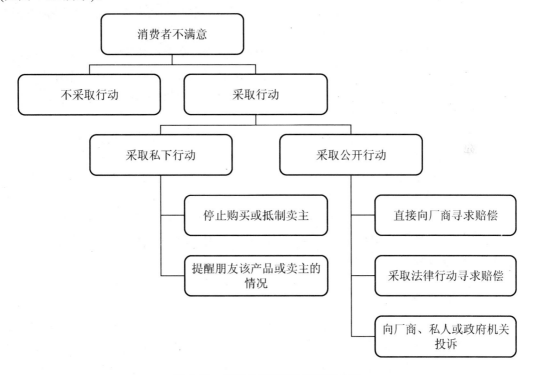

图 4-12 消费者不满意时采取的行动

消费者将期望建立在过去经验，以及从销售人员、朋友和其他渠道所获得的信息的基础上。如果夸大产品所具有的性能，结果消费者就会失望。期望与感受之间的这种差距越大，消费者会越感到不满。这说明，企业必须诚实地描述产品的性能以便使消费者满意。可以说，对于旅游产品来讲，消费者自身的消费经验是最可靠的信息来源，所以，对消费者购买后的满意度观察是至关重要的。

第四节 组织机构旅游购买行为分析

除了众多的旅游者之外，数量庞大而有利可图的组织机构消费者对旅游企业也非常重要。一方面,这种消费者消费数量大,可以给旅游企业带来可观的经济收入;另一方面,一部分组织机构本身是旅游产品的中间商,是旅游企业重要的销售渠道成员。

一、旅游组织机构消费者的类型

旅游组织机构消费者可以从不同的角度进行分类。

首先,根据购买旅游产品的最终目的不同,划分为以消费为目的的组织机构和以盈利为目的的组织机构两大类。以消费为目的的组织机构非常多,囊括了购买旅游产品的各种组织机构,如公司、政府机构、军事机构、大学、行业协会、社交性俱乐部等。而以盈利为目的的组织机构是指旅游中间商,他们为了盈利从事转卖或代理旅游产品,包括旅游零售商、旅游批发商、会议代表商、奖励旅游代理商等。中间商一般不是旅游产品的最终消费者,但是对于旅游企业的市场营销来说,中间商确实重要,因为它们可帮助并影响最终消费者选择旅游产品。

其次,根据购买的频率和数量不同,划分为经常大量购买的组织机构、经常小量购买的组织机构、偶尔大量购买的组织机构、偶尔小量购买的组织机构等。这种划分主要是从营销的角度进行市场划分的,从而使旅游企业根据不同组织机构的购买行为,采取不同的营销策略。

最后,根据组织机构的属性不同,划分为营利性组织机构和非营利性组织机构。一般来讲,营利性组织机构购买的数量和时间受其经营状况和规律影响很大,而非营利性组织的购买则受到赞助商或其重要成员的影响。例如,受金融危机影响,很多大型企业大大缩减了会奖旅游预算。

作为团体旅游市场,旅游组织机构不仅是从购买数量、购买金额,而且从购买时间、购买决策等方面,都与一般的旅游者有较大的差别。因此,必须针对这一旅游市场,制定有针对性的营销策略。

1. 规模大,消费高

一般来讲,旅游组织机构的购买规模较大,在旅游目的地停留时间较长,因此,消费水平高,对企业的利润贡献较大。这也是很多旅游企业重视这一旅游市场的主要目的。例如,香港同宝健集团的董事长李道表示将在 2013 年 10 月下旬或 2014 年上半期实施的海外奖励旅游目的地指定为济州岛,旅游团的规模将超过 1.5 万人。此外,据中国会展经济发展报告(2008)显示,一个奖励旅游团的平均规模(人数)是 110 人,而每一个客人的平均消费(仅指地面消费,不包括国际旅行费用)是 3 000 美元。一个考察活动结束后客户在未来 12 个月的时间里咨询反馈的比例是 80%,其中有效比例(即实际成团的比例)为 15%～20%。新加坡旅游局也经过分析发现,到新加坡的中国奖励旅游团的消费能力比一般旅游团要高出 1.4 倍。而在一些奖励旅游比较发达的国家,接待奖励旅游团与接待普通旅游团相比,所获取的利润要高出 5～10 倍。

2. 购买时间有规律性

旅游组织机构在购买旅游产品时,从时间上有一定的规律可循。具体来看,或者选择旅游目的地最合适的旅游季节,如黄金周;或者根据工作需要确定旅游时间。例如,很多企业的年度工作会议，一般都是在年终或年初举行，周末也是企业短期会议的黄金时段。这一特点使营销人员可以事先做出较为准确的预测，有利于做好各项工作。

3. 购买决策较复杂

旅游组织机构的购买规模大，消费高，而且往往关系到组织机构的重大战略，因此，属于重大购买决策活动。例如，一个行业协会组织一个国际性会议，从会议的筹备到具体的会议的召开，期间需要收集大量的信息，反复评价方案，慎重决策，决策时间长。

4. 对价格比较不敏感

旅游组织机构在购买旅游产品时，由于决策者、购买者和消费者身份的非一体化，以及企业或协会等机构本身的财力支持，也由于他们对旅游产品和服务质量上的特殊重视，因此在价格方面总体上比较宽容。在有些国家、地区或社区，组织机构购买的成败在很大程度上还取决于旅游企业与旅游组织机构以及旅游企业营销人员与旅游组织机构负责购买的人员之间的关系。

二、影响组织机构购买行为的因素

组织机构消费者在做出其购买决策时要受到很多因素的影响，主要包括环境因素、组织因素、人际因素与个人因素等几种，如图 4-13 所示。

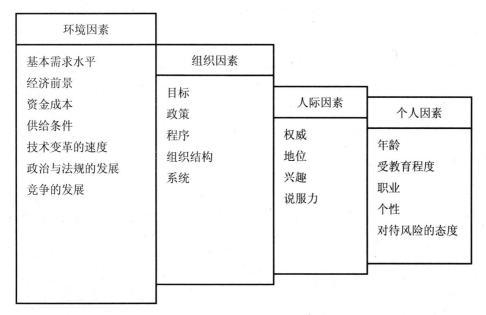

图 4-13 影响公司购买行为的主要因素

下面以公司的旅游产品购买行为为例，分析影响其购买的各种因素。

1. 环境因素

公司的经营环境由经济、政治、社会文化及技术等因素构成，这些因素对公司的旅游产品购买行为产生重大影响。其中，当前和未来的经济环境对组织机构购买者产生重要的影响，如基本需求水平、经济前景和资金成本等。在衰退期，公司要削减旅行费用，而在繁荣期旅费预算往往会增加。例如，2006—2007年，我国大型公司对奖励旅游的认识不断提高，促使奖励旅游市场发展迅速。而2008年的金融危机和四川大地震，导致很多公司迫不得已减少奖励旅游的预算，其发展受到了阻碍。

2. 组织因素

影响公司企业购买旅游产品和服务的组织因素包括该公司的目标、政策、程序、组织结构和系统等，这些与购买活动密切相关。例如，很多较大的公司专门设有旅游部这样一个单独的部门，全公司的旅游产品的购买就由这一部门负责。这些部门的人员掌握的信息多、经验丰富，他们的购买行为规模较大，且有规律。与这些部门建立良好的关系，对于旅游企业营销部门来说十分重要。而另一些企业无专门的部门负责这方面业务，其旅游产品购买行为就比较随机。

3. 人际因素

在组织机构内部，负责旅游产品购买的相关参与者成分往往比较复杂，他们的地位兴趣、权威和说服力都各有不同。旅游企业营销人员很难知道购买决策过程中这个群体内部是如何相互作用的，他们之间是怎样一种关系网络。不过，营销人员通常会了解到构成组织环境的那些个性和人际方面的因素，它们对洞察群体运行机制是很有用的。

4. 个人因素

在一个组织机构中，进行购买决策的是企业中的一个或一组员工。而购买过程中的每个参与者都有个人的动机、认知和偏好。他们的年龄、收入、受教育程度、专业身份、个性和对待风险的态度等，都会对参与决策过程的人发生影响。不同的购买者无疑会展示不同的购买风格。旅游企业营销人员必须了解顾客，才能更有针对性地开展营销活动。

三、组织机构的旅游购买行为过程

组织机构购买旅游产品和服务不是为了个人消费。它们购买旅游产品可能是为了商务活动的需要，或为了奖励员工和分销商，或为了召开各种会议等。组织机构的购买过程可以划分为5个步骤(称为购买阶段)，具体如图4-14所示。

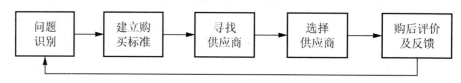

图4-14　组织结构的购买过程

1. 问题识别

当公司中有人或某些人意识到通过对旅游产品的购买和消费解决某种需要时，组织机构的旅游产品购买过程就开始了。这种需要继而被反映给组织机构的高层管理者及专门的购买组织或成员。需要一经提出，购买者就将确定对旅游产品的各种要求，并对需要做出总体上的描述，这将作为建立购买标准的前提。营销人员可以通过制作广告和给潜在的顾客打电话来激发对问题的识别。

2. 建立购买标准

当组织机构明确了旅游产品购买需要和问题后，就会为购买确定各种标准，主要包括旅游产品类型、购买的数量、购买的时间、活动项目安排、初步预算等。当较为重要的购买标准经过上级主管人员批准后，就可据此寻找旅游企业。旅游营销人员必须时刻准备回答组织机构提出的各种有关旅游产品能否满足其特殊产品需要的问题。

3. 寻找供应商

旅游需求和购买标准确定后，组织机构将通过各种方法寻找并确定旅游企业。他们可以寻找旅游企业名录，利用计算机查询，请有关咨询机构推荐，或给熟悉的旅游企业打电话。在此基础上，组织机构会选择若干家旅游企业，把购买标准拟定为投标书或招聘书，寄送给各个代理商，并请他们提出各自的建议书或招标书，以作为选择的依据之一。

4. 选择供应商

在这个阶段，组织机构的决策人员依据各个旅游企业所提供的招标书、招聘书或建议书来决定旅游企业的取舍。在选择中，组织机构成员会考虑旅游企业的信誉、产品质量、价格、支付条件、营销人员的素质，以及对组织机构购买人员的需要所做出的反应。通常，组织机构要列出旅游企业应具备的各种条件，并给出这些条件的相对重要性。广告、宣传品等均对组织机构购买人员的决策产生重大影响。购买人员同样会根据他们感知到的每一个旅游企业的属性、提供利益能力的不同进行综合权衡，找出最具有吸引力的供应商。

5. 购后评价及反馈

旅游产品的消费结束后，组织机构购买人员要对产品进行购买后的综合评估，确定旅游产品是否满足了自己所提出的各种要求，将来是否还会再从该企业购买产品。购后评价及反馈经常会在购买人员与旅游企业营销人员中进行。但在较重大的旅游产品购买发生后，购买人员一般都会向产品和服务的最终使用者征求意见，了解他们对产品和服务的满意程度。旅游营销人员应注重购买人员和最终使用者对自己产品和服务的反应，以便及时向其提供购买后的服务并及时更新产品，提高服务质量。

四、组织机构旅游购买过程的参与者

组织机构购买通常要比一般消费者购买更为复杂。这种购买往往数额大，技术复杂，还有经济上的考虑，而且存在要与组织机构内部各层次的人进行沟通等问题。组织机构的购买决策过程一般要比消费者购买更正式，也更属于一种专业性的工作。购买越复杂，参与到决策过程的人员就可能越多。一般来讲，组织机构购买决策中，不同成员可以扮演以下 6 种角色中的任何一种。

(1) 使用者。使用产品和服务的人。通常他们提出购买建议，帮助界定所需产品的特征。

(2) 影响者。直接影响购买决策，但他们不是最终的决策人。他们经常会帮助界定所需旅游产品的特性，提供评价各种备选方案的信息。

(3) 决策者。负责选定旅游产品的供应商，决定旅游产品的各种具体要求。

(4) 批准者。负责批准决策者或购买者所建议的行动方案。

(5) 购买者。对供应商的选择和具体购买条件的确定有正式的权利。购买者可以帮助确定对旅游产品的具体要求，在选择卖家和进行谈判中扮演重要角色。

(6) 把关者。有权阻止推销员或各种信息到达组织机构购买决策的成员那里。

复习思考题

1. 什么是旅游者消费行为，如何分析？
2. 影响旅游者消费行为的主要因素有哪些？
3. 旅游者购买决策过程主要包括哪些阶段？营销人员如何针对性地进行营销活动？
4. 组织机构消费者的购买决策有何特点？
5. 案例题。

中国人旅游购物的动机

一、为自己购买

1. 稀缺性的期待

只有在旅游地才能购买的商品，它是旅游者在旅游地旅游时发现的，并引起兴趣，从而进行购买的旅游纪念品。在这里，首先这种旅游商品被旅游者所发现，然后引起他们的兴趣和关注，从而被他认为它是当地所独有的，这时旅游购物才能发生。

2. 效用性的期待

随着流通渠道的通畅，大部分世界各国或国内产品在各地方都可以买到。但是相对而言，在原产地，商品种类更多，商品价格相对便宜，旅游者可以有更多的选择空间，这是很多旅游者喜欢在原产地购物的主要原因。例如，名牌商品的购买就是属于这种情况。

3. 实用性的期待

在一定意义上说，经济发达的程度、商品品种、品质及购物环境往往也是游客选择旅游目的地的参照因素之一。游客购买一些具有实用价值的旅游商品，一方面是为了满足实用的需要，另一方面把实用与陈设等目的相结合，增加商品的附加价值。例如，日本人最感兴趣的商品有糖果、化妆品、香烟、威士忌酒、服装等。

4. 收藏性的期待

这种购物动机要求商品工艺精巧，确实具有收藏价值。同时，要有一定的垄断性，限量限地供应。

5. 牟利的期待

一些精于牟利经营的人，他们会留心于地区之间、国家之间物价或货币币值之间的差异，去捕捉某种牟利的机会，于是他们会选购一部分商品带回本地区或本国，然后进行转销牟利，或借此冲抵一部分的旅费。

二、为他人购买

1. 互助的期待

亲友对即将出国的人提出"委托代办",为他们在旅游目的地购买一些特色商品与纪念品等,所以有时一个游客会花大把大把的钱选购商品,其实钱物不一定都是他们本人的,而是诸多亲友委托的结果。当然,在这种情况下,他们在选购商品时都表现出一种审慎的心态。这种购物行为并不普遍,因此也不是本文所要研究的范围。

2. 联谊的期待

和睦家庭、交谊朋友是各国居民乡风习俗中的共有特色。而旅游商品作为表达心意的一种馈赠礼品,是旅游购物活动中最普遍的需要,几乎人皆有之。这种动机要求旅游商品物美价廉,尤其要求包装精美,否则作为礼品是拿不出手的。对游客来说,买或不买都是随意性的,因而具有较大的弹性。因此,对旅游企业来说,成功的关键在于商品的工艺水准、富有特色、适合时令而又价格合理,能够深深地打动旅游者购物的心理意念,以致感到不买会是一种遗憾。

资料来源:石美玉. 旅游购物研究[M]. 北京:中国旅游出版社,2006.

案例分析:

根据上述案例的观点,你认为在为自己购买的旅游动机中,哪一点是重要的?

第五章　旅游目标市场营销

[引导案例]

宁夏推出四个目标市场合力营销大战略

2007年,宁夏回族自治区(以下简称宁夏)旅游局将继续强化海内外市场的宣传促销力度,以创新营销理念为指导,以完善体制机制为重点,以打造精品线路为内容,进一步拓展海内外客源市场,形成营销大氛围;在宣传促销机制和投入上,面对市场选择投入,突破宁夏旅游跳跃式发展面临的瓶颈,走政府、旅行社、景区和媒体共同投资搞促销的路子;在促销手段和方式上,按不同市场需求,逐步开展专项产品促销;坚持节庆活动带动战略;在"塞上江南·神奇宁夏"总体形象下再推出若干个主体形象,构筑宁夏——西部休闲旅游目的地新形象。

面向不同目标市场打造不同品牌产品是今年宁夏旅游促销的重头戏。一是面向国内南方及台、港、澳观光、休闲、娱乐市场,树立"大漠风光·黄河古韵"旅游品牌产品形象,推出"塞上江南·神奇宁夏"品牌产品;二是面向国内北方、区内及周边休闲、娱乐、度假市场,树立"清凉度假地,大漠游乐园"旅游品牌产品形象,继续推出"休闲宁夏"品牌产品;三是面向日、韩市场,树立"迷失的西夏文明,遗存的丝路北道"旅游品牌产品形象,打造"丝绸之路"、"寻找迷失的文明"品牌产品;四是面向欧美市场,树立"天然长城博物馆,大漠黄河风情园"旅游品牌产品形象,打造"丝绸之路"、"中国大漠·黄河自助探险游"品牌产品。

据了解,宁夏旅游促销政策依然有效。宁夏旅游局大力支持区内旅行社等旅游企事业单位,研制、开发自驾车、生态、丝绸之路、沙漠探险等新的旅游产品,并对主动开发市场、研制新产品的旅游企业给予奖励。凡年内组织旅游包机、专列达到一定数量的旅游企业,自治区旅游局可协助该企业做好客源地的广告宣传,也可做专题促销,并按照自治区旅游局《关于组织包机(专列)来宁旅游奖励办法》的规定给予奖金奖励。"区外组团社一年内向宁夏输送游客一万人次以上奖励50万元"的政策继续有效。

记者从宁夏旅游局市场处了解到,2007年宁夏旅游营销工作主要从5个方面入手。

第一,要创新国内旅游目标市场的宣传促销,提高宁夏旅游产品的竞争力。

总体思路:在"塞上江南·神奇宁夏"主题形象下,再设计两个宣传主题:①宁夏——西北休闲旅游目的地;②宁夏——中国旅游的微缩盆景。围绕这两个主题,设计参与性更强的产品,带动宁夏旅游产品在新老市场的销售。要在巩固扩大传统客源市场的基础上,积极开发福建、山东、天津、广西、湖北、湖南等新的客源市场,不断优化客源结构。

探索与宁夏有关涉外部门交叉促销的新路子。主动加强与宣传部、外办、台办、口岸办、商务厅、经贸委等接待商务客人较多的部门的联系，提供宣传资料，注重口碑宣传效应。

营销方式则是继续坚持立体型"形象＋产品"的促销原则。为进一步提高促销的实效性，激活客源市场，增加有效需求，将"推荐产品"落到实处，充分发挥旅游企业开拓市场的积极性，大力开展"形象＋产品"立体型促销。一是"空降作业"。在促销团行前一个月开始在目的地市场进行媒体宣传，做前期预热；同时让两地有实力的旅行社进行预先对接，酝酿大型"包机"团、旅游专列或"大巴"团。促销团当日齐头并进，不仅能创造"新闻视点"，而且能使当地市民的心理预期"水到渠成"。二是"地面作业"。即运用常规的推介会和广场活动手段进行当地招徕。三是"分路推进"。旅游局进行总体推介后，旅游企业对各自的目标市场进行渗透型开发。

第二，抓住开通口岸机遇，力争2007年接待入境旅游人次和收入有较大的突破。

日前，银川至香港直达航班已经开通，宁夏旅游局将抓住机遇适时、有重点地突破中国台湾、香港和澳门，以及日本、新加坡、欧洲等重要客源市场，初期将把宣传促销的重点放在距离较近，又具有文化同质性的中国台湾、香港和澳门，以及东亚、东南亚，力争2007年宁夏入境旅游有较大的突破。各旅游相关企业特别是各国际旅行社，将根据宁夏海外市场的实际情况，加强与北京、陕西、甘肃、内蒙古等省区国际旅行社的联系，积极参加国家旅游局在海外的促销活动，在宣传及产品包装方面做相应的调整，主动采用联合促销的形式，在重大节庆活动期间邀请台港澳旅行商及媒体来宁踩线，积极培育宁夏入境旅游市场。

第三，加强媒体宣传，着重突出针对终端客户的宣传促销。

自治区旅游局将主动争取将宁夏旅游列入自治区党委宣传部、政府外办、招商局等部门主要宣传计划，加强与中央主要媒体及驻宁夏站的联系；《中国旅游报》在宣传宁夏旅游、提高宁夏旅游知名度等方面发挥了不可替代的作用，引起了区内外旅游行业的高度重视，今年将继续加大与《中国旅游报》的合作力度，并号召区内各旅游企业也积极参与有关宣传活动；继续与宁夏日报、新消息报、华兴时报、现代生活报、宁夏电视台等当地媒体合作，连续不断地介绍宁夏旅游新亮点，营造大力支持、发展旅游的氛围；利用好中国旅游网、宁夏政务网和宁夏旅游网及政府其他相关网站，引入手机短信等新媒介进行宣传，及时为游客提供有效信息。

第四，对不同客源市场，制作一批各具特色的旅游宣传品，侧翼推介宁夏旅游。

2007年，宁夏旅游局将继续设计并制作中英文《宁夏之旅》宣传折页，制作一套中英文宁夏旅游明信片和中英文版《宁夏旅游》多媒体的短片，以及制作新版宁夏旅游交通图、编辑出版《宁夏旅游大全》、制作一批具有宁夏旅游标识的小纪念品，如钥匙链、指甲刀、雨伞、书签等。为了给越来越多的自助游游客提供较为准确、实用的宁夏旅游资讯，重视散客作用，还将编辑、出版中英文简易本《宁夏旅游锦囊》。同时，还将与宁夏旅游信息中心联合制作宁夏旅游对外推介的多媒体演示系统。

第五，继续办好几个传统的节庆活动，通过旅游节庆活动，全力打造宁夏旅游品牌形象。

2007年，宁夏旅游局将继续组织和协调各市办好第二届银川国际冰灯冰雕暨冰上芭蕾旅游节、第四届冰雪旅游文化节、六盘山山花旅游节、大漠黄河国际旅游节、全

国沙漠运动会、西北风情自驾车旅游节、高峡平湖旅游节、银川国际奇石节、重走长征路旅游节等活动,力求在内容和形式上有所突破、有所创新,营造大旅游的氛围,提升宁夏旅游的影响力。

资料来源:王涛. 构筑西部休闲旅游目的地新形象,宁夏推出四个目标市场合力营销大战略.
中国旅游报,2007-3-5(12).

第一节 旅游市场细分

一、旅游市场细分的概念

旅游消费者是一个庞大、分散、复杂的群体,其需求和欲望千差万别又复杂多变,旅游企业无法满足每一位消费者的偏好与需求。要想取得竞争优势,旅游企业需要识别自身优势,选择力所能及且富有吸引力的目标市场展开经营,以此在激烈的市场竞争中赢得一席之地,市场细分成为旅游企业进行目标市场营销中的一项基础工作。

市场细分是美国营销学家温德尔·R. 斯密(Wendell R. Smith)于20世纪50年代提出的,是指企业根据自身条件和营销目标,以消费者的某些特征或变量为依据,区别具有异质需求的消费群体的过程。旅游市场细分就是从区别旅游消费者的不同需求出发,通过市场调研与分析,依据消费者的购买行为、购买偏好等差异,把整体市场划分为若干个消费者群,每一个消费者群就是一个子市场。

小链接 5-1

饭店的客人

饭店的商机在于吸引客人。构成饭店业市场最重要的市场细分如下:商务散客、公司团体客人、会议团体客人和协会团体客人、休闲旅游者、长期居住或迁居的客人、航空公司的客人、政府和军队旅行者、区域性度假客人。

资料来源:Rocco M. Angelo, Andrew N. Vladimir.当今饭店业[M]. 北京:中国旅游出版社,2004:179.

二、旅游市场细分的作用

1. 有助于捕捉市场机会,提高市场占有率

营销成功的起点在于发现具有吸引力的市场机会,通过市场细分,可以对每一个细分市场的购买潜力、竞争现状等进行分析,捕捉到市场机会,及时做出营销决策,抢占市场,提高企业的应变力和竞争力。市场细分对中小旅行社至关重要,通过市场细分,可以发现利己市场,从而为中小旅行社找到生存方式。例如,某国际旅行社推出了生命之美、生活之美、世界之美3个系列产品,以高于别家10倍的价格,牢牢吸引了一批高端客户。

2. 有助于有效利用各种营销资源,取得最大的经营效益

企业的人力、物力、资金都是有限的,通过市场细分,可以更清楚地认识顾客需求;通过市场细分,可以选择适合自己的目标市场,集中人、财、物及资源,去争取局部市场

上的优势，然后占领自己的目标市场。目前，有一批小旅行社专注于某一细分市场，如滑雪、高尔夫、邮轮、拓展等，按照目标市场的需求调整产品结构，安排合理的分销渠道，进行有效的促销宣传，整合自身资源，使旅游企业更准确地适应市场，创造效益。

3. 有利于提高旅游企业的竞争能力

通过市场细分，企业可以分析某一细分市场的竞争对象的优势和劣势，将资源集中在目标市场上，从而扬长避短、有的放矢地进行管理与开发市场，提高顾客的满意度和提升企业的品牌认知，从而提高市场占有率、增强竞争能力。

三、旅游市场细分的原则

由于旅游市场细分变量和依据的复杂性和多变性，有很多种细分方法，旅游企业的有效细分应遵循一定的条件和原则。

1. 可识别性

可识别性表明该细分市场特征的有关数据资料必须能够加以衡量和推算，细分市场与其他子市场差异显著，可以明显地识别出来。旅游企业可以取得必需的资料，描述各个细分市场的轮廓，明确细分市场的概貌。将调研资料进行量化是比较复杂的过程，必须运用科学的市场调研方法。

2. 可进入性

可进入性即所选择的市场是否易于旅游企业进入，并有所作为。企业可根据目前的人、财、物和技术等资源条件，制定适当的营销组合策略来占领目标市场。可进入性体现在两个方面，一是旅游企业的促销宣传信息能够进入到消费者的视野，被消费者认知和感应；二是旅游消费者可以被吸引过来，并比较容易地进入旅游目的地。否则，旅游企业细分出来的子市场不具有任何价值。

3. 可盈利性

可盈利性即所选择的细分市场有足够的需求量和购买力，使旅游企业有利可图，赢得长期稳定的利润，实现预期的经济效益。如果细分的市场规模过小，市场开发的投入与产出就不成比例，旅游企业就不值得去细分市场。

4. 可稳定性

可稳定性是指细分市场是否具有潜力，能否在一定时期内能够保持相对不变。如果变化太快、太大，致使企业投入的资源没能及时收回，造成企业的损失，这一细分市场就是失败的。

四、旅游市场细分的标准

旅游市场的主体是潜在的和现实的旅游消费者，这些消费者有不同的旅游需求，因此影响消费者需求的各种因素成为市场细分的标准与依据。总体来说，旅游市场细分的变量主要有4种类型，即地理变量、心理变量、人口变量和行为变量。

1. 按地理变量细分市场

按照消费者所处的地理位置、自然环境来细分市场。例如，根据区域、国别、城市规模、气候、人口密度、地形地貌等方面的差异将整体市场分为不同的子市场。

因为易于识别，地理变量是细分旅游市场考虑的基本因素，地理环境的不同造成旅游消费者需求偏好的差异。按照区域划分，世界旅游组织就将全球分为六大旅游区(欧洲区、美洲区、东亚及太平洋区、南亚区、中东区和非洲区)；按照城市规模划分，我国将城市划分为大城市、中等城市和小城市；按照气候环境细分，旅游市场分为热带旅游市场、亚热带旅游市场、温带旅游市场和寒带旅游市场。

小链接 5-2

江西国内客源市场地理细分聚类结果

江西省国内客源市场通过聚类分析划分可分为6种类型。

第一种类型以上海为代表。其特征为：人均GDP高、人口密度大，内部旅游资源种类单一、数量较少，因而外出旅游需求强烈。其地域上与江西距离较近，交通方便。上海游客经济观念强，凭借其经济实力，愿意去距离较远地方旅游或出国旅游，以满足最大而多样的旅游需求。

第二种类型以广东、浙江、福建、湖南、湖北、安徽等为代表。其特征为：与江西距离较近，交通比其他省份更为方便，来江西旅游花费少。目前的节假日制度决定了居民出游距离较短，因此稳定周边市场对江西旅游发展极为重要。本类中各省内部经济发展极为不平衡，旅游客源主要来自各省省城或经济发达城市。同时，各省内的旅游资源与江西形成了一定的替代型。

第三种类型以北京、天津、山东、江苏、重庆等为代表。其特征为：居民有一定经济实力，但由于交通及旅游花费的制约，占江西客源市场比例比第一、二类相对少。

第四种类型以四川、广西、海南、辽宁、吉林、甘肃等为代表。其特征为：经济发展水平位居全国中等水平，人口密度比较小，居民出游率较低，与江西距离较远，来江西旅游花费比第四类明显增加。

第五种类型以陕西、山西、河南、河北、内蒙古、云南、贵州等为代表。其特征为：经济发展水平位居全国中等水平，与江西的距离比前三类远，来江西旅游花费大体位于中游。这些对于来江西旅游需求有较大的制约。但是本类客源市场覆盖了中原地区及西南地区，旅游资源的差异性大，江西名山风光、红色文化等旅游资源对其旅游需求形成互补。

第六种类型以新疆、黑龙江等为代表。其特征为：距离江西遥远，来江西花费最多，而居民出游率很低。本类客源市场的经济水平比较高，又为我国的边境省份，边境贸易十分旺盛，因此来江西的游客一般为商务旅行。

资料来源：解杼，张捷，刘泽华．旅游客源市场空间结构及地理细分市场计量分析研究[J]．经济地理，2004，24(6)：852—855．

2. 按人口变量细分市场

人口统计变量是指按年龄、性别、家庭、收入、职业、教育程度、宗教、种族、国籍等为基础来细分旅游市场。人口统计变量比较容易衡量，有关数据相对容易获取，因此企业经常将它作为某一地区市场细分的标准。

(1) 按年龄细分。不同年龄的消费者对旅游产品、价格、方式等有着明显的需求偏好。例如，按照年龄可以将旅游市场划分为老年旅游市场、中年旅游市场、青少年旅游市场。老年人闲暇时间充裕，怀旧情结浓厚，注重安全和健康；中年旅游者年富力强，消费理智，商务旅游者较多，讲究食宿和休闲条件；青少年旅游者喜欢刺激、新颖的旅游产品，消费水平不高，注重食宿卫生与安全，市场前景良好。

(2) 按性别细分。生理的不同造成男性旅游者与女性旅游者对产品需求的不同。一般来说，男性游客独立性较强，倾向于知识性、运动性、刺激性较强的旅游项目；女性游客注重旅游地的选择，喜欢结伴旅游，关注人身和财产安全，偏爱购物，对价格敏感。

小链接 5-3

特定女性旅游者群研究

1. 商务女性旅游者研究

一些美国学者对美国的商务女性旅游者住宿进行了研究。研究结果表明：

(1) 在酒店选择标准上，她们把安全、卫生、品牌可信度、价格等作为选择酒店最先参考因素。

(2) 在客房服务设施上，她们更注重电吹风、电熨斗、化妆镜、全身穿衣镜和浴衣等客房服务项目。

(3) 希尔顿集团和美国国家睡眠基金会调查数据显示，63%的女性商务住客由于飞机晚点或身体不适而导致失眠。

2. 单身或自助女性旅游者群研究

目前关于这方面的研究主要集中在欧美、中国台湾等女子单身出游相对比较普遍的国家和地区。研究角度主要集中在女性单身出游的动机、意义、限制因素、安全、个人特质等几个方面。

(1) 在旅游动机上，女性选择单身或自助出游主要出于体验、逃避、冒险、放松、社会交往、自尊、自由与独特、自我表现等原因。

(2) 在旅游意义上，单身或自助出游的女性旅游者在其生活、工作态度及对女性主体性的觉醒方面发生很大转变。

(3) 在限制因素上，女性单身或自助出游主要受到了来自社会文化、个人、实践、空间4个互相联系方面的限制因素制约。面对这些障碍，女性旅游者主要有以下3种协调方法：积极地去克服这些障碍，推迟或者放弃独自出游，被动地去适应或者接受与自己有冲突的因素。

(4) 在安全方面，单身或自助女性旅游者多感到有来自"性"和"身体"上的焦虑。

(5) 在个人特质方面，女性单身或自助旅游者大多为年轻未婚、没有负担或把感情、婚姻放一边或已婚无子女，有较高的教育程度，有较好的经济来源，工作形态多样，具有独立自主的个性和性别意识。

(6) 在旅游情境方面，女性单身或自助旅游者有更多与自我相处的机会，更多自我挑战和尝试，有成就感，有解除压力后的放松、随性、平静、自由、解放，有不同文化与价值间的矛盾冲突等。

3. 在校女大学生旅游者研究

目前关于在校女大学生的旅游研究，主要有以下几点。

(1) 旅游动机上，她们出游主要出于调节精神、观赏风景、娱乐购物以及开眼界、长见识。

(2) 出游方式上，她们喜欢团体出游，或与室友、好友结伴出游。

(3) 安全感知上，女生对安全的感知远远高于男生，而且女生对景区型目的地的安全感知低于城市型目的地。

(4) 旅游地选择偏好。

资料来源：范向丽，郑向敏. 女性旅游者研究综述[J]. 旅游学刊，2007(3)：76—83.

(3) 按收入、职业、受教育程度细分。收入、职业与受教育程度是 3 个相互关联的变量，这些变量影响着消费者的生活习惯、价值取向和需求层次，由此形成不同的细分市场。例如，北京将深厚的历史文化、皇城文化作为发展高端旅游的支柱之一，在中国旅游界专家看来，高端旅游必定是高价位，收入是这一细分市场重要的变量之一。

2007 年 10 月到 12 月间，美国北卡罗来纳州对州内 925 名葡萄酒厂参观者的一项调查，葡萄酒厂参观者多为较高收入、较高学历的中年人，这些人喜欢在葡萄园中购酒，寻找自己喜爱的风味，他们希望有在葡萄园就餐的经历。

除了上述方面，经常用于市场细分的人口变量还有家庭生命周期、国籍、种族、宗教等，大多数旅游企业通常采用两个或两个以上人口统计变量来细分市场。

3. 按心理变量细分市场

心理是人的思想、感情等内心活动，旅游和人的心理活动密不可分，人们在心理活动的驱使下进行旅游活动，心理活动主要受旅游者社会阶层、旅游动机等影响，因此可以用这几个心理变量进行市场细分。

社会阶层决定了一个人观察与认知世界的视角与心态，2001 年中国社会科学院"当代中国社会结构变迁研究"课题组完成了《当代中国社会阶层研究报告》。这一报告提出了以职业分类为基础，以组织资源、经济资源和文化资源的占有状况为标准划分，将中国社会阶层划分为 10 个层次，分别为国家与社会管理者阶层、经理阶层、私营企业主阶层、专业技术人员阶层、办事人员阶层、个体工商户阶层、商业服务业员工阶层、产业工人阶层、农业劳动者阶层和城乡无业、失业、半失业人员阶层。从这一划分的标准来看，由于不同阶层成员的职业不同，资源占有状况差异较大，消费者的价值观、兴趣爱好及生活方式都会存在差异，可见，依据消费者所处的社会阶层进行市场细分对于旅游企业很有意义。

旅游动机是在旅游需要的基础上产生，刺激并促使消费者采取某些行为的心理倾向。国内外学者从不同角度对旅游动机进行了研究，由于旅游心理的复杂多样，旅游动机的研究也难以出现一致性的结论。总体来看，健康动机、娱乐动机、教育动机、文化动机、交际动机等是旅游消费者旅游的主要动因。

基于普洛格的旅游者心理类型划分理论可以将美国人口划分为自我中心型和多中心型，这两种类型旅游者的人格及出游特点如表 5-1 所示。

表 5-1　自我中心型和多中心型旅游者的人格及出游特点

自我中心型	多中心型
思想保守	思想开放
承担风险的能力低	承担风险的能力高
不舍得花钱	舍得花钱
购买知名度高的品牌	尝试新产品
生活方式稳定	兴趣广泛/喜欢参与
不喜欢冒险	喜欢冒险
缺乏自信	自信
多喜欢去熟悉的旅游目的地	多喜欢去旅游者不多的地区
喜欢阳光和娱乐度假等身心放松型去处	喜欢新奇和与众不同的旅游目的地
喜欢可自驾车前往的旅游目的地	喜欢乘飞机前往旅游目的地
收入多用于购买物品，多为冲动型购买	在外出旅游方面花钱较多
希望有一流住宿和传统饮食	寻求多数人不使用、不大为人所知的当地旅馆、餐馆

资料来源：查尔斯·R.格德纳，J.R.布伦特·里奇. 旅游学[M]. 北京：中国人民大学出版社，2008：491—492.

4. 按行为变量细分市场

行为因素主要是指消费者的购买目的、购买方式、购买频率等消费特征。购买时间、购买偏好、购买态度等变量都可以用来细分市场。按照购买目的划分旅游市场是一种常用的方式，一般来说以购买目的为变量可以细分出不同的市场，如度假旅游市场、观光旅游市场、会议、商务旅游市场、奖励旅游市场、探亲访友旅游市场、宗教朝拜旅游市场、探险旅游市场等。我国定期公布的旅游统计数据中，就将旅游目的作为统计入境旅游外国人人数的变量之一，如表 5-2 所示。

表 5-2　2012 年 1～12 月我国入境旅游亚洲人人数（按目的分）

国　别	合计/万人	目　的				
		会议/商务	观光休闲	探亲访友	服务员工	其他
总计	2 719.16	628.02	1 162.90	10.77	286.47	630.99
亚洲小计	1 664.88	337.58	656.36	8.75	199.16	463.02
日本	351.82	88.88	79.47	3.56	11.97	167.93
韩国	406.99	134.67	185.59	0.81	35.61	50.31
朝鲜	18.06	5.52	0.45	0.02	7.96	4.11
蒙古	101.05	7.55	5.73	0.05	13.90	73.80
菲律宾	96.20	3.35	23.92	0.07	56.11	12.75
泰国	64.76	3.79	47.20	0.05	8.46	5.27
新加坡	102.77	18.26	37.86	3.66	6.05	36.95
印度尼西亚	62.20	3.33	46.22	0.06	8.86	3.72
马来西亚	123.55	11.92	95.21	0.13	7.77	8.52
巴基斯坦	9.67	4.24	2.98	0.01	0.65	1.80

续表

国　别	合计/万人	目　　的				
		会议/商务	观光休闲	探亲访友	服务员工	其他
印度	61.02	21.09	18.80	0.09	10.75	10.29
尼泊尔	4.09	0.19	2.13	0.00	0.36	1.42
斯里兰卡	4.27	1.55	0.49	0.00	1.92	0.30
哈萨克	49.14	1.97	35.27	0.01	5.73	6.16
吉尔吉斯	4.81	0.59	2.33	0.00	1.66	0.24
其他	204.49	30.68	72.71	0.24	21.42	79.45

资料来源：http://www.cnta.gov.cn/html/2013-1/2013-1-17-17-13-54943.html.

总之，旅游企业在运用上述细分标准进行市场细分时需要注意，市场细分的变量与标准是动态可变的，在使用的过程中应该随着消费者偏好和经济发展的变化而调整。此外，旅游企业拥有不同的旅游资源、旅游产品，同时受自然环境、区域条件等因素的影响，在市场细分时需要综合考虑自身的因素采用适当的标准进行划分。

五、旅游市场细分的方法

旅游市场细分变量是多维的，也是多层次的，单用一种变量来细分市场有时不能将市场描述清楚，必须根据具体旅游产品特征和市场情况采用多种方式、多个变量因素来进行市场细分。市场细分的主要方法如下。

(1) 单一变量细分法。这一方法也称一元细分法，即根据影响旅游消费者需求的某一个重要因素进行市场细分。这种方法适用于产品通用性较强而选择性较弱的市场，如女性旅游市场、少儿旅游市场、香港旅游市场、韩国旅游市场等。

(2) 综合变量细分法。这一方法也称为多元细分法，又称交叉细分法，即根据影响消费者需求的两种或两种以上的因素进行市场细分。这种方法会细分出较多的市场，运用时要选择几个对形成一定产品消费需求差异影响突出的变量。例如，以地域和年龄两个变量来细分出日本的女性旅游市场。

(3) 系列变量细分法。这是根据旅游市场两种或两种以上的因素，按其覆盖的范围大小，由粗到细进行市场细分的方法。这种方法可使目标市场更加明确而具体，有利于企业更好地制定相应的市场营销策略。例如，海外的华裔青少年回国修学旅游市场，是按地理位置(国内、国外)、年龄(儿童、青年、中年、老年)、购买动机(观光、修学、休闲度假、健身、探险等)等系列变量来细分旅游市场的。

第二节　旅游目标市场选择

一、旅游目标市场的概念

旅游目标市场就是旅游企业决定要进入的细分市场。旅游目标市场就是旅游企业的营销对象，旅游企业在对整体旅游市场进行细分之后，要对各细分市场进行评估，然后综合细分市场的市场潜力、竞争状况、本企业资源条件等因素决定把哪一个或哪几个细分市场作为目标市场。

旅游企业选择要进入的目标市场,应考虑以下几个条件。

1. 目标市场的市场规模和发展潜力

旅游企业进入选定的细分市场是为了扩大旅游产品的销售,增加企业盈利,这就要求选择的目标市场必须有一定的市场容量和未来发展的潜力,使企业有利可图。如果市场规模狭小或者趋于萎缩,旅游企业进入后就难以如愿。旅游企业在考虑某一目标市场时,还要考虑其他竞争者是否也在准备进入该市场,因为如果有多家企业同时选定同一市场,多个竞争对手同时抢占的细分市场,会影响甚至削减旅游企业的盈利水平。

2. 目标市场的市场结构

五力模型分析指出,行业竞争者、潜在进入者、替代者、购买者和供应者是影响市场长期盈利的五种威胁。选定的目标市场无论是竞争对手强手如林,还是进入壁垒较低,对于企业来说都难以获得满意的预期利润。如果市场中存在着潜在替代产品或替代产品,也会抑制细分市场的价格和利润增长。购买者和供应者的议价能力对市场结构的吸引力也具有影响,为了避免这些情况的出现,旅游企业应该尽量提供优质产品,减少购买者对价格的敏感,同时,选择多条供应渠道并建立与供应商良好的互利关系。

3. 旅游企业的目标和资源

某些细分市场虽然市场容量较大,很有吸引力,但如果与旅游企业发展目标不一致,并且拥有的资源也使之无法完成其主要经营目标,这样的旅游市场应考虑放弃。

二、旅游目标市场的选择模式

旅游企业经过对不同细分市场的评估,就要决定进入哪些细分市场和为哪些细分市场服务。通常有五种模式可供参考。

1. 单一市场集中化模式

旅游企业只选择一个细分市场推出一种旅游产品集中营销。例如,某企业只经营老年旅游产品。一般情况下,企业具备这一单独细分市场的资源,或是受资源的限制,这一模式经常被中小旅游企业或旅游企业成立初期所采用。单一市场集中营销有利于清楚了解细分市场的需求,树立良好的企业和产品形象,易为市场接受,能短时间打入细分市场,但企业对该市场的依赖性太强,经营风险较大。

2. 产品专业化模式

旅游企业集中推出一种旅游产品,实行专业化经营,然后向各个细分市场销售这种产品。这种模式可以分散市场风险,利于旅游企业发挥资源优势,显示企业风格。这种模式的风险是如果有替代产品出现,产品销售将面临极大的威胁。

3. 市场专业化模式

旅游企业针对某一细分市场,去满足那些特定顾客群的各种需要而提供各种旅游服务。

例如，某企业只经营老年旅游产品。这种模式能与顾客建立良好的互动关系，树立企业信誉，减少经营风险。采用这种模式时，企业需要密切关注消费者需求的变化，防止出现需求下降而影响企业的利润。

4. 选择专业化模式

旅游企业选择若干个细分市场，哪个细分市场有可能赢利就在哪个细分市场提供旅游服务，各细分市场之间很少有或者根本没有任何联系，但每个细分市场在客观上都有经营价值，并且符合旅游企业的目标和资源，这种分散经营的方式称为有选择的专业化模式。采用这类模式的优点在于可以分散旅游企业的风险，即使某个细分市场失去价值，企业仍可继续在其他细分市场获取利润。采用选择专业化模式的旅游企业需要具备较强的资源和营销实力。

5. 市场全面覆盖模式

市场全面覆盖模式就是旅游企业推出多种旅游产品去满足各种不同顾客群体的需求。这通常是大企业采用的一种模式，因为大企业占有资源、资金、人才、公关等优势。

三、旅游目标市场营销策略

旅游企业目标市场确定以后，就要站在战略高度考虑采取何种营销策略。概括起来，旅游企业进入目标市场的营销策略主要有无差异性目标市场营销策略、差异性目标市场营销策略及集中性目标市场营销策略，如图 5-1 所示。

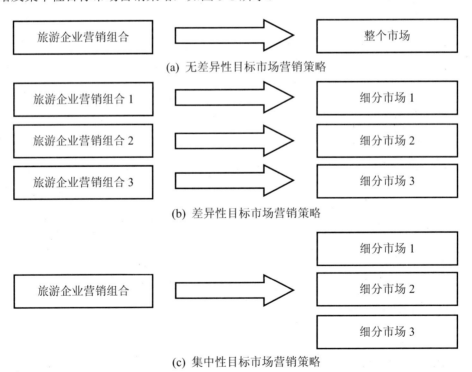

图 5-1 旅游目标市场营销策略

1. 无差异性目标市场营销策略

无差异性目标市场营销策略又称整体目标市场策略(如图 5-1(a)所示),是指旅游企业将整个旅游市场视为一个目标市场,不进行细分,用一种旅游产品和一套营销组合开拓市场的策略。这种营销策略只考虑旅游消费者在需求上的共性,忽略需求上的差异,只生产标准化的产品。在需求广泛、市场同质性高并且旅游企业掌握大量的旅游资源情况下采用此策略比较合适。

无差异性目标市场营销策略的优点是减少产品开发成本,实现成本的经济性,企业不必进行市场细分,节省了市场调研和广告促销的费用。

无差异性目标市场营销策略是一种粗犷型的营销策略,容易引起模仿跟进者的竞争,造成局部市场竞争激烈,而其他市场却少人问津的局面。同时当有其他旅游产品推出时很容易吸引消费者的注意,而企业无法有效地予以反击。

2. 差异性目标市场营销策略

差异性目标市场营销策略(如图 5-1(b)所示)是将整体旅游市场划分为若干细分旅游市场,针对每一细分旅游市场进行不同的旅游产品组合,并分别制订各自独立的营销方案的策略。

采用差异性目标市场营销策略的优点是旅游产品的批量小、品种多,开发设计机动灵活、产品的竞争力强,使消费者的旅游需求能更好地得到满足。另外,由于旅游企业是在多个细分市场上经营的,一定程度上可以减少经营风险。一旦企业在几个细分市场上获得成功,有助于树立旅游企业的形象并提高对整个旅游市场的占有率。

差异性目标市场营销策略的不足之处是,首先,由于旅游企业必须针对不同的细分市场开展独立的营销计划,因而会增加企业在市场调研、促销和渠道管理等方面的营销成本;其次,可能造成企业顾此失彼,使企业在各个细分市场的竞争力受到影响。

小链接 5-4

上海:细分市场促入境游稳步增长

2006 年 8 月 10 日,日本至上海航线的国际客轮"新鉴真"号载着 170 多名日本学生抵达上海国际客运中心码头,这是近期乘该轮到上海进行修学旅游的第三批日本学生。上海的日本休学旅游呈旺销的态势。与此同时,针对日本女青年和日本农民的旅游产品也深受欢迎。今年以来,上海市旅游部门加大市场促销力度,通过细分市场使入境旅游保持稳步增长。

统计显示,截至 6 月底,包括中国香港、台湾地区在内,上海市共接待过夜海外入境游客 219.79 万人次,去年同期的数字是 208.18 万人次。在主要客源国中,美国、英国、俄罗斯、加拿大、澳大利亚都保持两位数的增长,日本市场基本与去年持平,韩国市场在去年增长 42%后下跌 10%左右。

时任上海市旅游委副局级巡视员朱承蓉分析道:去年韩国客人数量的猛增主要是东南亚海啸造成游客放弃了原来的旅游目的地,客源分流到了上海。此外,杭州、张家界等地新开了一些和韩国的直航口岸,游客不再从上海转机,也导致了部分客源流失。

上海国旅是组织日本入境游最大的旅行社,时任该社日本部部长邬思成介绍,在2003年传染性非典型肺炎发生前,国旅接待日本客人旺季时每个月在1万人左右,淡季有6 000~8 000人,即使最淡季也有4 000人,一年平均接待10万人,占了上海国旅入境游的1/2。而现在每个月只有2 000多人。该社尝试着推出了针对小众市场的细分产品,如日本女青年的上海购物游、日本离上海最近的福冈的双休日高尔夫团,以及专做包机服务日本农民团的内地自然景点观光游都开展得有声有色。

从欧美入境游市场来看,现在奖励旅游的团队明显减少。上海国旅今年前6个月接待欧美客人约2.5万~3万人,比2005年同期比有所下降。上海国旅的欧洲外联经理徐卫国认为,欧美的奖励旅游团队一般有2~3年的运作周期,普通观光团队只要1年的时间准备。3年前,我国受非典影响,欧洲大公司做奖励旅游安排时,没有把中国列为旅游目的地,导致目前的欧美客人以普通观光客居多,自然利润有所下降。

"奖励团"、"自由行"引领未来趋势

上海入境游市场的主力旅行社之一、上海中旅主管出境旅游的副总经理刘琳说,中旅的入境游市场以亚洲为主,欧美市场也做,但客户群不大。从近几年的发展趋势看,亚洲客人走自由行的增多,大约占50%左右。近几年来,入境游中的奖励旅游发展迅猛。提供奖励旅游的大公司会将上海和其他一些国际性城市进行比较,共同招标。他们认为中国市场趋于成熟,越来越倾向于选择上海。从旅行社来看,会展奖励旅游利润较高,客人的细节要求很多,对锻炼导游队伍大有好处。

另外,刘琳还指出,工作生活在上海的外籍人士很多,他们经常会利用在上海工作的机会携家带口周游中国,甚至到周边国家,这部分市场他们也比较看重。

事实上,上海这个城市的特色决定了它更适宜自由行、慢慢地领略、品味其魅力。例如,上海旅游节虽然是地区性的节庆,但很受东南亚客人喜爱。包括上海中旅在内的国际旅行社都推出了以自由行为主线的旅游节观光产品,颇有市场。

资料来源:龚立仁. 上海:细分市场促入境游稳步增长[N]. 中国旅游报,2006-08-21(9)。

3. 集中性目标市场营销策略

所谓集中性目标市场营销策略(如图5-1(c)所示)是集中力量进入一个或少数几个细分市场,实行专业化旅游产品销售和服务的策略。企业采取这种市场策略不是追求在整个旅游市场占有较大份额,而是力求在一个或几个子市场占有较大份额。

集中性目标市场策略适合于资源较少的小企业。因其实力有限,在整体旅游市场上无力与大企业抗衡,如果集中优势力量在大企业尚未顾及或尚未建立绝对优势的某个或某几个细分市场进行竞争,成功可能性更大。

集中性目标市场策略的缺点是由于市场狭小,企业发展受其限制,一旦出现市场需求变化或消费者偏好转移等情况,企业将面临着较大困境。

四、目标市场营销策略选择的影响因素

旅游企业在采用以上3种目标市场营销策略时,要充分了解这些策略的适用性及其优

缺点。除此之外，旅游企业还应综合考虑以下几方面的因素。

(1) 旅游企业自身实力和资源占有情况。旅游企业在开发、设计、营销、财务等方面具有很大优势时，可以考虑采用差异性或无差异性目标市场营销策略；相反，资源有限、实力不足时，采用集中性目标市场营销策略效果可能更好。

(2) 旅游产品的相似性。相似程度高的旅游产品相互替代性强，价格差异将成为消费者关注的焦点，旅游企业价格竞争将会激烈，旅游企业适合采用无差异性目标市场营销策略。如果旅游产品存在较大差别，旅游产品选择性强，相似程度较小，就适合采用差异性或集中性目标市场营销策略。

(3) 旅游市场的同质性。市场同质性高，意味着各细分市场相似程度高，不同消费者对同一营销结合的反应大致相同，此时，旅游企业可考虑采取无差异性目标市场营销策略；反之，则适宜采用差异性或集中性目标市场营销策略。

(4) 旅游产品所处的生命周期阶段。旅游产品处于投入期，同类竞争产品不多，竞争不激烈，企业可采用无差异性目标市场营销策略。当旅游产品进入成长期或成熟期，竞争日益激烈，为获得竞争优势，企业可考虑采用差异性目标市场营销策略。当产品步入衰退期，为保持市场地位，延长产品生命周期，全力应对竞争者，可考虑采用集中性目标市场营销策略。

(5) 竞争者的目标市场营销策略。主要竞争对手的目标市场营销策略对旅游企业选择目标市场策略的影响很大，旅游企业需要密切关注竞争者的营销策略，以便采用相应的应对方式。

(6) 竞争者的数目。当市场上同类旅游产品的竞争者较少、竞争不激烈时，可采用无差异性目标市场营销策略；当竞争者增多、竞争激烈时，可采用差异性目标市场营销策略或集中性目标市场营销策略。

第三节　旅游市场定位

一、旅游市场定位的概念

选定了目标市场后，旅游企业需要在目标市场上进行市场定位。由美国两位广告经理阿尔·里斯(Al Reis)和杰克·特劳特(Jack Trout)提出的"定位"一词强调在消费者心中确定适当的位置。旅游市场定位是根据竞争对手现有产品在细分市场的具体情况和消费者对旅游产品的重视程度，塑造出企业或产品鲜明个性或形象，并将其传递给目标消费者。随着旅游消费者主导权的加强，旅游企业的获利能力对其旅游产品的个性化和差异化的依赖程度越来越高，市场定位已经成为旅游企业有效实施市场营销策略的重要内容之一。

市场定位是要在消费者的心目中树立什么个性或形象，要给旅游产品在消费者的心目中确定一个适当的位置，有一个明确的说法，如服务上乘、安全便捷、舒适豪华等。旅游产品市场定位实际上是指顾客的心理效应。它产生的结果是让潜在消费者从一个或几个方面认识这种旅游产品，在顾客心目中留下深刻印象，赢得顾客的认同。市场定位通过为自己的产品创立鲜明的个性，从而塑造出独特的、能吸引顾客的市场形象。

市场定位是旅游企业竞争制胜的法宝，在市场营销活动中占据重要位置。首先，旅游产品市场定位突出了特色，强调了差异性，树立了旅游产品的形象。恰当的市场定位有助于吸引顾客，扩大销售。在现代社会中，许多国家和地区都在积极发展旅游业，众多旅行社、酒店、旅游景区也在争夺顾客，力争吸引更多旅客，旅游市场竞争异常激烈。为了使自己经营的旅游产品获得稳定销路，防止被其他企业的旅游产品所替代，企业必须从各方面树立旅游产品鲜明的市场形象，以期引起更多消费者的关注。其次，旅游产品市场定位决策是企业制定市场营销组合策略的基础。旅游企业的市场营销组合要受到企业市场定位的制约。例如，假设某旅游企业决定推出优质低价的旅游产品，广告宣传的内容就要突出强调"实惠的价格，上乘的服务"特点，要让目标顾客相信低价也能得到高档享受。另外，旅游企业还要设法降低营销和服务成本，以保证低价出售旅游产品仍能获利。

小链接 5-5

杰克·特劳特的"新定位"理论

1996年杰克·特劳特出版的《新定位》一书，对定位理论做了进一步的拓展。他认为，企业在定位过程中必须认清两大类问题。

(1) 在市场渐趋成熟后，如果企业不能及时构思新的定位，就会陷入困境。

(2) 由于近年来企业大举扩张生产线和进行多角化经营，使消费者对产品的印象越来越模糊。

特劳特指出，消费者的心理是营销的最终战场。定位，不是去琢磨产品，而是要对顾客的想法下工夫。要了解消费者的心，必须抓住消费者的思考模式，这是进行产品位的第一位要素。

特劳特总结出了消费者的5种思考模式：

(1) 消费者只能接受有限的信息。

(2) 消费者痛恨复杂，喜欢简单。

(3) 消费者缺乏安全感。由于缺乏安全感，消费者会买跟别人一样的东西。

(4) 消费者对品牌的印象不会轻易改变。虽然一般认为新品牌带着新鲜感较能引人注目，但消费者真正能记到脑子里的信息还是耳熟能详的东西。

(5) 消费者的想法容易失去焦点。多角化经营，增加了品牌的多元性，但是却使消费者模糊了原有产品的印象。

资料来源：王晨光. 旅游目的地营销[M]. 北京：经济科学出版社，2005：121—122.

二、旅游产品市场定位的方法

心理学家指出，人脑能够同时处理的不同概念的信息单元小于或等于7个。可见，让信息包围的消费者有所记忆的信息需要简单而独特。旅游企业可以从不同的角度出发，为自己的企业和产品做好市场定位。

(1) 从旅游产品特点出发定位。产品内在特色的许多要素都可以作为市场定位的依据和方法，如价格、品质、风格等。例如，北京的某宾馆以其恢弘的规模和浓郁的民族特色被载入英国剑桥大学出版的《世界建筑史册》，宾馆定位为亚洲最大的花园式宾馆，称为都市中的大自然。

(2) 从顾客利益出发定位。旅游产品给消费者带来的切实体验和收益也可以作为定位的依据。可以将安全、健康、尊重等作为定位的要素。例如，将威海定位为"最适宜人类居住的城市",让养老度假的人们拥有千公里"幸福海岸"。

(3) 从产品功能出发定位。这种方法是以产品特殊的用途进行定位。常用的定位方法有:休闲定位,如以度假定位;观光定位,以特色景观定位;健身定位,如以设施先进齐全定位、以专项健身服务定位;文化定位,如以历史特点定位、以民族风情定位、以文化服务定位;会议、商务定位,如以周到安排和服务定位等。

(4) 从目标市场特点出发定位。这种方法是将目标市场的消费者作为主导进行定位。常用的定位方法有:海外市场方面,如以寻根敬祖定位、以地理差异定位、以文化差异定位;北方旅游产品面对南方市场时,如以大漠特色定位、以雄浑豪放定位;南方旅游产品面对北方市场时,以亚热带气候及动植物特色定位等。例如,海南的呀诺达旅游区是海南五大热带雨林精品的浓缩,称为海南岛的"香格里拉";内蒙古则将"扬鞭天骄故土,领略大漠风情"作为其定位。

(5) 从竞争需要出发定位。这种定位是自己借助声望较高的竞争者来定位。常用的定位方法有:作为市场主导产品时,如以信誉为特色定位、以知名度和美誉度定位;作为市场跟进产品时,如以赶超精神定位、以"新"、"特"定位;作为市场利基产品时,如以独特性定位、以针对性定位等。

三、旅游产品市场定位的策略

市场定位是一种竞争定位,显示出与竞争者之间的竞争态势。定位不同,竞争态势也有所差异。旅游产品市场定位的策略主要有以下3种。

(1) 避强定位。这是一种力图避免与强有力的竞争对手发生直接竞争的市场定位策略。其优点是能够迅速地站稳脚跟,快速地在目标消费者心目中树立形象。

(2) 迎头定位。这种策略与避强定位正好相反,即企业与市场上占有支配地位的、实力最强的竞争对手正面竞争。实行迎头定位策略的企业必须清醒估计自己的实力,做到知己知彼,这样在竞争过程易于引人注目,被消费者快速接受。但是由于竞争对手实力较强、产品或目标市场相近,这一策略的风险性也很大。

(3) 重新定位。由于外部环境变化和内部需求,对产品进行二次定位的策略。在进行重新定位过程中应始终满足不断创新的要求,为产品注入活力,使产品满足消费者的需求,能够抵御竞争者的竞争。重新定位的原因比较复杂,可能是产品销售量下降、消费者需求变化、科技日新月异等原因,企业应该经过慎重的调研与考虑,再进行市场定位。

小链接 5-6

分市场错位竞争:经济型酒店诠释"竞争的本质是避开竞争"

2008年汉庭酒店集团定位在百元以内的新品牌"汉庭客栈"的第一家门店,确定落户在杭州。这是该集团继定位于普通经济型酒店的"汉庭快捷"和部分设施达到三星或四星标准的"汉庭酒店"两个品牌之后,推出的一个全新品牌。

无独有偶。8月底,锦江之星旅馆公司总裁徐祖荣表示,锦江之星旗下定位在90元至130元的新品牌将在年底前面市。这个品牌将以完全有别于锦江之星的独立品牌进行运作,上海、宁波、武汉和南昌将成为第一批试点城市。

品牌细分是市场竞争的结果

锦江之星旗下一直有 3 个品牌在运作：锦江白玉兰定位于三星级，开业了 2 家店；新锦江商旅定位于二星级，也开业了 2 家店；最有名的当然是锦江之星，已开业了 220 余家店。据锦江之星旅馆公司市场部总监陈文哲介绍，在公司的发展计划中，至少还要推出 2 个新品牌，一个标准略低于锦江之星，另一个标准略高于锦江之星。

陈文哲说，实际上，早在年初，锦江之星就计划推出标准略低于锦江之星的新品牌，但因为种种原因延后了。新品牌的推出要经过深思熟虑，要确实能够给客人耳目一新的感觉，从而提高客人的忠诚度。为此，他们考察了许多其他品牌的门店，做了很多细致的前期准备工作。

"我们认为，竞争的本质就是避开竞争。"陈文哲说，"如果仅仅是房间缩小、人员减少、设施简化，就又走入了雷同的圈子。这个新品牌与锦江之星相比，要体现出更加舒适、更加快捷、更加简约的特点，定位于背包族、公司白领和心理年龄为 35 岁左右的客人。"这个品牌的房价平均比锦江之星低 50～60 元，一线城市的房价为 130～150 元左右，二线城市则在百元以下。

虽然目标客源中有背包族，但新品牌不同于青年旅舍，不会有共用部分住宿设施的客房，所有的客房将依然是独立的。"我们发现目前市场上有太多中端或者精品商务酒店，真正意义上的百元以内的酒店不多。尽管格林豪泰推出了贝壳、丽星邮轮也试点了 99 元的'我的客栈'，但我们希望做出与众不同的真正回归商业本质的百元左右的经济型酒店。"徐祖荣说。

多品牌成为一种战略之选

如家快捷的创始人季琦 2005 年新组汉庭酒店集团后，"多品牌有限服务酒店集团"一直是其基本定位。"汉庭快捷"和"汉庭酒店"是"中档商务型连锁酒店"，刚刚面市的"汉庭客栈"，无论是名字还是定价，都可看出向中低端市场发展的战略转变。

第一家"汉庭客栈"全部 143 个房间定价都在 99 元以内，超过 1/3 的客房有通铺、高低铺或家庭式的大小床，背包客、年轻"驴友"是目标客源群。

虽然与锦江之星将要面市的新品牌在目标客源上有重叠之处，但还是可以看出两者的不同。与星级酒店有较明显区别的同时，在经济型市场上进一步形成细分，是锦江之星、汉庭等酒店集团实行多品牌战略的主要原因。同时，将更多的注意力投向中低端市场的做法，可以说是主要品牌运营商回归"经济型"的一个具体表现。

资料来源：冯颖. 细分市场错位竞争[N]. 中国旅游报，2008-9-3(6).

讨论题：
1. 经济型酒店的市场细分作用是什么？采用了哪种标准进行市场细分？
2. 请分析经济型酒店市场定位的方法及其策略，并进行评价。

四、旅游产品市场定位的步骤

旅游产品市场定位是一项缜密的工作，需要遵循一定的步骤来进行。

(1) 确定旅游产品的目标市场。确定旅游产品的目标市场是定位工作的关键步骤。旅游企业决策者要决定本企业的旅游产品的目标消费者是谁，了解这些消费者有什么旅游偏好，明确这些消费者能否为旅游企业带来赢利空间。

(2) 列举旅游产品特色。定位的第二步是将旅游产品中不同于其他企业同类型旅游产品的特点，如价格、质量、档次、功能、独特性等全部列出以供比较。为实现这一目标，规范而科学的市场调研是必不可少的内容。

(3) 了解竞争对手的旅游产品。要对竞争对手的旅游产品进行调查分析，了解目标市场需求特点及其需求被满足的程度。研究竞争对手的优势和劣势，避免自己的旅游产品在形式与宣传上与之雷同。

(4) 选择旅游产品优势。在对比中挑选出自己旅游产品最突出的特点作为特色来定位，这些特点必须是与竞争对手有着明显差别化的优势，以使自己的旅游产品有一个鲜明的市场形象。

(5) 向目标市场传递企业定位信息。确定自己旅游产品的突出特色并定位后，就要对旅游产品进行设计、"包装"，提出旅游产品的宣传口号，针对目标市场开展宣传攻势。企业宣传中主要侧重于差异宣传，强调企业重要的、专有的、优越的特色与差异。通过各种方式向消费者传递和沟通信息，如采用广告形式、员工的着装形式等有形展示，以及服务过程中的行为、态度和服务质量等向外界宣传，在目标消费者心中形成简捷而特定的形象。

复习思考题

1. 什么是旅游市场细分？旅游市场细分的作用是什么？
2. 旅游市场细分的标准有哪些？
3. 什么是旅游目标市场？旅游目标市场选择有哪些模式？
4. 什么是旅游产品市场定位？其主要步骤有哪些？
5. 案例题。

借助"方便旅游"理念发展老年旅游

"方便旅游"所对应的国际概念，原本可以译为"无障碍旅游"(在中国港台等地，原来一直这样称呼)。但是基于近年我国在术语的使用上，已经把"无障碍旅游"专用于区域旅游合作中旅游者的自由通行；所以为了便于国人的理解，本文这里在讨论"Accessible Tourism"时，一律使用"方便旅游"的译法。

这里的"方便旅游"的含义，首先是对旅游者而言的"方便环境"或"无障碍环境"，就是使相关的旅游服务和设施让有特殊需要的个体——我们常常说的"老幼病残孕"，或者某种过敏体质的人，以及有某种饮食禁忌或需要的个体等，都能够同等地享受到，从而在旅游中没有障碍或困难，感到方便，可以体验到与其他人一样的假日闲暇与乐趣。

方便的旅游环境，除了简单的无障碍硬件环境(如无台阶的轮椅通道)外，自然还需要服务人员或随行人员等给予的细心帮助。所以，如果我们用"Accessible Tourism"在互联网上搜索旅游服务，就会出现大批的面向残疾或智障人士、老年人或银发族的旅游企业和公益团体。

如果追溯起来,"方便环境"或"无障碍环境",最先的确主要是针对残疾或智障人士的,直至今天,仍有少数地方的 Accessible Tourism 互联网站,其服务的对象依然是残疾人士。但是在更多的国家和地区,"方便旅游"早已扩展至了老人和需要此帮助的人群。例如,欧洲的有关方便旅游的最大的网络体系 ENAT(the European Network for Accessible Tourism,欧洲方便旅游网),其总裁表示,方便旅游已经不再是尼基市场(Niche Market,小范围市场)了,而是一个人数激增、我们全都会感到它的效益的市场,所以,我们不能不从现在起就使我们的旅游变得"方便"起来。值得注意的是,在这里,她是把老龄居民作为重要的服务对象提出来的。ENAT 是由 6 个欧盟成员国的 9 个组织发起设立,并得到欧盟就业与社会事务署支持,覆盖面很广的服务于"方便旅游"的网络。ENAT 对老年旅游的重视,应该说在全球都是颇具代表性的。

十分明显的是,老龄居民出游时需要帮助的事项是很多的。例如,一家意大利网站(Italiapertutti)公布的一份有关"方便旅游"需求的调研报告显示:旅游时需要有人伴随的占 61%;需要必要时的医疗援助的占 25%;需要消除建筑障碍的占 7%;需要特殊膳食的占 3%……为此,除了亲友的帮助外,来自社会的服务也是十分必要的。

对于服务的指导,早在许多年前,国外就有过类似的旨在为"方便旅游"经营者提供指导的手册。该类手册一般包含了这样的内容,它首先介绍服务的基本行为规则和原则;接着便提出对这种特殊需要的接待设施与服务(包括宾馆、汽车旅馆、度假地、露营地、俱乐部、青年旅舍等)的建议;紧接着的是就餐的安排(包括餐厅、三明治店、咖啡店、冰淇淋店和酒店的餐饮服务);再接着的是对洗浴场所和沙滩服务(其中包括停车场、卫生间、淋浴和更衣室等相关设施)的建议;接下来的还有信息、文化和闲暇时间的服务(其中包括旅游信息中心、旅行社、户外区域、博览会、博物馆和体育设施等)。显然,这是一种意在创建个性服务的指导,也是在没有完全统一规范前的一种很好的规范。

随着社会的发展,不仅有关方便旅游的服务越来越精细,有关方便旅游的探讨也越来越深入。例如,2009 年 11 月在葡萄牙召开的"新视角旅游研讨会:作为质量考量的方便性(旅游)",其研讨内容就涉及了"老年银发族"、"旅游景点"、"建筑与设施的设计及维修"、"客户关系"、"广泛适应的设计指南"等有关领域。

为了实现"方便旅游",其需求者自然希望能够获得更多的信息。为此,世界各国已经纷纷建立起"方便旅游"的咨询渠道,于是,互联网成了供需之间相互沟通的最佳选择。现在,有关"方便旅游"的网站已经在欧美亚澳各洲的许多国家建立起来了;除了以"方便旅游"命名的网站外,许多国家、地方和企业的旅游网站,也纷纷开辟了有关"方便旅游"的专项频道或专页。

资料来源:曹芙蓉. 借助"方便旅游"理念发展老年旅游[N]. 中国旅游报,2010-01-28(11).

案例分析:

1. "方便旅游"的市场细分标准是什么?
2. 请针对"方便旅游"的目标消费者选择适当的方法进行市场定位。

第六章 旅游产品策略

[引导案例]

上海：国内旅游产品亮点纷呈

针对春节国内旅游市场可能出现的出游人数下降和消费能力下降的预测，2009年1月13日，上海旅行社业积极谋划"破题"，推出一批有亮点的旅游产品，在各级政府的支持下，搅热申城春节旅游市场。

亮点一：百元游上海

"百万市民百元游上海"是上海市旅游局拉动国内旅游消费的大行动之一，道书明局长强调旅游是精神文明的产品，应该成为大众消费品，"百元游上海"是头一炮，让所有工薪阶层有能力消费旅游产品，是拉动服务终端消费上新台阶的有力举措。在元旦举行的启动仪式上，作为承办单位的上海春秋国旅组织了240多人的首发团，浩浩荡荡地开进了94层的环球金融中心观光厅，然后到南浦大桥观看世博园区热火朝天的建设情况，再安排去看回顾展等等。游客们说，99元的产品实在超值，平时环球金融中心观光厅光一张门票就要150元。

春秋国旅发言人张磊说，春节期间，春秋国旅将推出面向白领、外地务工人员、郊区居民的"百元游上海"系列产品。今后，"百元产品"将在周末、小长假大力推广，受欢迎的产品则做到天天发团。

200元的杭州两日游，玩7个景点，住五星级酒店一晚，这是上海锦江旅游公司推出的春节百元产品。这么便宜的价格能玩得好吗？锦旅假日旅游中心总监陆敏表示，"这是锦旅面对严峻形势为了拉动国内旅游需求特别开发的新产品。"他透露，这个超值之旅的诀窍在于景点免门票，西湖、虎跳泉等等家喻户晓的景点，都是免票的。

上海旅行社也看好"百元一日游"活动，推出了99元的宝山罗店奥特莱斯潇洒游。

亮点二：产品优惠化

今年春节，国内远程游产品在上海普遍降价，降幅在15%以上。平日里的高端产品降成了中档偏上的产品。

上航假期旅行社市场部经理胡昕说，预料到春节市场出现疲软，各地景点和酒店都加大了市场促销力度，使旅行社的产品成本不断下降，这是产品价格下降的直接原因。上航假期的春节产品价格比去年同期下降约20%，不过，产品降价不降质，有些产品还把原来的三星级酒店升为四星级酒店，让利给游客，提高游客的满意度。

上海旅行社副总经理张建权称，上旅春节主推400元左右的中低档线路，重点是"阳光巴士游江南"、"尊贵之旅"等品牌线路。

亮点三：产品特色化

春节是合家团聚的日子。今年春节，上海旅行社大力整合长三角旅游资源，推出了到外地吃年夜饭的旅游产品。三四百元的到苏州吃年夜饭、到常州吃年夜饭的产品全部上线。张建权认为，春节市场相对乐观，因为企业的年终奖已经发放，红包也已拿到，只要产品对路，市民还是愿意旅游的。

温泉旅游一直是上海冬季旅游市场的"宠儿"，去年上海周边的温泉景点曾经出现人满为患的情况。今年冬季，上旅推出了江西宜春硒温泉旅游、潮汕温泉之旅等。上航假期也加强了温泉旅游的推广力度，"我们要通过丰富温泉产品种类来对抗寒流。"胡昕说。

上海实华旅行社与上海新闻晨报携手大卖"巢湖香泉游"。实华旅行社总经理张定芳说，晨报有媒体资源和宣传优势，组织自驾游得心应手，实华有地接和订房优势，这样的组合是强强联手。此外，实华还推出了香泉巴士游，全程仅390元，每周五发团，春节期间天天发团。

亮点四：产品电子化

传统的线下旅行社把产品搬上线，实现产品浏览、购买、结算的电子化，也是申城春节旅游市场的一大亮点。

上航假期、上海旅行社在元旦前已经把所有春节产品上线，供市民在家中选购。业内人士讲，现在时兴的"网购"在白领中愈来愈流行，旅游也必须跟上大形势。

上海锦江旅游公司在元旦后的第一个工作日正式开通锦江旅游英文网。锦旅总经理葛万军说，"英文网的开通，意味着锦旅向打造'外国游客散客中心'迈出了关键一步。"英文网实现了实时预订和网上付费，分为都市旅游、国内旅游和入境旅游三大板块，有的还实现了与境外知名旅游分销网的无缝对接。都市旅游中心总监朱皓毅说，"该网具有自动排线、自动计价功能，境外游客可以轻松选购并计算价格，实现我的旅游我做主。"

资料来源：丁宁. 上海：国内旅游产品亮点纷呈[N]. 中国旅游报, 2009-01-13(10).

从本章起我们将逐一研究市场营销组合的四大策略。作为旅游市场营销组合四大要素之一的旅游产品，不仅是旅游企业赖以生存和发展的基础，也是旅游企业开始其经济活动的出发点。从经济学角度看，只有旅游产品策略属于生产领域，而其他的价格、渠道、促销均属于销售领域。制定合理、有效的旅游产品策略，直接决定着价格策略、销售渠道策略和促销策略。因此，旅游产品策略直接决定着旅游企业市场营销的成败。

第一节　旅游产品概述

旅游是一个复杂而综合的体验过程，旅游者一次旅游活动的愉快经历，不能仅仅由某个旅游资源、某个酒店或者运输部门单独完成。由于旅游消费者需求的多样性与综合性，旅游产品遍及于旅游产业，甚至存在于旅游产业以外的其他行业。因此，从某种程度来讲，旅游经历是以各种有形和无形旅游产品为依托的一次感受和经历。

一、旅游产品的概念

（一）旅游产品

旅游产品有广义和狭义之分。狭义的旅游产品是指旅游商品，这种商品满足了旅游消费者外出旅游时旅途生活需要，特别是体验、纪念等需要，包括旅游者旅游期间购买的生活用品、纪念品等各种实物商品。

广义的旅游产品是指旅游企业经营者在旅游市场上销售的物质产品和活劳动提供的各种服务的总和，既能满足旅游者的物质需求，又能满足其精神方面的需求。它以旅游路线为主体，与各部门各行业结合，从而满足旅游者伴随旅游所产生的吃、住、行、游、购、娱六大基本需求。

(二) 旅游产品整体概念

整体产品概念是通过交换以满足消费者某种需求和利益的有形物体和非物质性的无形服务。从这一角度出发，可将旅游产品理解为核心产品、形式产品和延伸产品 3 个层次，如图 6-1 所示。

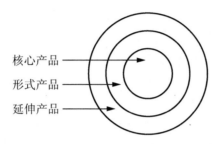

图 6-1 旅游产品层次

1. 核心产品

它用来回答消费者真正要买的是什么的问题，是旅游企业向旅游消费者提供的基本的直接的使用价值，满足其旅游需求，是旅游者购买的中心内容，也是旅游企业提供的核心利益。例如，旅游饭店的消费者购买的是休息和饮食。

2. 形式产品

旅游产品的基本使用价值必须通过某种形式得以承载，旅游产品的外在表现形式即为形式产品，品质、形态、商标、氛围等为形式产品。

3. 延伸产品

在消费者购买之前、之中和之后所得到的各种附加服务和利益的总和，即售前咨询、售后服务及销售过程中的其他服务，如酒店送给游客的纪念品等。

小链接 6-1

饭店会议产品设计基本思路

(1) 分析会议宾客对饭店产品的基本需求：一般来说，会议宾客对饭店的基本需求是方便、高效、周到等。

(2) 根据宾客的基本需求，设计相应的形式产品：为满足宾客求方便、求效率、求周到等需要，可提供会务一条龙服务，从机场接送、信息指示、餐饮安排、住宿安排、娱乐安排、回程车票、会场摄像、茶水服务等方面提供全方位的周到服务。

(3) 为体现特色，饭店应进一步开发设计相应的延伸产品：如为会议代表免费擦鞋，提供会议中场水果、茶水服务，免费赠送会务组客房一间等，以增加饭店产品的竞争力。

资料来源：黄浏英．旅游市场营销．北京：旅游教育出版社，2007：85—86．

二、旅游产品品种

旅游消费者需求的个性化与多样化、旅游企业的竞争与合作，使旅游产品日趋丰富和成熟，旅游产品的数量和种类发展迅速，形成了结构日趋合理的旅游产品体系，同时也产生了品种丰富的旅游产品。

(1) 依据旅游范围，旅游产品可分为国内旅游与国际旅游。其划分标准依旅行范围是否超出国界为据。在常规旅游发展过程中，由于基础设施的建设和服务水平的不断提高，总是先开发国内旅游产品后开发国际旅游产品。而大多数发展中国家由于投资能力有限，发展本国旅游业走的是先国际旅游后国内旅游的非常规途径，中国属于后者。

(2) 依据旅游的规模，旅游产品可分为团队旅游和散客旅游。团队旅游不仅同行人数多，可以相互照应而且价格适中，传统旅游产品多以团队旅游为主。与团队旅游相比较，散客旅游更随机、自由，而且价格也更趋合理，更能够体现旅游消费个性。随着收入增加和个性化需求，近几年来，散客旅游的比例日趋提高。

(3) 依据产品生产方式，旅游产品可分为人工旅游产品和自然旅游产品。旅游产品的传统生产方式是以自然物质为体现形式，旅游产品主要表现为自然实物，如尼亚加拉大瀑布、埃及金字塔等。随着现代科学技术的发展，许多高新技术日益被引进到旅游产品的生产过程中，增加了人工部分，再辅以声、光、电等，产生出许多新奇的效果，诸如目前广为流行的世界公园等微缩景观及享誉全球的迪斯尼游乐场。

(4) 依据旅游方式，旅游产品可分为传统旅游产品和专项旅游产品。由于人们最初的旅游活动主要是观光，因而观光度假旅游产品成为传统旅游产品。而随着旅游产业的发展和成熟，人们追求特殊性、趣味性和有益于身体健康的多种专项旅游产品，逐渐成为一种潮流，如会议旅游、商务旅游、文化旅游、奖励旅游、购物旅游、修学旅游等。

小链接 6-2

体验最独特异国风情的主题旅行

第一，古巴：品雪茄，品文化。全世界了解雪茄的专家们一致认为，只有古巴肥沃的红土，才能种植出世界上最好的烟草，而来自古巴的手制雪茄，更是独步全球的雪茄极品。因为古巴雪茄极致的风味是由特殊的工艺制作出来的。

第二，加拿大：寻觅冰酒香气。在安大略，唯有冰酒可以助您释放无限激情！无论是在午后草地上的野餐会，还是在风景如画的葡萄酒园，或者是在多元文化盛放的多伦多街头，安大略总有适合不同人口味的冰酒享受。

第三，中国台湾：动感农业观光。为了使农业走出困境，提高农民所得，台湾加快推进农业产业升级转型，倡导以生产、生活、生态相互协调发展为目标的"三生"农业，值此休闲观光农业在台湾地区逐步兴起，现阶段已受到大陆客人的广泛喜爱。

第四，爱尔兰：黑啤自有乾坤。在整个爱尔兰，随处可以见到这种啤酒。无论酒吧的招牌，还是街头广告、纪念品，最多的是人们举在手里的黑啤酒。到了爱尔兰，你一定要去参观一下都柏林的标志之一——健力士黑啤展览馆。

资料来源：http://travel.sina.com.cn/world/2012-09-06/1418182900_5.shtml.

第二节 旅游产品组合策略

旅游企业为消费者提供的旅游过程，并不简单地只是一段旅程、一间客房或是一个景点，对游客来说需要的是多种单项旅游产品的形式和内容的组合，只有完整而优质的旅游产品组合才有可能为游客带来一次难忘的假日时光或是文化之旅。因此，对产品科学合理地组合便成为现代旅游经营者予以重视的决策。

一、旅游产品组合的相关概念

（一）旅游产品组合的概念

旅游产品组合，是通过生产不同规格、不同档次的旅游产品，旅游企业所经营的全部旅游产品或服务的有机组合。旅游企业希望以最小的投入，最大限度地占领旅游市场，以实现最大经济效益。

（二）旅游产品组合的其他概念

为了更好地理解旅游产品组合的概念，先明确一下其中的重要概念。

1. 产品线

产品线是指满足消费者的同一类需要，功能相似，但产品类别或内容有所区别的一组类似的产品项目。

2. 产品组合的宽度

产品组合的宽度是指旅游企业生产和经营旅游线路的多少。旅游企业的产品线多即为宽产品线；反之，为窄产品线。宽产品线的组合，可以从多方面满足旅游需求，增加市场份额，提高经济效益，充分利用旅游企业的人、财、物，发挥潜力，适应竞争状况，减少旅游市场变化带来的风险，提高企业自身的应变能力。而窄产品线的产品组合，可使企业集中力量，提高旅游产品的质量，便于提高专业化水平，设计出差异化的旅游产品。

3. 产品组合的深度

产品组合的深度是指某一旅游路线中旅游活动项目的多少。如果某一旅游路线中旅游活动项目多，游客逗留时间长，则称其产品组合较深。反之，产品组合较浅。较深的旅游产品组合能在旅游市场细分化的基础上扩大旅游市场，满足不同旅游消费者，提高市场占有率，生产上实现批量少，品种多，有利于企业经济效益的提高。而较浅的产品组合，便于企业集中力量发挥专长，创名牌产品，降低企业成本，吸引旅游消费者。

4. 产品组合的相关度

产品组合的相关度是指各个旅游产品线在产品类型、销售渠道或其他方面所存在的关联程度。一致程度高,则产品相关性就大;反之,相关性较小。相关性大,可使企业精于专业,提高旅游企业与产品的市场地位,有利于经营管理水平的提高。一般而言,中小型企业宜于产品组合相关性大。而产品相关性较小则使企业具有较强的垄断性,但由此所带来的成本也是十分昂贵的。

小链接 6-3

某旅游企业的旅游产品组合

某旅游企业旅游产品组合的宽度、深度和关联度见表 6-1。

表 6-1 旅游产品组合的宽度、深度和关联度

观光旅游产品	自然风光观光、城市风光观光、名胜古迹观光、海洋观光
度假旅游产品	海滨旅游度假、野营旅游、山地度假和温泉度假、水利旅游
文化旅游产品	历史人物遗迹旅游、宗教旅游、艺术欣赏旅游、民俗旅游
享受旅游产品	休闲娱乐旅游、豪华游船旅游、美食旅游、豪华列车旅游

从表 6-1 可以看出,该旅游企业的旅游产品线有 4 条:观光旅游产品、度假旅游产品、文化旅游产品和享受旅游产品,所以该旅游企业旅游产品组合的宽度为 4;其中共有 16 个旅游产品项目,即每个旅游产品线包括 4 个旅游产品项目,因此该旅游产品组合的深度便为 4。而关联度是指不同产品线在生产条件、销售渠道或其他方面存在的关联性的大小。表 6-1 中度假旅游产品和享受旅游产品的关联度也比较高,因为两者都属深度旅游范畴,即旅游者往往沉溺于某一旅游地做深度感受而不是走马观花式、浮光掠影式的游看,目标旅游者都具有一定文化水平且有较好的经济收入,因此在销售渠道的选择上,两者可以重叠或沿用同一销售渠道。

资料来源:黄浏英. 旅游市场营销[M]. 北京:旅游教育出版社,2007:91.

二、旅游产品组合的形式

由于旅游资源及其产品类型的不同,游客可以在旅游过程中体验不同形式的旅游产品。旅游产品的组合形式有以下几种常见的形式。

1. 地域组合形式

这种组合形式跨越一定的地理空间,产品内容各异、特色鲜明,主要特点是内容丰富、地理反差明显,如华东五市游、东南亚游等。这种组合一般分为国际与国内两种形式:国内组合形式分为全国型、区域型或城市型;国际组合形式分为全球型或区域型。

2. 主题组合形式

这种组合形式根据旅游的主题选择其产品,所选定的组成部分不受地域的限制,一般

分为专业型组合和综合型组合。例如，中国红色旅游、都市旅游等为同一主题的旅游组合产品；而一些具有特殊意义和主题的国别组合形式则综合组合形式。

3. 时间组合形式

这种组合形式依据季节的变化组合不同的旅游产品，如哈尔滨冬季的冰雪旅游产品、承德夏季的避暑旅游产品等。

4. 旅游者组合形式

这种组合形式主要是根据旅游者出行的方式来组合旅游产品，主要有团队旅游产品组合和散客旅游产品组合。

三、旅游产品组合的策略

旅游产品组合策略是指旅游根据旅游市场需求状况、竞争程度以及企业的资源禀赋，对产品组合的广度、深度以及相关性进行选择、决策以使组合最优。其基本思路：一是向旅游产品组合的深度发展，二是向旅游产品组合的广度发展。以此基本思路采用以下多种策略。

1. 扩大产品组合策略

扩大产品组合的广度，增加旅游路线数量，扩大旅游企业经营范围，增加产品组合相关性大的旅游产品品种。

扩大旅游产品组合策略的优点：第一，可以充分利用旅游企业的资源优势，分散由于市场波动而带来的风险；第二，可以扩大企业的经营范围，顺势而为地满足游客多样化的需求；第三，有利于增强企业的竞争能力，提高企业的经济效益。

这种策略也有其自身的弱势和不足：第一，分散旅游企业资源，难以在某一细分市场上形成差异竞争优势；第二，削弱企业力量，经营范围的扩大使企业经营成本增加。

2. 缩小产品组合策略

缩小经营范围，求精、求专，淘汰已过时的旅游路线，集中力量和资源生产或经营少数几个利润高、前景好的产品，实现旅游生产的专业化。

缩小产品组合策略的优点：第一，有助于企业加强管理，降低经营成本；第二，企业集中力量，有助于提高产品质量，在细分市场上形成优势，创造良好的企业声誉。

这种策略的缺点：第一，由于经营范围的限制，利润额受到影响；第二，产品的集中与有限，使旅游企业风险性增大。

3. 改进现有产品的策略

使原有的产品组合向深度发展，提高产品质量，改变旅游方式，扩大旅游者的参与，使产品以新的形式出现在市场上。这一策略可以从两方面入手：第一是对现有的旅游产品在质量、特色等方面进行改进，进行市场扩展与渗透；第二是对现有的旅游产品的档次进行改进。

4. 高(低)档产品策略

高档产品策略指在原有的旅游产品路线中增加高档产品的项目，可提高同类旅游产品的知名度和企业的形象，增加销售量。相对应地，低档产品策略则是在高档产品路线中增加低档产品项目，使旅游产品日益大众化，可利用高档产品的声誉吸引消费能力有限的低层次旅游消费者。

第三节 旅游产品生命周期策略

传统的观光旅游、商务旅游，渐渐为疗养旅游、度假旅游所取代；从文人墨客游山玩水，到现代社会的专项旅游，无一不在市场上体现出一种周期，只是这种周期对于不同的旅游产品有长有短罢了。正是这种市场周期性，成为旅游市场营销中产品生命周期理论的奠基石。

一、旅游产品生命周期概述

旅游市场的激烈竞争，使旅游企业必须不断地开发和改造旅游产品，不断地接受旅游者的选择和评价。日益完善、性能良好的旅游产品层出不穷，但同样也和其他产品一样经历着由盛到衰过程，这就是旅游产品的生命周期。

旅游产品生命周期是指某种旅游产品从投放市场，经过成长期、成熟期直到最后被淘汰的整个市场过程。它不同于产品的使用生命，后者专指产品的耐用程度，即在使用过程中产品的寿命。不同旅游产品的生命周期的时间模型不同，但从一般理论上可分为投放期、成长期、成熟期和衰退期4个阶段，如图6-2所示。

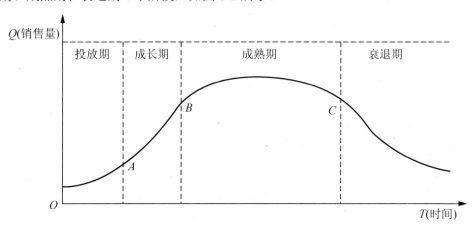

图6-2 旅游产品生命周期曲线

旅游产品生命周期的不同阶段会呈现出不同的特点。

1. 投放期

投放期是旅游产品进入市场的初始阶段。旅游企业需要对内培训、对外协调，由于旅游产品的知名度不高，需要投入一定的宣传与广告费用，旅游企业利润率较低，甚至处于亏损局面，因而销售额增长缓慢且不稳定。

2. 成长期

在成长期，新的旅游产品日渐被消费者所接受，基本环节相互之间联系紧密，处于正常运转状态。旅游产品渐渐提高其知名度，从而使产品的销售额稳步上升，企业利润得以大幅度提高。与此同时，新的企业参与市场，展开竞争。

3. 成熟期

成熟期是旅游产品销售增长趋于平稳的阶段。这时旅游产品被许多消费者接受和使用，并且在潜在消费者心目中享有较好的声誉和较高的知名度。产品销售额渐渐达到高峰而趋于缓慢，企业利润也达到最高水平。为了在竞争中保护自己的产品，旅游企业营销费用增加，利润开始出现下降。

4. 衰退期

衰退期是旅游产品日渐衰退的阶段。由于新产品的层出不穷、竞争者的不断强大等原因，旅游产品已不适应人们不断变化的消费需求，销售量锐减，许多旅游企业在市场竞争中被淘汰，从而转产退出了旅游市场。与此同时，市场出现新的换代产品或替代产品。

小链接 6-4

湄洲岛旅游产品生命周期分析

注：湄洲岛位于中国台湾海峡西岸中部的湄洲湾口，1988 年被辟为福建省对外开放旅游经济区，1992 年经国务院批准为国家旅游度假区。湄洲岛是海上和平女神妈祖的故乡，闻名遐迩的妈祖文化的发祥地。千年氤氲的妈祖祖庙是全世界 2 亿多妈祖信众心仪神往、魂牵梦萦的朝拜圣地，被誉为"东方麦加"，在海内外有着广泛的影响，尤其是对台湾同胞具有异乎寻常的吸引力，构成了湄洲岛开发建设和旅游产业发展独具特色的人文资源。2004 年，经国家批准，在湄洲岛设立中华妈祖文化交流协会，其成为世界妈祖信众的共同精神家园。(莆田湄洲岛湄洲政府网)

湄洲岛的旅游开发发端于 1978 年后的改革开放，经过十几年的快速发展，上岛旅游人数在 1993 年突破 100 万人次。由于旅游收入通常与旅游人数有关，下面重点分析旅游人数的变化过程，从数据上分析旅游主要指标与旅游生命周期理论的关系如下。

1. 1978—1989 年湄洲岛旅游业发展的起步阶段与投入阶段并存。湄洲岛旅游业的发展是随着我国改革开放的开始而起步的，这阶段的旅游活动主要以本地及周边的妈祖信仰者上岛朝拜为主，并随着改革开放的逐步推进而发展，上岛旅游人数逐步增加。1989 年全国旅游业严重下滑，是一个重要的分界点。

2. 1989—1996 年是重要的发展阶段。政府加入对旅游基本建筑与基础设施的投资，并努力改善旅游环境，特别是国务院决定在湄洲岛设立国家旅游度假区；另一方面，湄洲岛妈祖祖庙的总庙地位日益突出，受到全世界妈祖信仰的景仰和崇拜，妈祖文化在世界的影响进一步扩大，客源市场逐渐形成，游客以 15%的速度增长。

3. 1997 年到 2000 年是稳固阶段，表现在旅游人数和旅游收入稳步增长，国内国外旅游者增长较快，尤其是台湾同胞上岛旅游人数突破 10 万人，形成稳定的海外市场，但是增速趋缓，1997 年到 2000 年的增速已不超过 10%，仅 5%～8%。由于周边旅游业的快速发展，同类旅游产品进入市场，扩大了旅游者对旅游产品的选择范围，使旅游市场竞争十分激烈，加上一些新产品对原有旅游产品的替代性，使湄洲岛旅游发展面临着严峻的考验。

4. 2001 年至今，旅游人数明显出现滞长。2003 年因为传染性非典型肺炎等原因，已出现负增长。由于湄洲岛旅游产品的单一化，服务体系的不完善，配套设施和基础设施的欠缺，旅游市场的无序化等种种原因，加上周边旅游发展的竞争，旅游新产品的不断出现，旅游市场竞争明显加剧，从而使湄洲岛当前旅游产品进入停滞阶段。岛上旅游管理者正逐步整合旅游资源，加快旅游新产品的开发和推出，但能否适应旅游者的需求，尚有待观察。

资料来源：蔡加珍. 湄洲岛妈祖文化旅游产品生命周期演变分析与对策研究[J]. 北京第二外国语学院学报(旅游版)，2006(5)：59—65.

现代旅游市场中，并非所有的旅游产品都按照这种波浪形起伏，有些产品一引入市场便完成了一条陡峭而短促的生命周期曲线，如图 6-3 所示。

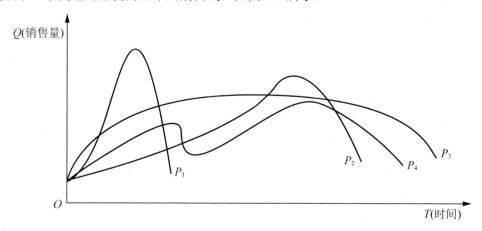

图 6-3 旅游产品生命周期种类示意图

P_1 所呈现的旅游产品周期很短，但销售量很大，成为旅游市场中时尚型的产品，如人们的春游、秋游等。

P_2 产品成熟期很短，但市场开发费用较高，属于一种超前消费的旅游产品。

P_3 产品投放期和成长期较短，而产品的成熟期较长，几乎看不出衰退期，这种旅游产品多为传统旅游产品，如观光旅游、度假旅游等。

P_4 所呈现出二种波浪起伏的市场周期，如有规律性的假日旅游。另外，酒店经过重新装修后，由衰退再度进入一个新的成长期。

从以上分析可知，旅游产品生命周期各不相同，各阶段的划分也无规定，但我们可借助于一定的经验，以旅游产品的年销售增长率来区分旅游产品的生命周期阶段。例如，年销售增长率小于 1%，为产品的投放期；年销售增长率大于 10%，为产品的成长期；年销售增长率大于 1%而小于 10%，为产品的成熟期；年销售增长率小于 0，为产品的衰退期。

二、旅游产品生命周期各阶段的营销策略

如前所述,不同旅游产品在各阶段呈现不同的特点,但并非一切旅游产品都必须经历 4 个阶段。无论旅游产品有什么样的市场周期,作为旅游生产者必须认真研究产品各阶段的特点来制定其市场营销策略。

(一)旅游产品投放期营销策略

根据旅游产品在投放期的特点,旅游企业所采取的营销策略,都是新产品营销策略,有四种营销策略可供选择,如图 6-4 所示。

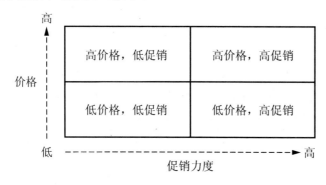

图 6-4 投放期旅游产品营销策略

1. 缓慢撇脂策略

高价格的目的在于获取更大的盈利,而低促销则是降低新产品销售费用,旨在通过高价格来提高旅游产品的知名度的策略。这种策略适用于产品具有独特性和新颖性使旅游者愿意高价购买,产品的规格档次高,服务质量好,基础设施齐全;旅游消费者基本了解这类产品;潜在的竞争对手少,旅游产品具有很大的垄断性。

2. 迅速撇脂策略

以较高的价格树立旅游产品市场形象,同时支出大量的促销费用,加大促销的力度,在市场上树立质量的形象,以弥补高价格的不足,从而扩大对市场的占有率。这种策略适用于知名度较低,潜在消费者对产品还不熟悉,与同类产品比较具有明显的优势的产品。

小链接 6-5

高端海岛游成秋冬一大特色

随着秋冬季节的到来,东南亚海岛游开始逐渐进入旺季。记者从昨天召开的佰程秋冬旅游产品发布会上获悉,以尊贵、休闲为主题的高端海岛游线路将成为今年冬季的一大特色,让人们有机会感受真正的奢华式出游。

此次推出的秋冬"新体验度假"产品均为中高端产品,产品报价在一到两万元左右。产品主要包括"新体验海岛度假"、"圣诞欧洲超值自由行"、"高尔夫周末"和"游轮假期" 4 类。

作为该系列产品的核心，"新体验海岛度假"主打东南亚高端及顶级海岛游产品，其中既包括马尔代夫、普吉岛、巴厘岛等市民熟悉的海岛，也包括泰国甲米、华欣等中国游客尚不了解的海岛。该系列产品将提供高端及顶级度假村，并有"一对一"的"贴身管家"式导游服务，其最大的特点是以游客的意志为主导，游客可在菜单式的游览项目中自选游览项目，自行设计自己的游览行程。

资料来源：http://www.lotour.com/snapshot/2007-10-24/snapshot_97442.shtml.

3. 缓慢渗透策略

企业以一种低姿态进入旅游市场，目的是快速地将产品推向市场，随着产品知名度的打开，慢慢地提高产品的价格，以收回企业的投资。采取该种策略的条件是市场规模有限、产品的知名度较高、市场上对该产品的价格弹性较大。

4. 迅速渗透策略

以较低的价格加上较高的促销，全力推出该产品。采取该策略出于以下原因：市场规模较大，旅游消费都非常了解该产品，市场需求价格弹性大，存在潜在竞争的威胁。

(二) 旅游产品成长期营销策略

成长期旅游产品的销售应包括两个方面：一方面巩固已有的销售成果；另一方面进一步扩大市场的占有，尽快提高销售量。这一时期，潜在竞争者已经出现，企业在成长期的销售策略有以下3种。

1. 改进旅游产品

进一步完善基础设施的配套建设，提高旅游地的可进入性。密切各行各业之间的协调，增强企业的接待能力(旅游产品的生产能力)。同时，根据旅游者的信息反馈，增减一定的旅游活动内容，规范服务技巧，努力培训员工，狠抓产品特色和服务质量，以吸引更多的潜在旅游消费者。

2. 加强市场促销

这一举措包含两个方面的内容：一方面开拓新的销售渠道，加强销售渠道的管理，搞好渠道成员之间的协调，尤其对旅游中间商给予相应的优惠；采取多种销售形式，增加新的销售渠道。另一方面，加强对外宣传，重点由介绍旅游产品转为树立产品形象，提高产品的知名度，维系老顾客，吸引新顾客，使旅游产品品牌形象深入人心。

3. 寻求新市场

通过细分市场找到尚未满足或开发的市场空间，努力提高旅游产品的规模生产能力，吸引对价格敏感的潜在购买者，迅速进入新的目标市场。

(三) 旅游产品成熟期营销策略

这一时期的旅游产品已基本定型，旅游企业应利用其销售量大、成本较低的有利时机，强化品牌声誉,延长成熟期。企业为了保持产品的优势地位,可采取如下营销策略。

1. 市场改革

为了寻找机会市场,可以采用进入新市场、争夺竞争对手的消费者等方法,进一步挖掘市场潜力,稳定和扩大产品的销售量。

2. 产品改革

旅游企业可以采用提高产品质量、改进产品功能、增加产品服务内容、提高产品附加值等方法,根据消费者的反馈信息,对产品进行改进,以此吸引旅游消费者。

3. 新产品的研制和开发

产品的市场营销进入成熟期,意味着市场营销难度的增大,企业也可能面临着销售量和利润均下降的情况。为使企业永远居于市场主动地位,新一代旅游产品的研制和开发便不可避免地提上了日程。

(四) 旅游产品衰退期营销策略

市场营销一旦进入衰退期,对于旅游企业而言,就面临一次严峻的考验,企业能否果断地调整产品营销策略,直接关系到企业未来的生存和发展。一般而言,企业应尽可能地缩短产品的衰退期,其主要措施如下。

1. 立刻放弃策略

市场销售量急转直下,甚至连变动成本也无法补偿,旅游企业可以当机立断,剔除衰退明显的旅游产品市场。

2. 逐步放弃策略

旅游企业可以减少促销费用,精减销售人员,以便降低营销成本,改善和扩充滞销旅游产品,挖掘产品的潜力和声誉,分析产品滞销的原因,对症下药,力争保证一定的销售量和利润。

3. 市场集中策略

旅游企业放弃无利可图的市场和消费者,把能力和资源集中在仍能创造利润的市场上,这样可以为企业退出市场赢取更多的时间和利润。

4. 自然淘汰策略

旅游企业在原来的目标市场上采用不变的市场营销组合,直到产品自然衰退并完全没有销路。继续留在该市场中的企业可以继承退出企业空闲的消费能力,吸引原有的旅游者并由此获利。

第四节　旅游新产品开发策略

旅游产品的生命周期理论带给旅游企业两点启示：第一，企业可以利用生命周期理论来判断自己的产品处于何种阶段，以采取相应的对策；第二，旅游产品一般会走向衰退而退出市场，开发新产品是企业无法回避的现实问题。随着世界经济、科技的飞速发展，面对需求不断变化的消费者，旅游企业要想保持旺盛的活力、持久的发展，必须不断地开发出新产品。

一、旅游新产品及其种类

旅游新产品是指与原来的旅游产品有所差别或是完全不同的产品，在内容、结构、服务方式、设备性能上更为科学、合理，更能体现旅游经营意图。由此可见，旅游新产品不一定是全新的产品，只要在技术、理念、需求、设计等方面有所突破与改进，就可认为是新产品。一般来说，旅游新产品具有以下特点：第一，引入新的构思与设计，带给旅游者新的感受与体验；第二，采用新材料、新能源和新结构；第三，产品的外观、性能有所改进；第四，开拓新的市场，寻找到新的客户。

旅游新产品按其自身所具有的新颖程度可分为以下 4 类。

(1) 改进型新产品。指在旅游活动及其辅助项目进行局部形式上的改进或改变，以提高服务质量，增加旅游活动内容，变化旅游路线，由此设计、生产出来的旅游产品。例如，把团体综合包价改为对旅游者来说自由度较大的几种包价旅游方式；现代饭店将传统的人工叫醒方式改为光线叫醒方式。

(2) 创新型新产品。指运用全新的科技原理，设计、生产出来的具有新原理、新技术、新内容等特征的旅游产品。例如，锦绣中华、民俗文化村的出现，在旅游产品的生产上带来一种新的革命；绿色旅游、森林旅游更是解脱了日常生活的压抑，使人们能完全、彻底地回归大自然。

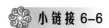

台旅会推荐 S.H.E 台北追星主题旅游

2013 年 4 月 1 日起，大陆旅客赴中国台湾旅游人数再放宽，团体旅客每日配额由 4 000 人提高到 5 000 人，个人游则由每日 1 000 人倍增至 2 000 人。这一波配额调整将带动市场更多主题式的自由行产品开发。例如，中华航空公司就抢先推出"华航来台精致旅游 S.H.E 台北演唱会限量项目"，于北京、上海、广州、南京、杭州、厦门、重庆、成都及深圳等 9 个开放个人游城市热卖，一开放订购就在微博上引起粉丝热烈回响，纷纷计划 6 月到台湾展开追星之旅。S.H.E 将于 2013 年 6 月 22～23 日在台北小巨蛋展开巡回演唱会，这场让粉丝睽违已久的演唱会，将再度为台湾观光产业带来商机。

台旅会北京办事处分析，台湾有很棒的流行音乐和各式文艺演出资源，对个人游旅客来说相当具有吸引力，在这次个人游配额提高的带动下，将吸引更多大陆粉丝到台湾追星。北京办事处也将持续与航空公司及组团社合作，推出更多自由行主题旅游方案，让大陆好朋友们深入台湾的大街小巷，享受丰富的宝岛之旅。

资料来源：http://tw.people.com.cn/n/2013/0402/c14657-21003868.html。

(3) 换代型新产品。指在原有产品的基础上，充分利用其基础设施，局部采用新科技成果，扩点成线，扩线成面，设计生产出满足新的旅游需求的产品。例如，酒店将标准间改为豪华间；旅行社将纯观光旅游产品发展为文化观光旅游产品等。

(4) 仿制型新产品。指企业仿制市场上已有的新产品，有时在仿制过程中又可能有局部的改进和创新，但基本原理和结构是仿制的。这种仿制新产品是一种重要的竞争策略，其所面临的风险也很大。

小链接 6-7

旅游新产品创意评价

所谓新产品创意，指通过旅游企业内部与外部各种因素所产生的旅游新产品的构思和发明，是企业开发新产品的起点。就旅游企业而言，新产品的创意越多越好，但并非所有的创意都能付诸实践。因此，旅游企业须对新产品的开发创意进行筛选，从征集到的许多方案中选择具有开发条件的新产品的构思创意。选择创意除了坚持新产品开发的正确方向外，还须兼顾企业长远发展和当前市场的需求，有必要的技术储备。因而，创意的筛选是旅游新产品开发过程的重要决策。要正确做好新产品创意选择，可借助于创意评价表，具体如表6-2所示。

表6-2 旅游新产品创意评价表

创意评分因素	加权A	创意评分等级B										得分A×B
		1	2	3	4	5	6	7	8	9	10	
1. 旅游市场需求	0.15								√			1.2
2. 旅游产品销售状况	0.15						√					0.9
3. 产品开发技术难度	0.15									√		1.35
4. 旅游企业形象	0.10					√						0.5
5. 劳动力资源	0.10				√							0.4
6. 投资规模	0.10										√	1.0
7. 原有生产能力的利用	0.05							√				0.35
8. 资源状况	0.05				√							0.2
9. 今后五年发展机会	0.05				√							0.2
10. 安全与环境保护	0.04	√										0.04
11. 旅游替代品代用程度	0.02									√		0.2
12. 发展变型产品可能性	0.02		√									0.04
13. 竞争形势	0.02			√								0.06
合　计	1.00											6.44

在创意评分表中，创意评分因素是指成功地推出新产品必须具备的各种条件，权数则体现各要素对旅游经营的影响程度，而创意评分等级则是对该产品的创意单个因素的评价。创意的好坏依最后的得分而言。一般而言，0.00～4.00为平庸创意，4.10～7.50为一般创意，7.60～10.00为优秀创意。上例创意评价为6.44分，表明此创意是一般创意。此表是一个较系统的评价方法，能给旅游经营决策提供决策的必要依据，在实际运用中，可作适度的调整。

资料来源：赵西萍. 旅游市场营销[M]. 天津：南开大学出版社，2005：223.

二、旅游新产品的开发策略

在旅游新产品开发中,有 4 种主要因素影响到开发策略的选择,分别为产品与市场、开发目标、开发途径和控制协调。这 4 种主要因素又包括许多具体内容和类别,如果排列组合起来,将有数百种开发策略,企业在选择策略时应审时度势,根据具体情况,选择切合实际的策略。

(1) 市场新定位策略。这种策略是指旅游企业通过进一步细分市场,将已有的产品稍加改造而进入新的目标市场。例如,2007 年"十一"黄金周后,兰州许多旅行社在传统的港澳 5 日游的基础上推出专门针对老年游客的港澳 11 日游,特别配备了随团医生来照顾老人的旅游行程,免去了老年游客的后顾之忧。

(2) 长短结合策略。这种策略也称储备策略,既考虑到企业的短期利益,更考虑企业的长期利益,着眼于企业长期、稳定、持续地发展。采取这一策略,旅游企业应有 4 档产品:一是企业生产和销售的旅游产品;二是正在研制或研制成功,等待适当时机投放市场的产品;三是正在研究设计的产品;四是处于产品构思、创意阶段,开始市场开发、调研的旅游产品。

(3) 主导产品策略。主导产品是资源条件与客源市场双向驱动的产物,在一定时期内相对稳定。不同地区、不同类型的旅游企业可以根据资源禀赋和市场竞争情况,不断强化和改进其主导产品,树立良好的品牌和声誉。例如,我国主导产品应选择垄断性、高品位观光产品(如长城、兵马俑等)和确已成熟又有特色的少量非观光产品(如保健、修学、文化、探险、烹饪等)。

三、现代旅游产品的发展趋势

随着"个性体验时代"与"大众休闲时代"的到来,旅游产品的发展趋势呈现以下几个特点。

(1) 多种旅游资源整合,旅游产品大型化和集中化。各国在对传统旅游资源(如文物古迹、自然风光)及各种区域资源的整合基础上,通过创意和主题的形式,将旅游产品进行整合营销,旅游产品大型化和集中化体现在近年来各国纷纷提出主题旅游年。这种产品最早出现于新加坡,我国从 1992 年开始推出不同主题的旅游年,如表 6-3 所示。

表 6-3 2000—2012 年我国旅游主题年

年 份	主 题	年 份	主 题
2000	神州世纪游	2007	和谐城乡游
2001	中国体育健身游	2008	中国奥运旅游年
2002	中国民间艺术游	2009	中国生态旅游年
2003	中国烹饪王国游	2010	中国世博旅游年
2004	中国百姓生活游	2011	中华文化旅游主题年
2005	中国红色旅游年	2012	中国欢乐健康游
2006	中国乡村游	2013	中国海洋旅游年

资料来源:贺学良. 饭店营销原理与实务[M]. 上海:上海人民出版社,2007:379.

另外,我国还将优美的山水、悠久的历史"打包"成一个又一个主题鲜明的"中国年",

向境外游客推介我国的旅游产品。例如，2013年俄罗斯"中国年"的主题为"和平、友谊、发展"。这样不仅有利于旅游企业的对外宣传，还能使其在旅游产品的开发更注重于产品内部深层次内容的挖掘，更倾向于民俗、文化、科学知识上的开发。为了适应外国游客个性化的旅游需求，使旅游企业推出更多适应散客消费的旅游新产品。

（2）注重产品的创意性，增加游客的体验内容。创意旅游是当今世界旅游产业发展的新模式，主要是指用创意产业的思维方式和发展模式整合旅游资源、创新旅游产品。参与性与消遣性明显增强是现代旅游产品生产的一个明显的发展趋势，创意旅游正是向"体验"靠拢，丰富旅游者的体验与经历。以参与性的活动为基本内容，融合当地民情、民俗的消遣娱乐型旅游产品具有较高的成功率。

小链接6-8

创意、创收：花开两朵

2007年"十一"黄金周，北京欢乐谷以首届国际魔术节为契机再次打响一场文化创想战役，以神秘莫测的魔术带给游客欢乐梦幻的创意新体验，7天共接待游客11万人次，营业收入超1 600万元，比去年同期营业收入增长了26%。

此次黄金周，北京欢乐谷之所以能够吸引数以十万计来自全国各地甚至国外的游客慕名而来，秘诀之一还在于其鲜明的主题活动与出奇制胜的创意构想。欢乐谷为游客呈现出一座生动活泼、主题鲜明、内涵丰富、创意无限的体验式主题乐园。其抓住了游客希望尝试新鲜、探索未知的心理，将"梦幻与神秘"的理念根植于消费者心中。

资料来源：杨真. 创意、创收：花开两朵[N]. 中国旅游报. 2007-10-15(5).

（3）明确主导产品，整体形象鲜明。世界旅游市场的竞争日渐集中到旅游产品的竞争。这促使各国根据自身旅游资源特点选择本国主导旅游产品或拳头产品，突出特色，扬长避短，在国际旅游市场上树立鲜明的整体形象。西班牙将海滨度假作为主导产品；中国香港、新加坡则以城市观光、购物和商务见长；埃及金字塔、印度泰姬陵，皆为世人熟知，成为各国的拳头产品。同时又有多样化的产品体系，以点带面，相得益彰。

（4）旅游新产品不断涌现，满足个性化需求。旅游消费求新求异，传统旅游产品与模式不断涌现。旅游者为了体验到旅游中的自由与心灵的宁静，正在不断地需求与接受形式各样的旅游新产品。例如，近来我国旅行社推出的"无景点旅游"，体现出一种更为自由与休闲的度假方式；欧洲的内河游船旅游，为高端的旅游者带来了一段舒适而宁静的假期。

复习思考题

1. 什么是旅游产品？旅游产品有什么特点？
2. 我国的旅游产品体系由哪些构成？
3. 什么是旅游产品的生命周期？其各阶段的特点是什么？有何相应的营销策略？
4. 什么是旅游新产品？其开发策略有哪些？
5. 什么是旅游产品组合？影响其组合的因素有哪些？

6. 案例题。

案例1

沈阳植物园
——从"植物园"到"世博园"

沈阳植物园位于沈阳市东郊，距市中心10千米。始建于1959年，占地约189公顷。有公路、铁路与沈阳相连，交通十分方便。1993年开始对外开放，当时开放面积为100公顷。为筹建"2006中国沈阳世界园艺博览会"，在原沈阳植物园基础上，向北、向东进行扩展，形成占地总面积246公顷(ha，$1ha=10^4m^2$)的园区。

沈阳植物园是沈阳市政府当年投资几十万元兴建的。1993年对外开放后，自筹一部分资金进行陆续开发建设。经过努力，沈阳植物园的经营进入良性循环之后，每年都用一部分资金进行开发建设，到"2006中国沈阳世界园艺博览会"之前，已累计投入资金3 000多万元。在2004年沈阳市政府争取到"2006中国沈阳世界园艺博览会"筹办权后，利用一年多时间，投资数十亿元用于城市改造和拓宽道路，力争将植物园建成当前世界规模最大的"世博园"。

从沈阳植物园兴建到"2006中国沈阳世界园艺博览会"的筹建，建设植物园大致分为3个阶段。第一个阶段是1959年始建初期至1993年对外开放。这期间主要是植树造林，大量种植东北地区生长的各种植物，这一阶段打下了植物园，甚至"世博会"的植物基础。第二阶段是1993年沈阳植物园对外开放到2004年沈阳世界园艺博览会开始建设之前。这一阶段修建了20余个植物展园展区，如牡丹园、蔷薇园、丁香园、木兰园、阴生植物园、鲨植物园、树木标本园等。这一阶段特别值得一提的是修建了园内湖泊上青年、学生最喜爱的50余座健身"铁索桥"，并申请了专利。第三阶段是在沈阳植物园基础之上，用不到两个月的时间建成的举办"2006中国沈阳世界园艺博览会"的"世博园"。园艺博览会建成有凤凰广场、玫瑰园、百合塔、白花馆四大主题建筑和自然生态景观、人工景观、滨水湿地景观三大景观区。整个景区修建了100个风情展园，其中有23个国际展园，53个国内城市展园和24个专业展园。

从沈阳植物园成立到1993年，这一阶段基本没有宣传促销，只是一个靠政府拨款的事业性单位。对外开放之后，沈阳植物园在抓紧基本建设的同时，在各种媒体上加大了广告宣传力度，一时间在沈阳掀起了"植物园旅游热"。"2006中国沈阳世界园艺博览会"举行，仅"五一"黄金周7天，接待中外旅游人数就超过176万人次，旅游收入超过1.5亿元，日平均接待量达到25.1万人次。

资料来源：禹贡，欧阳洪昭.旅游景区景点经营案例解析[M].北京：旅游教育出版社，2007：51-52。

案例分析：
1. 沈阳植物园的新产品开发策略是什么？
2. 利用旅游新产品创意评价表，对其新产品的创新及开发进行评价。

案例2

喀纳斯旅游生命周期分析

喀纳斯风景旅游区包括喀纳斯湖及沿喀纳斯河河谷。喀纳斯湖水绚丽多变，云雾气象万千，百花竞相开放，草原碧绿如茵，林海莽莽苍苍，雪山冰清玉洁，喀纳斯湖怪的传说又为其增添了许多神秘色彩，喀纳斯湖畔是中国唯一的图瓦人聚居区，这些自然和人文景观要素使得喀纳斯声名远播，非同寻常。喀纳斯于1980年成立自然保护区，1986年升格为国家级自然保护区。从20世纪80年代初期开发旅游业直到2005年，喀纳斯的旅游发展凭借优质的资源迅速完成起步阶段进入快速发展。20世纪80年代初期很少有正式的以旅游为目的的团队来喀纳斯旅游观光，到达这里的游客主要以科学考察、探险等为主，受接待条件的限制大都是国内外零散客源，所以，这个阶段应属于个别游客的探查阶段。1986年，喀纳斯成为国家级自然保护区后开始开发旅游资源，正式向外界开放，但限于交通条件、基础设施条件及宣传的普及度等的限制，年接待游客仅约4 000人次。1995年是喀纳斯的参与阶段。由于喀纳斯拥有得天独厚的旅游资源，经过一批游客的亲身体验后在大众心中树立了良好的口碑。1995年一位联合国的官员来到喀纳斯，他指出：喀纳斯是地球上最后未被开发的地方，她的存在，在于证明人类过去有着无比美好的栖息地。从此，喀纳斯就以"人类净土"这一形象开始对外宣传。喀纳斯显露出"中国一绝，世界一流"的旅游资源，受到中央、自治区和地方领导的关注，将喀纳斯列为"九五"期间自治区的2个重点旅游项目之一，开始投资喀纳斯交通建设。喀纳斯进入实质性政府主导开发阶段。2000年以来，喀纳斯旅游步入市场开发阶段，商家积累投资312亿元人民币，进行了赢利性旅游项目的开发和建设，接待游客数量成倍增长，客源结构也发生很大的变化。从20世纪90年代后期，喀纳斯就步入了发展阶段，而且这个发展是非常迅速的。当前，生态旅游的热潮风靡全国，喀纳斯拥有吸引生态旅游者的优质资源，日趋成为国内外旅游者选择的热点地区。因此，预计喀纳斯在今后的十几年里仍然会处于发展阶段。但是，旅游地的生态环境是有限的，旅游地的超载行为只会使目的地最终走向衰落阶段。如何能使喀纳斯拥有最长的生命周期且能保护其旅游资源的完整性，这就需要对现有的景区资源进行合理的规划并提出新旅游产品开发的策略。

资料来源：王海燕，李晓东. 旅游地生命周期理论与旅游产品开发初探——以新疆喀纳斯湖为例[J]. 资源与产业，2006(4)：89—92.

案例分析：

1. 请分析喀纳斯景区的生命周期。
2. 如何能在保护旅游资源的基础上，延长该景区的生命周期？

第七章　旅游产品价格策略

[引导案例]

中央饭店坐落在加拿大魁北克省的城市商业区内，此饭店被评定为四星级的商务/会议型饭店。饭店的顶部是著名的5层高的塔楼，包括塔楼在内饭店共有800间客房。塔楼有自己独立的登记入住系统、娱乐室以及特别的服务设施，它共有140间客房，其中16间为套房。中央饭店的客房设置更为全面一些，它提供加大床、大床和双人床，还有24间套房和6间专门为残疾人设置的客房。

饭店内有3个餐厅。除了3个餐厅之外，饭店还设有5个休息室。饭店其他的特色包括一个5层楼高的由玻璃围成的中庭，以及由玻璃围成的全年均可使用的游泳池和健身俱乐部。饭店还拥有一批会讲多国语言的服务人员。

最近举行的一次由各家中央饭店的总经理的会议上，冉·阿让被告知公司在下一个财务年度的目标之一是要取得12%的投资回报率。饭店当时在现金流上所面临的严重问题，上一财务年度的现金流为负200多万加元。饭店5 000万加元的长期抵押贷款每年需要按照浮动利率支付利息，此外，饭店每年还要支付城市建设税420万加元。

而一笔为期一年的住宿业务意向，则由SKS航空公司寄来。面对饭店稳定的业务收入和利润最大化的不同目标，冉不得不尽快地对这个业务提议做出回应。

SKS航空公司的住宿优惠合同具体内容是SKS航空公司以每晚72加元的价格预订40间客房。冉·阿让面临的问题很简单：是接受SKS航空公司的提议在一年365天内以每晚72加元的价格出售40间客房，还是拒绝这单生意从而以每晚至多185加元的门市价在不确定的时候售出客房？去年，饭店有135天的入住率不低于95%，全年平均入住率为68%，平均日房价为108加元，但是在客房几乎售空或完全售空的时候，饭店通常能够以门市价出售客房。预计今年的情况也会与去年差不多。

就航空公司员工这部分顾客而言，此区域内所有的饭店都是中央饭店的竞争对手。这是因为航空公司一贯以饭店的价格和所在的位置作为挑选饭店的基础，只要饭店达到了舒适及服务的最低标准，那么航空公司就会对其进行考虑。但SKS航空公司倾向于选择靠近购物场所和娱乐场所的四星级饭店，此区域内会有几家饭店对SKS航空公司感兴趣。SKS航空公司依据每家饭店的价格和服务做出最后的决策。冉清醒地认识到，如果他的饭店与SKS航空公司签订了此份合同，那么在明年续签合同时，他将会有较大的谈判优势来提高房价。在饭店业，续签现有的合同总比争取新合同容易得多。

中央饭店的目标市场包括各种形式的公司团体、职业协会和会议组织。SKS航空公司的提议对中央饭店来说似乎是一个不可多得的好机会，因为SKS航空公司不仅能够在一年中为饭店确保每晚40间客房的收入，还会从它们的航班上为饭店带来一些潜在的客户。如果饭店接受SKS航空公司的条件，那么饭店就要在航空公司的人员到达之前准备好干净的客房，还要为机组人员提供催醒电话服务。对于饭店来说，这些都是饭店提供的标准服务，应该没有问题。但是该航空公司飞往欧洲的飞机离开时间较晚，机组人员在下午 4 点~6 点离开饭店前往欧洲，而返航的机组人员有时要在同一天晚上的 9 点~10 点到达中央饭店，这就意味着饭店要安排额外的服务人员在 2~4 个小时内准备好干净的房间。此外，当飞机的日程有变化时，饭店所提供的催醒电话服务也要进行相应的调整。夏季，当饭店内入住许多常客时，这些额外的服务往往会出现问题，因为饭店员工不愿意以牺牲这些支付全价的客人的服务为代价来为机组人员提供额外的服务。

中央饭店与其他航空公司的合作经验证明：航空公司的机组人员在饭店逗留期间，他们的消费比其他的客人要少得多。这是因为他们通常只停留一晚，所以仅仅在食物方面有所消费，每人平均为 15 加元左右。如果机组人员有余暇时间的话，如飞机停飞需要多住几天，他们则会游览城市，因此食物和饮料的消费主要在饭店外的场所进行。

依据去年的房间统计数据，如果接受出价，就会失去饭店的一些常客，损失的客房数相当于全部售时的 105 间·夜和入住率为 97%时的 30 间·夜；食物与酒水的统计数据表明，去年将饭店的宴会排除在外，每间客房的平均食物收入为 33 加元，平均酒水收入为 22.5 加元。

在分析对经营成本可能产生的影响时，中央饭店发现 SKS 航空公司合同中大约有 150 个夜晚需要多安排一名前台服务员工作 8 个小时，支付给该员工每小时平均工资为 12.20 加元，而获得的边际收益为薪资费用的 35%。除了此费用之外，估计每间入住的客房将会有以下可变成本：

整理客房：夜间倒班支付给服务人员的薪水为每小时 10.6 加元，整理 1 个房间需要半个小时。

清洗客房内亚麻制品：每个有客人居住的房间的费用为 1.25 加元。

设施：每个房间的费用为 1.5 加元。

服务项目：每个房间的费用为 2.5 加元。

资料来源：罗伯特·C.刘易斯，[美]理查德·E.钱伯斯. 饭店业营销案例[M]. 大连：东北财经大学出版社，2006：1—3.

作为营销组合中唯一一个能为企业创造价值的因素，同时又是旅游市场营销组合中最灵活的一个因素，旅游企业的决策者和引导案例中的冉·阿让一样，非常重视旅游产品的定价问题。因此，了解影响旅游产品价格的因素、旅游产品定价的方法和策略，将对旅游从业人员从事实际工作有所帮助。

第一节 旅游产品价格概述

旅游产品和其他产品一样，是人类劳动的结晶，旅游产品价格是旅游产品的货币表现形式。合理的价格能够使消费者感受到一种利益，成为激发需求的正面因素。由于旅游产品价格的形成，受到一系列内外因素的制约与影响，因此旅游企业需要根据市场形势的变化及时调整价格。

一、旅游产品价格概念及其构成

旅游产品价格是指旅游者为满足自身旅游活动的需要所购买的旅游产品的价格，是旅游产品的货币表现。旅游产品凝结了人类的一般劳动并具有满足旅游者游览、观光、度假等物质需要和精神需要的使用价值，因而旅游产品在市场中也和其他商品一样要通过交换而表现出自身的价值。

由于旅游者对旅游产品的消费需求形式不同，旅游产品价格表现为两种形式：旅游包价和旅游单价。旅游包价是指旅游者通过旅游产品零售商购买的满足其全部旅游活动所需的旅游产品的价格，包价包括各旅游产品单价之和再加上旅游零售商、批发商的自身经营成本和利润；旅游单价则是指旅游者每次购买的只是旅游活动诸多环节中的某一项或某几项的产品，采取零星购买、多次购买方式的旅游产品价格。

旅游产品能够满足人们物质、精神、生理和心理等多种需求，其价格构成中既包括向游客提供的餐饮的物化劳动成本，也包括旅游从业人员的服务劳动成本。因此，旅游产品的价格应该是在收回生产成本基础上，能补偿经营费用和上缴税金，并有一定的余额作为经营利润。从2008年3月1日开始施行的广东省物价局《旅游价格管理办法》，这一管理办法中的规定进一步明确了旅游产品价格，管理办法中指出构成第六条明确指出：旅游价格由旅游服务经营成本、税金和利润构成。旅游服务经营成本主要包括用于旅游者的交通、住宿、餐饮、游览参观点门票、娱乐、导游、代办证照等其他合理费用。即

旅游价格＝旅游服务经营成本＋税金＋利润

小链接 7-1

广东省物价局旅游价格管理办法(节选)

第一条 为促进我省旅游业的健康发展，构建诚信旅游体系，规范旅游价格行为，维护旅行社和旅游者的合法权益，根据《中华人民共和国价格法》和《关于商品和服务实行明码标价的规定》等有关法律和法规，制定本办法。

第二条 本办法适用于本省范围内从事招徕、组织、接待旅游者业务的各类旅行社。

第三条 本办法所称的旅游价格是指为旅游者代办出境、入境和签证手续，招徕、接待旅游者，为旅游者安排食宿、游览活动等服务所收取的服务费用。

第四条 旅行社旅游价格实行市场调节价，由旅行社按照经营成本和市场需求状况自主制定。

第五条 旅行社制定旅游价格，应当遵循公平、合法和诚实信用的原则，遵守价格法律、法规。

第六条 旅游价格由旅游服务经营成本、税金和利润构成。

旅游服务经营成本主要包括用于旅游者的交通、住宿、餐饮、游览参观点门票、娱乐、导游、代办证照等其他合理费用。

第七条 旅游服务中的交通、游览参观点门票、代办证照等属于政府指导价、政府定价的，应当按政府有关规定执行。

第八条 非统一办理的旅游服务及相关项目，应以旅游者自愿为原则，不得强制服务强

制收费。旅行中增加服务项目需要加收费用的,应当事先征得旅游者的同意。

资料来源:广东省物价局,关于印发《广东省物价局旅游价格管理办法》的通知
http://www.gdpi.gov.cn/jgzc/7432.htm,2007年12月27日

二、影响旅游产品定价的因素

旅游产品的价格确定,要以生产旅游产品或提供服务的社会必要劳动时间为依据,但由于旅游市场供求关系的变化较大,而影响旅游市场供求关系的内部因素和外部因素很多(如图7-1所示),因而旅游产品的定价,一般主要考虑以下因素。

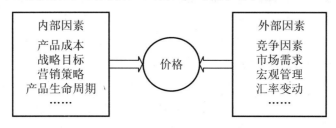

图7-1 影响旅游产品价格的因素

(一)旅游产品成本

旅游产品成本是由产品的生产过程和流通过程所花费的直接成本和间接成本构成的,这两部成本特别是直接成本是旅游企业制定价格的最低限度。直接成本包括人力成本、原材料消耗成本、旅游设施投资成本等;间接成本主要是指旅游自然资源与人文资源的消耗成本。不同的旅游产品,其成本构成也不相同,如果旅游产品的直接成本较大,对旅游产品总成本的影响也就明显。作为有固定设施和营业场所的旅游产品成本,则由固定成本和变动成本两部分组成。例如,酒店的固定成本和变动成本如表7-1所示。

表7-1 酒店的固定成本和变动成本

酒店成本	
固定成本	变动成本
建筑与设施的折旧	食品消耗
建筑和设施的租金	易耗品的维修
固定人员的酬金	水电的消耗

(二)旅游企业战略目标与营销策略

由于所处环境、自身实力、对市场的判断等因素的影响,旅游企业在市场经营中采取的经营发展战略不同,旅游企业采取的经营发展战略不同,相应的市场营销组合策略也不同。

当旅游企业确定其为生存、利润最大化等不同战略目标时,其价格也将随之改变。考虑到旅游企业的战略目标的长期性与稳定性,旅游产品或服务的价格将会在一定时期内保持相对不变。

(三)旅游产品生命周期

由于竞争与需求的原因,处于不同生命周期阶段的旅游产品价格显现出不同的变化趋势。

投放期，竞争者较少，为了快速收回成本，旅游产品价格一般较高；成长期及成熟期，竞争者增多，市场日趋饱和，旅游产品价格稳定在行业的平均价格水平，价格低于投放期；衰退期，竞争对手被市场淘汰或自动放弃，只有少数旅游企业存在，旅游产品价格又呈现稳定。

(四) 市场需求

旅游产品成本决定了产品价格的最低限度，而产品价格的最高限度则取决于旅游消费者的需求程度，因而，旅游企业在对产品定价时必须考虑旅游消费者对价格的理解。市场需求状况包括两方面：一方面是消费者的需求心理及其特征；另一方面是消费者对旅游产品的价值理解。一篇题为《八个有价值的消费者心理》一文，总结出中国消费者与欧美消费者不同的消费心理。例如，中国消费者会在面子心理的驱动下，消费甚至超过自己购买或者支付能力。企业可以利用这种心理，进行定价，获取溢价。对于一些特殊的旅游产品，如世界名人曾下榻过、富有传奇色彩的旅馆，由于消费者往往认为此类理解价值较高，旅游企业可以有针对性地根据市场需求对这种产品进行定价。

(五) 宏观管理

政府为了维护经济秩序，或为了其他的目的，可能通过立法或者其他途径对价格进行管理。政府对旅游市场中旅游产品的价格管理，主要是通过行政、法律，以及货币供给、工资和物价政策等手段来调控和体现。政府价格干预行为主要能够起到两方面的作用：一是维护消费者的利益，防止价格过高形成饭店价格的暴利；二是保障企业的利益，避免恶性价格竞争。例如，当旅游市场中削价竞争加剧而损害了企业的正常利益以及旅游业的效益时，政府就通过制定最低保护价而约束不良的市场行为。

小链接 7-2

国内景点票价"比高"，发改委"急刹"涨价风

黄金周临近，各大旅游景点门票连连上涨。国家发展和改革委员会近日发出通知，要求维护旅游参观点的价格秩序，组织开展交通运输价格检查，集中开展查处零售商业价格欺诈行动。通知要求，各地保持旅游参观点门票价格的稳定，严禁旅游参观点借举办节日演出、庆典活动等名义搭车收费。要组织专人对当地主要旅游参观点的门票、餐饮、商店价格进行巡查，以明码标价为突破口，严厉打击旅游参观点的各类价格欺诈行为。

参照国家发改委今年发出的《关于进一步做好当前游览参观点门票价格管理工作的通知》，票价50元以下的景区一次提价幅度不得超过原价的35%，50元至100元涨幅不得超过30%，100元至200元不得超过25%，200元以上不得超过15%。这些涨价景区的票价涨幅大都在限涨范围内。

业内人士指出，每到黄金周，出游成本都会随着机票、住宿、地接费用的涨价而上升，由于景点门票只占出游成本中的一小部分，加上旅行社拿的是团队价，所以，团队游客对门票涨价的感觉并不强烈。涨价背后的真正原因，是很多景区急切地想提高散客市场的收入。长此下去，如果某些景区景点一味地因想多赚钱而提高门票，很有可能遭到旅行社及游客的抵制。

资料来源：http://finance.sina.com.cn/g/20070426/07591366319.shtml.

（六）汇率变动

汇率是指两国货币之间的比价，就是用一国货币单位来表示对另一国货币单位的价格。由于入境旅游与出境旅游都涉及不同国家货币之间的兑换，因而汇率变动对旅游产品或服务价格的变动有着明显的影响。当本币贬值时，对入境旅游者有利，有益于促进旅游者人数的增加。反之，若旅游目的地国家的货币升值、汇率上升，就有可能造成入境者人数的减少，尤其当旅游目的地的产品或服务的需求弹性较大时，旅游者就有可能转向其他旅游目的地购买、消费同类的替代产品。

小链接 7-3

人民币升值助推暑期出境游

沪上旅行社人士认为，在人民币升值的推动作用下，预计今年上海暑期出境游将呈现井喷之势。在此背景下，更多人愿意选择自由行前往心仪的目的地，除观光外，一个重要目的就是自主购物。

目前，大部分出境旅游目的地都使用美元交易，人民币升值，将使这些目的地的旅游报价相对便宜。据了解，今年暑期客人的出行意愿普遍较强，美国、澳大利亚、新西兰等长线自由行的报名时间比去年提前了大约 1 个月，东南亚报名时间比往常提前 2 周。

资料来源：http://news.163.com/10/0628/08/6A8JJU5300014AED.html.

（七）竞争因素

随着旅游企业之间竞争的加剧，旅游产品竞争对产品的定价有很大的影响，竞争越激烈，对定价的影响就越大。在竞争激烈的市场中，企业没有定价的主动权，只能被动地接受市场竞争中形成的价格，甚至为了生存进行削价。据国家旅游局发布的《2011 年中国星级饭店统计公报》表明，到 2011 年年末，全国共有星级饭店 11 676 家，行业内竞争日益加剧，为了获得高客房出租率，削减房价成为一种常用的竞争定价方法，竞争的后果会导致房价偏低。

三、旅游产品定价的目标

旅游产品在定价之前必须首先确定定价目标。定价目标是旅游企业营销目标的基础，是企业选择定价方法和制定价格策略的依据。例如，四季饭店定位于豪华饭店、红屋顶定位于汽车旅馆，这些不同营销定位与目标，就决定着旅游产品的定价目标具有多样性。

1. 以维持生存为目标

在产品投放期或经济衰退阶段，同其他企业一样，旅游企业生存比赢利更为重要，经营中的最低目标就是在市场竞争中维持生存。基于这一最基本的考虑，企业定价有其保本点，这一价格可以使企业处于不亏和不盈的状态。以饭店为例，由于产品具有不可储存性，因此，饭店产品不存在最低价格。例如，房价为 100 元/天，保本点为 60 元/天，降低为 50 元/天，卖不出去每天亏60元，卖出去每天只亏10元。于是在产品供过于求时，许多饭店采取这项目标，削价竞争便是典型反映。当旅游企业处于竞争比较激烈的市场中，这种以生存为目标的低价方法可能引起恶性的竞争、也可能因竞争者营销计划的完备而使企业自身陷入被动。

2. 以获取理想利润为目标

以获取理想利润为目标是指旅游企业期望通过制定较高价格，迅速获取最大利润为定价目标。例如，餐饮企业通过高价格获得高利润，以增强其生存力和竞争力，使其能在市场中较好地实现旅游产品的价值，取得尽可能多的利益。一般说来，此类企业的产品或服务多处于绝对有利的地位，由于消费者的拒绝、竞争者的增加、替代品的产生等因素，这种价格水平很有可能很快降至平均水平。因此，尽管以获取理想利润为目标，旅游企业的定价着眼于长期的理想利润，兼顾短期的理想利润。如果企业只顾眼前利益而一味地追求最高利润，必将使企业信誉受到损害而难以发展，最终有可能使企业的短期利润也无法实现。

3. 以保持和扩大市场占有率为目标

这里所说的市场占有率是指旅游销售额或营业收入在同行业中市场销售总额或营业总收入中所占的比例，旅游企业从占领旅游市场的角度来制定旅游产品的价格。一般来说，在占有率既定的情况下，为了维护或提高市场占有率，要运用低价格策略。

由于市场占有率与规模生产相互依存，因此一些实力雄厚的企业会将市场占有率作为定价的指导原则。在这一目标指引下，先以低价渗透目标市场，随着市场占有率的提升，再提高价格。例如，马里奥特曾在澳大利亚的金色海岸开办了一家度假饭店，最初定价为99美元，随着低价创造的需求量上升，6个月后该饭店的价格上涨了一倍。

4. 以稳定市场价格为目标

为了增加市场的稳定性，实现整个行业的稳定健康发展，拥有充分后备资源且打算长期经营的企业，在市场竞争和供求关系较为正常的情况下，往往将价格稳定在一定水平上，不轻易加以变动。激烈的价格竞争常常使企业之间两败俱伤，虽然从短期看可能会给旅游消费者带来一定好处，但是破坏了正常的市场供需平衡，因而经营同一种或同一类旅游产品的主要旅游企业，相互默契地制定较为稳定的价格，以消除价格战。采用这种价格目标的一般是规模较大、实力较强的旅游企业。

5. 应对与避免竞争目标

不同的定价方法可以达到应对与避免竞争的目标，对于实力较弱的旅游企业，可以采用与竞争者价格相同或略低于竞争者价格出售产品的方法；对于实力较强、又想提高市场占有率的企业，可以采用低于竞争者的价格出售产品的方法；对于实力雄厚、拥有核心竞争优势的企业，可采用高于竞争者价格出售产品的方法。这些不同的定价只要能够适合旅游企业，能够应对竞争者，都是值得推荐与采用的。

第二节 旅游产品定价方法

一、旅游产品定价的主要方法

(一) 成本定价法

成本定价法是指以旅游产品的成本为主要依据，综合考虑其他因素而制定价格。由于旅游产品的成本形态不同，以及在成本基础上核算利润的方法不同，成本导向定价又可分为以下几种具体形式。

1. 成本加成定价法

成本加成定价法是指在产品成本的基础上，加上预期利润的百分比，作为产品的销售价格，售价与成本之间的差额即为利润。由于利润的多少总是以几成的形式出现，因此人们习惯上称这种比例为"几成"，这种方法就称为成本加成定价法。

这种方法简化了定价工作，有利于企业开展经济核算，广泛应用于制定旅行社产品、饭店食品和饮料等产品的价格。但是采用这种定价方法如果出现产品销售困难，则预期利润率也很难实现。成本加成定价法在具体应用中又可分为两种方法。

(1) 总成本加成定价法。总成本是旅游企业在一定时期生产经营产品时的全部费用支出。按照不同费用在总成本中的变动情况，又可分为固定成本和变动成本两部分。因而单位产品成本加上一定比例的利润，就是单位产品的价格。用公式表示为：

$$单位产品价格 = 总成本 \times (1 + 预期利润率) / 预期产品数量$$
$$= (固定成本 + 变动成本) \times (1 + 预期利润率) / 预期产品数量$$
$$= 单位产品总成本 \times (1 + 预期利润率)$$

(2) 变动成本加成定价法。这种方法是以单位产品变动成本作为定价依据和可接受价格的最低界限，一般在旅游企业之间相互竞争十分激烈时采用较为合适，尤其在产品必须降价出售时对企业的定价是比较有效的。只要产品的销售价格不低于变动成本，说明生产可以维持，若产品出售价格低于变动成本，则表明生产越多企业亏损越大。这种定价方法用公式表示为：

$$单位产品价格 = 总变动成本 \times (1 + 目标利润率) / 预期产品数量$$
$$= 单位产品变动成本 \times (1 + 目标利润率)$$

2. 投资回收定价法

旅游企业在开发旅游产品或增加服务项目要投入一笔数目较大的资金，且在投资决策时总有一个预期的投资回收期，为确保投资按期收回并赚取利润，企业要根据产品成本和预期的产品数量，确定一个能实现市场营销目标的价格。所确定的这个价格在投资回收期内不仅包括了单位产品应摊的投资额，也包括了单位产品新发生或经常性的成本费用。如以投资回收法计算饭店客房价格公式为：

$$单位客房每日价格 = 单位客房年经营费用 / (年经营天数 \times 客房平均利润率)$$

3. 目标效益定价法

目标效益定价法是根据旅游企业的总成本和估计的总销售量，确定一个目标收益率，作为定价的标准，这种定价方法用公式表示为：

单位产品价格＝(固定成本总额＋变动成本总额＋目标利润)/产品数量

目标效益定价法在饭店业应用较为广泛，千分之一法和赫伯特定价法是饭店制定房价时经常使用的两种目标效益定价法。

千分之一法，又称客房经验定价法，是指饭店建筑所需投资通常占其总投资 60%至70%，因此饭店的房价与造价之间有着直接的联系，许多人认为饭店要想获取利润，房价就应占造价的千分之一，房价的计算公式为：

每日客房平均价格＝(建造成本总额/客房间数)/1 000

建造成本总额包括酒店开业前的各项支出；如建筑成本、设施设备购置费用、人员招募等费用。

赫伯特定价法由美国饭店和汽车旅馆协会主席罗伊·赫伯特(Roy Herbert)主持发明。它是以目标收益率为定价的出发点，要求在客房成本计算的基础上，并在保证实现目标利润的前提下，根据计划的营业量，各项费用支出及所需得到的利润计算确定客房价格。

小链接 7-4

赫伯特定价法的计算步骤

(1) 确定总投资额。

(2) 确定目标收益率，并计算目标收益，即目标收益＝(1)×目标收益率。

(3) 估计折旧、税金、保险费。

(4) 估计管理费用、营业费用、水电能源及维修保养费用。

(5) 计算饭店经营总收入＝(2)＋(3)＋(4)。

(6) 估计其他部门的利润。

(7) 计算客房应得利润＝(5)－(6)。

(8) 估计客房经营费用。

(9) 计算客房所得收入(7)＋(8)，即客房所得收入＝目标收益＋饭店管理、营业费用－其他部门利润＋客房经营费用。

(10) 计算客房年出租间天数：计算平均房价＝(9)/(10)，即客房总收入可供出租房间数×365×年均出租率。

资料来源：刘德光，陈凯，许杭军. 旅游业营销[M]. 北京：清华大学出版社，2005：202.

(二) 需求导向定价

需求导向定价是指以旅游产品的市场需求状态为主要依据，综合考虑旅游企业的营销成本和市场竞争状态而制定或调整产品、服务的营销价格的方法。由于与市场需求相联系的因素较多，并且旅游企业对这些因素的重视程度不一，具体的定价方法就多种多样。

1. 习惯定价法

习惯定价法是旅游企业依照长期被消费者接受和承认的已成为习惯的价格来定价的方

法。某些旅游产品在长期的购买使用中，旅游消费者习惯上已经接受了这种产品的属性和价格水平，因而企业在从事新产品、新品种开发之际，只要产品的基本功能和用途没有改变，消费者往往只愿意按以往的价格购买旅游产品，经营此类产品的旅游企业不能轻易改变价格，涨价会影响产品的市场销路，降价会引起消费者怀疑产品的质量。例如，一些地方土特名产、名小吃及旅游小工艺品等价格确定，往往是由消费者习惯认定的。

2. 认知价值定价法

认知价值定价法是旅游企业根据消费者对旅游产品价值的感觉、理解而制定价格的方法。旅游企业可以利用市场营销组合中的广告宣传、附加产品等因素来诱导消费者，使其对旅游产品有一种评价或认识，并进行粗略的"心理定价"，旅游企业通过准确测定该产品在消费者心目中的定价水平，制定出一个与消费者理解和认识相符合的价格。可见，深入细致的调查研究是认知价值定价法成功的关键。

小链接 7-5

建立旅游产品认知价值的方法

假定现在某旅游消费者需要外出度假，有 A、B、C 3 个旅游景点可供选择，他便可以从风景优美程度、服务周到程度、安全程度，以及其他配套设施等不同属性指标予以评价。每个属性指标 3 个景点总计 100 分，按不同比例分配给 3 个景点，消费者对上述 4 个属性指标的重要性会有不同的看法，评价结果见表 7-2。

表 7-2　3 个景点的指标评价表

重要性指数	属性指标	旅游景点		
		A	B	C
0.40	风景优美程度	45	30	35
0.30	服务周到程度	50	35	40
0.20	安全程度	40	40	30
0.10	其他配套设施	35	35	25
1.00	认知价值	42.5	28	29.5

A 景点认知价值：$0.4\times45+0.3\times50+0.2\times40+0.1\times35=44.5$。
B 景点认知价值：$0.4\times30+0.3\times35+0.2\times40+0.1\times35=34$。
C 景点认知价值：$0.4\times35+0.3\times40+0.2\times30+0.1\times25=34.5$。

可见 A 景点享有较高的认知价值，B、C 则较低，若各自按认知价值定价，都能享有一定的市场份额。

资料来源：刘德光，陈凯，许杭军. 旅游业营销[M]. 北京：清华大学出版社，2005：210.

3. 差异定价法

差异定价法是根据旅游消费者的需求程度和对产品价值的认识，将同一旅游产品订出多种价格，以便运用在不同的细分市场上。制定出不同价格的依据主要有以下 3 种情况。

第一，消费者不同。旅游目的不同的消费者类型会给企业带来不同的利益，针对不同

的消费者实施不同的价格可以增加企业的营业额。如果一个无预订的散客进店，饭店给出的是门市价；而业务单位介绍来的客人，由于业务单位给饭店带来持续而稳定的客源，饭店给客人的就是优惠价或折扣价。

小链接 7-6

埃及：挂靠旅游看"人"定价

世界文明古国埃及拥有丰富多彩的文化遗产和历史古迹。旅游业是埃及四大外汇收入来源之一，每年700多万名外国游客给埃及带来约40亿美元的收入。埃及博物馆也是各旅行社行程单上重要的景点。

埃及博物馆每天要接待上万名游客。这里是世界上最著名、规模最大的古埃及文物博物馆，收藏了古埃及从史前时期至希腊、罗马时期的雕像、绘画、金银器皿、珠宝、工艺品、棺木、石碑、纸草文书等共30余万件，大多数展品年代超过3 000年。其中图腾卡蒙法老墓葬展室中近5 000年前的纯金棺和法老木乃伊金面具是古埃及文物中的极品，尤为珍贵。

此外，埃及对于不同人群实行不同的票价标准，本国人参观博物馆的门票价格仅为游客的1/10，甚至是1/20，学生和儿童的门票价格为成人的一半，残障者及老年人则可享受免票待遇。在埃及博物馆，本国成人门票价格为2埃镑(相当于2元人民币)，外国游客则高达40埃镑；本国人游览金字塔需要1埃镑，外国游客要花费20埃镑。而在博物馆门票公示牌上只有针对外国人的价格，"本国人都知道他们的票价与外国人不同，所以会主动询问。"售票人员解释说。

据业内人士介绍，埃及对本国人和外国人实行差别如此之大的票价是因为定价的出发点不同：向本国公众开放旅游景点是一项公益事业，是为了让国民更好地了解祖国的灿烂文化和悠久历史，从而激发他们更强烈的爱国心；对外国游客收取相对较高的门票费用则是为了赚取旅游收入。

资料来源：云南日报网 http://www.yndaily.com，2008年3月26日。

第二，地点不同。旅游热点城市与冷点城市会出现同一产品价格不同的差异，如同一集团的饭店，因其所在的地理位置不同，定价会有所差异。

第三，时间不同。例如，佛山市物价局规定，旅游业客房旺季价格，"按星级(相当类型)允许企业在标准双人房协调价的基础上上浮50%以内自行确定房价；淡季，按星级(相当类型)允许企业在标准双人房协调价的基础上下浮20%以内自行制定最低限价"。

(三) 竞争导向价格

这种定价方法通过研究竞争对手的产品价格和服务质量，以竞争者的价格为基准点，确定同类产品价格的方法。这种定价方法的特点是，竞争是定价考虑的中心，除非市场需求或成本因素的变化引起了竞争者价格的调整，否则不对其做出反应。

1. 率先定价法

旅游企业因其实力雄厚或产品独具特色，结合自身的市场定位，率先制定具有竞争性的价格,以吸引并拥有占领市场的优先权。若价格符合市场供求需要,能够在竞争中获取较大收益。例如,厦门翔鹭国际大酒店率先将客房降价为一间498元,这一价格的推出反响不错,这种针对团队客的定价方式会对厦门高星级酒的整体价格有影响。

2. 随行就市定价法

旅游企业根据同一行业的平均价格或其直接竞争对手的平均价格来制定自己的价格,可以较好地避免正面的价格竞争。在竞争对手众多的旅游产品市场,价格稍有出入,消费者便会涌向价廉的产品。由于平均价格易被旅游消费者接受,同时保证企业获得与竞争者相一致的利润,因此随行就市定价法在竞争态势不明朗、缺乏较强竞争力的情况下易于避免竞争,帮助旅游企业保持市场份额。

二、收益管理定价方法

旅游企业传统的定价方法依据利润、成本、竞争或需求,而收益管理采用的是新的差异定价方法。

收益管理也称产出管理,它主要通过建立实时预测模型和对以市场细分为基础的需求行为分析,确定最佳的销售或服务价格。其管理思想是在对需求进行准确预测的基础上对市场进行精确的划分,并以收入最大化为目标,对价格进行动态调整。价格细分采用了一种客户划分标准,这种价格划分将那些愿意并且能够消费得起的客户和为了使价格低一点而愿意改变自己消费方式的客户区分开,最大限度地开发市场潜在需求,提高效益。据美国华尔街日报报道,价格和收益管理将是21世纪最重要的和回报率最高的边缘产业之一。

收益管理最早源于航空业,20世纪80年代后期被引入饭店业。饭店具有很强的时效性,如果饭店的客房在某一天没有入住,该客房当天的收益就为零。饭店的管理者为了防止这种情况发生,决定进行客房的预订。而客房预订时,饭店的管理者又不得不面对着许多的不确定性,如多少客房可以被用来预订?在不同的提前期里应该接收多高折扣的预订?如果运用得当,收益管理系统可以解决饭店管理者的这些苦恼,它既能使旅游者在营业淡季时获得低价位,也能保证在旺季将客房留给那些愿意支付全价的商务客人。

在酒店业,由于收益管理系统对公司决策和创利的巨大影响,世界许多著名酒店集团,特别是欧美的主要酒店集团管理层先后建立了专门的收益管理部门,并配置了能进行大量数据分析和实时优化处理的计算机系统。

小链接 7-7

收益管理系统在饭店的应用

1. 收益管理系统在美国宾馆饭店的应用

宾馆饭店是继航空客运业之后最先成功开发使用收益管理系统的行业。收益管理系统的开发使用,不仅帮助宾馆饭店的经营管理者们迅速、准确地做出各种决策,同时也使宾馆饭店的总收益获得极大的提高。马里奥特国际饭店最先开发使用收益管理系统。其董事长兼首席执行官比尔·马里奥特曾说:收益管理不仅为我们增加了数百万美元的收益,同时也教育了我们如何更有效地管理。

一般来说，不同的宾馆饭店由于其各自的市场定位、宾客来源、管理理念及控制机制的不同，其开发使用的收益管理系统也各有差异。但是，这些收益管理系统均具有两大共同功能：需求预测和优化控制。需求预测功能准确地预测未来游客需求及客房供给的情况，使得管理者们对今后的市场变化有个较为清晰的认识。该功能在分析宾馆饭店有关以往客房预订的历史资料及当前游客预订的情况后，正确估计出未来每天的游客需求和空房的供给。优化控制功能制订了最佳房价并推荐最佳空房分配的方案，以供管理者们决策参考。这些最佳房价与最佳空房分配方案的制订，是在以持续增长宾馆饭店总收益为目标，并依据游客需求与客房供给的预测及考虑其竞争对手的情况下，通过建立和分析复杂的数学模型而获得的。最佳房价包括了每天各个时段不同房间的价格。最佳空房分配方案则动态地调控每日不同时段各种空房供给的配额。

2. 收益管理系统在我国宾馆饭店的应用前景

收益管理系统不仅能保证决策的科学性和准确性，还大大地减轻了管理者决策的工作量，更重要的是，它能持续为宾馆饭店增加额外的财富。收益管理系统能否在宾馆饭店成功应用，主要取决于两个因素：宾馆自身信息系统的完善程度和各管理层对应用收益管理系统的重视程度。

随着计算机应用的日益普及，我国许多中、高档宾馆饭店已先后建立并逐渐完善了各自的信息管理系统。这些信息系统主要是为管理客人预订和客房分配而设计开发的。所收集信息的完备与否直接决定了所要开发的收益管理系统质量的好坏。收益管理系统仅仅是一种计算机辅助决策的管理工具，它能否充分发挥其功能则完全取决于从上到下各个管理人员对其有力支持。由于人们往往习惯于原有的思维和管理方式，从怀疑到接受收益管理系统需要一个学习和适应的过程。随着人们对系统的日益深入了解，管理者和管理系统能够充分互动，相辅相成，把机器的客观精确性与人对突发事件处理的灵活性有机地结合起来，进一步扩大系统的功能，并创造更大收益。

资料来源：郭强. 饭店管理原理与实务[M]. 北京：中国旅游出版社，2007：302—304.

收益管理定价方法具有一定的适用特征。

第一，产品或服务过时后没有任何价值。例如，饭店产品特别是客房具有时效性，销售不出去即不能为饭店带来收益，是一种极度易逝的、不可储存的商品。

第二，相对固定的运作能力。旅游企业多为产能约束性企业，即需要高固定成的投资，如餐饮企业、旅游景区、航空公司。这些相对固定的运营和承载能力，决定了旅游企业不可能随时扩大生产能力。

第三，细分市场的能力。旅游企业必须有能力识别与管理不同细分市场，并按照不同顾客对价格敏感度的不同，提供不同价格服务。

第四，需求波动较大。旅游企业由于其产品的周期性与季节性，需求波动性较大。需要通过对需求的预测，这种定价方式可以平衡需求、增加收入和利润，通过折扣吸引对价格敏感的消费者，通过提价对价格不敏感的消费者增加收入。

第三节 旅游产品定价策略

明确了旅游企业定价目标及定价方法后，旅游企业还要灵活地运用定价策略，根据旅游市场的具体情况，使价格适应市场的不同情况，实现企业的营销目标。一般来说，旅游企业的产品定价策略主要有新产品价格策略、心理价格策略、折扣价格策略、招徕价格策略和区分需求价格策略等。

一、新产品价格策略

旅游产品的最初投放阶段，旅游企业应从市场需要和该阶段产品的特点出发，有针对性地进行价格调整。新的旅游产品能否获得旅游消费者的欢迎，其定价策略起着十分重要的作用。

（一）撇脂定价策略

撇脂定价策略是在新产品刚刚进入市场的从优采取高价投放策略，以便迅速收回投资，取得丰厚利润。这种定价策略适用于特色鲜明、垄断性强、其他企业难以仿制或开发的旅游产品。

撇脂定价策略的优点：第一，可以使饭店前期投资迅速收回；第二，为后期产品降价创造了条件；第三，提高自身的身价，树立企业的良好形象。不足之处：第一，高价一旦被消费者抵制，难以打开市场，导致投资难以收回；第二，高价厚利容易导致竞争对手增多，加剧市场竞争。因此，这种价格策略一般不宜于长期使用，只能是一种短期价格策略。

（二）渗透价格策略

渗透定价策略是指企业在推出新产品时，在产品价格的可行范围内尽可能地制定低价，吸引大量的消费者，利用价廉物美迅速占领市场，取得较高的市场占有率。

旅游企业以较低的价格渗透市场，这样一来，就有利于增加旅游产品的销售量，尽快地为企业获得较大的市场占有率。同时，使用这种办法的企业也便于阻止竞争对手的介入，并有利于自己对市场的控制。渗透定价策略的不足之处：第一，较低的定价，在短期内可能无法获得足够的利润；第二，价格变动余地小，不利于新产品后期降价；第三，价格较低，有可能被认定为不正当竞争，影响企业的形象与发展。渗透价格策略可以作为一种长期价格策略，适用于能尽快大批量生产、特点不突出、易仿制、技术简单的新产品。

（三）满意价格策略

满意价格策略是一种折中价格策略，它吸取了上述两种定价策略的长处，采取比撇脂价格低但比渗透价格高的适中价格，既能保证旅游企业获取一定的初期利润，又增加消费者购买的满意度，因而这种价格策略确定的价格称为满意价格。

二、心理价格策略

心理价格策略是利用旅游消费者对旅游产品的心理反应进行定价，刺激消费者购买旅游产品或服务的策略。

（一）尾数定价策略

尾数定价策略是指饭店定价时有意保留产品价格的角分尾数，一般消费者往往认为尾

数价格是经过精密计算确定的,因而产生一种真实感、信任感,从而有利于扩大销售。一般来说,尾数定价策略主要适用于相对低值的旅游产品,提供的系列产品差价不应过大,要给旅游者留下价格合理的感觉,否则旅游者就有可能选择低价产品。另外,尾数定价策略还可以迎合数字对不同国家消费者的心理象征意义,促进旅游产品的销售。

(二)整数定价策略

与尾数定价策略相反,旅游企业有意识地将产品价格制定出整数。在整数定价方法下,饭店凭借整数价格给客人造成高价的印象。由于旅游产品丰富多样,对于不太了解的旅游产品,整数价格能够提高产品的身价,往往会使消费者产生"一分钱一分货"的购买意识,从而促进旅游产品的销售。整数定价常常以偶数,特别是"0"作尾数。例如,饭店客房可以定价为 1 000 元,而不必定为 998 元。这样定价的好处表现为:第一,可以满足顾客炫耀富有、显示地位、崇尚名牌、购买精品的虚荣心;第二,方便企业和消费者的价格结算;第三,利用产品的高价效应,在消费者心目中树立高档、高价、优质的产品形象。

(三)习惯定价策略

习惯定价策略是指某类旅游产品的价格在旅游市场上已经形成心理定势,旅游企业需要依据消费者的心理习惯进行定价。例如,城市的民俗游、郊区游、农家乐等旅游产品,消费者熟悉而习惯的心理价位为每天 100 元左右,旅游企业应该将产品定价与消费者的心理预期相符进行定价。

(四)声望定价策略

声望定价策略是指针对旅游消费者"价高质必优"的心理,对在消费者心目中有信誉的产品制定较高价格。当消费者对产品不具有专业性的甄别与选择能力时,往往将高价作为判别产品质量的重要依据。因此,声望定价的高价与性能优良、独具特色的名牌产品比较协调,更易显示出产品特色,使全企业的产品给消费者留下优质的印象或使消费者感到购买这种产品比较可靠。运用这种价格策略必须慎重,一般性的旅游企业及产品、服务不宜采用。

三、折扣价格策略

折扣价格策略是指在旅游产品的交易过程中,通过对实际价格的调整,把一部分价格转让给购买者,鼓励旅游者大量购买自己的产品或服务,促使旅游者改变购买时间或鼓励旅游者及时付款的价格策略。

(一)现金折扣

现金折扣又称付款期限折扣,即对现金交易或按期付款的旅游产品或服务购买者给予价格折扣。若买方按卖方规定的付款期以前若干天内付款,卖方就给予一定的折扣。如在交易合同中的付款方式上经常有类似"2/15 净 30 天"的字样,这就表示付款期为 30 天,如买方在 15 天内付款,给予 2%的折扣。目的是鼓励买方提前付款,以尽快收回货款,加速资金周转。

(二) 数量折扣

数量折扣是指旅游企业为了鼓励旅游产品购买者大量购买，根据购买数量或金额总数的差异而给予不同的价格折扣。购买数量越大、金额越多、折扣率就越高，这是鼓励消费者大量购买和频繁购买的一种定价策略，也是保持顾客忠诚度的一种有效的方法。数量折扣分为以下两种。

(1) 非累计数量折扣。指消费者一次购买的数量或金额达到或超过一定标准时就给予一定的价格折扣，以鼓励消费者一次性大量购买。

(2) 累计数量折扣。指一定时期内，消费者购买的数量可以相加，当购买数量或金额达到一定量后，可以享受一定比例的价格折扣。在实际运用中，饭店并不给予消费者低价，而是给予一定数量的免费品。

(三) 季节折扣

季节折扣是指旅游企业根据旅游产品的季节性周期，在淡季时给予旅游产品或服务的购买者的折扣优惠。淡季时，由于客源不足、服务设施和生产设备闲置等的情况，为吸引旅游者，增加消费，往往此时旅游企业就制定低于旺季时的旅游产品或服务价格以刺激旅游消费者的消费欲望，如北京各景区的淡季门票是旺季里的50%。

(四) 同业折扣和佣金

同业折扣和佣金也称为功能性折扣，就是指旅游产品或服务的生产企业根据各类中间商在市场营销中所担负的不同职责，给予不同的价格折扣，目的在于刺激各类旅游中间商充分发挥各自组织市场营销活动的功能，这种策略主要适用于必须要借助旅游中间商销售产品的旅游企业。

四、区分需求价格策略

区分需求价格策略是指以不同的价格出售相同的旅游产品或服务的策略，其目的是通过形成数个局部的旅游市场而扩大销售，增加旅游企业的盈利来源。

(一) 时间差价策略

时间差价策略是指旅游企业对相同的旅游产品或服务，按旅游者需求的时间不同而制定不同的价格。利用这种策略的原因是旅游产品在不同时间的需求不同，如旅游产品的淡季、旺季不同价格。

(二) 地理差价策略

地理差价策略是旅游企业以不同的价格策略在不同地区营销同一旅游产品或服务，以形成同一产品或服务在不同空间的横向价格策略组合。利用这种策略的原因是不同地区的旅游消费者对同样的旅游产品具有不同的需求强度。

(三) 对象差价策略

对象差价策略是指旅游企业针对不同旅游者的需要和购买的数量等因素，对同一旅游产品或服务实行不同的价格。采用这种定价策略，目的在于稳定客源，维持旅游企业基本的销售收入等。例如，一些景点在"三八"妇女节对妇女半价优惠。

小链接 7-8

使用对象差价策略的条件

（1）不同类型的消费者必须对价格有不同的反应，即他们对服务的价值有不同看法；

（2）这些不同的细分市场必须是可以识别的，并且存在某种机制能允许对它们进行差别定价；

（3）不存在这样的机会：在某个细分市场中已经以低价购买了产品的人可以转手将产品卖给别的细分市场；

（4）该细分市场应该在足够大的规模值得采用这种定价策略；

（5）采取对象差价策略的成本应该低于由此而增加的收入，这在某种程度上是上面第4条标准的函数；

（6）消费者不会因为差别定价而感到无所适从。

资料来源：菲利普．科特勒等．旅游市场营销[M]．大连：东北财经大学，2006：314．

（四）产品差价策略

产品差价策略是指旅游企业生产经营的产品形式不同、成本不同，但旅游企业并不按照各种形式的产品成本差异比例规定不同的售价。利用这种策略的原因是旅游者需求是多种多样的状态，旅游消费者对旅游产品或服务价格的认可并不完全依据其生产经营成本，而往往与对不同旅游产品或服务的偏好和需要程度联系在一起。

复习思考题

1. 什么是旅游差价？旅游差价在旅游定价中的作用如何？
2. 试述竞争对饭店定价的影响。具有不同市场地位的饭店应当采取何种对策？
3. 某市新建四星级宾馆，总投资1亿元，共有客房400间，预计投资回收期5年。每间客房平均年服务管理费为12 000元。若要定房价为240元/天，则客房年平均出租率达到多少才能保证在5年内回收投资？
4. 新产品有哪些定价策略？它们各适用于什么情况？
5. 案例题。

在激烈竞争中希尔顿饭店的定价策略

拥有600间客房的希尔顿饭店坐落在多伦多商业娱乐区的中心，一条长3.5英里（1英里＝1 609.344米）的地下购物中心步行街连接着希尔顿和主要的商业大厦。饭店的设施包括带有桑拿的室内/外可加热游泳池、健身俱乐部、地下停车场及可容纳1 100人的会议场所。标准的生活设施包括彩色有线电视、AM/FM收音机、新近影片、迷你吧、闹钟、大号床和个人温控客房。饭店内还有三家餐厅和两个会客室。

就是这样一个高档饭店，正面临着经济下滑和饭店业激烈竞争的双重压力，从去年开始，入住率就呈现出下降趋势。在过去的一年里，该市饭店业尽管与同期相比平均房价由118.75 美元攀升至 135 美元，但入住率却由 78%下降至 66%。另外，在该市现有 16 000 间客房的基础上，还将增加 750 间客房，其中 450 间归属于希尔顿以北两个街区新开业的马里奥特饭店。对于金融区内的多数商务旅行者而言，希尔顿占据了更为有利的地理位置。而马里奥特，由于靠近一家主要的购物场所，因而它更有可能吸引旅游者和市区外的人，而不是商务旅行者。

希尔顿在市中心的主要竞争者在冬季都开展了不同的定价方法和促销策略，将客房价格降低了 50%，如表 7-3 所示。

表 7-3 希尔顿主要竞争对手的冬季特价

饭 店	客房价格/美元	包含项目	每日停车费用/美元
希尔顿	109	大陆式早餐	10
喜来登	129	丰盛的早餐	18
威斯汀	99	仅有客房	16
皇家广场	99	咖啡/报纸	17
皇冠广场	109	仅有客房	16

为了确保入住率，寻找为客房定价的更好策略，以应对春季可能到来的激烈竞争，成为希尔顿国际/多伦多饭店的前厅部经理菲利普·斯特拉顿正在思索的棘手问题。

去年秋天、冬天和更多不景气的时期，希尔顿的管理者感到饭店的传统客户(40%的团体、30%的旅游者、30%的个人商务旅行者)并不愿意支付比 125 美元高出很多的房价。管理层决定抢在竞争对手之前降低价格，使其大幅低于门市价。依据不同的住宿条件，单人间的门市价是 149~279 美元，双人间的门市价是 179~299 美元。国际营销办公室和执委会的全体成员都参与了定价，达成的一致结果是冬季特惠期间单人间和双人间的价格均为每间 109 美元。同时还设计了不同的促销组合，如表 7-4 所示。

表 7-4 多伦多希尔顿促销组合

组合名称	日 期	有效期	价 格	服务项目
温暖冬日	1.7~4.15	周一至周日	单人间109 美元、双人间129 美元	热巧克力
联运员工	2.5~5.31	周一至周日	单人间109 美元、双人间129 美元	无
垒球联赛组合	4.13~9.28	仅周五	单人间169 美元、双人间189 美元	两张比赛票

为对付价格战，希尔顿制定了直接预订电话战略，还对希尔顿所有负责预订业务的人员进行了培训。这些人员接到电话后首先要借助一系列的问题确定客人的喜好及可接受的房价。每天，菲利普都在预期入住率的基础上制定最低日价，然后传达给所有的预订人员。他鼓励预订人员在报价时使用门市价，也允许他们报出的价格略低于日最低价，但必须征得管理人员同意。当管理人员不在时，负责预订的人员被授权可以报出预订者要求的较低价格。

2 月，多伦多希尔顿的入住率尽管与去年同期相比下降了 5 个百分点，但在主要的竞争者中，却位居榜首，如表 7-5 所示。

表7-5　2月希尔顿和它的主要竞争对手的入住率

饭　店	客房间数/间	入住率
希尔顿	601	67%
皇冠广场	587	42%
皇家广场	1 438	48%
喜来登	1 398	59%
威斯汀	964	57%

3月末，皇家广场饭店单/双人客房价格降为每间99美元，作为回应，希尔顿的管理者决定放弃原定将春季房价增至125美元的计划，并至少将109美元的价格保持到6月末。

资料来源：[加]罗伯特·C.刘易斯，[美]理查德·E.钱伯斯. 饭店业营销案例[M]. 大连：东北财经大学出版社，2006：111—113. 作者略有改动。

案例分析：

1. 影响希尔顿春季客房定价的因素有哪些？

2. 为了应对春季可能到来的激烈竞争，确保入住率，你认为希尔顿国际多伦多饭店在为客房定价中可以采用的定价策略是什么？为什么采用这种定价策略？

第八章 旅游营销渠道策略

[引导案例]

中国旅游电子商务的蓝海

相对整个中国旅游市场而言，线上旅游所占据的份额不超过15%，大量旅游电子商务组织间并没有出现直接竞争的态势，而是体现为共同蚕食传统旅游市场。目前，国内各种商业模式的旅游电子商务主体兴旺发展，线上旅游市场处于市场培育期，可以断言，中国旅游电子商务市场依然是蓝海一片。

1. 现代旅行社面临的电子信息化浪潮

旅游电子商务是互联网技术生活化应用的一种形式，互联网技术的飞速发展与旅游市场的持续增长为线上旅游提供了丰沃的土壤，也给中国旅游市场带来了剧烈而深刻的变革。

从1996年开始，国际线上旅游市场稳步发展，美国领跑，欧洲紧随其后。2010年美国在线旅游市场前5强的旅游网站占据了在线旅游市场40%以上的份额。新兴的旅游垂直搜索引擎Sidestep、Kayak等表现优异，在全球范围内这些领先的商业模式引来众多效仿者。

在美国等发达国家，在线旅游预订市场拓展迅速，已经接近饱和状态。虽然在线旅游预订依然持续增长，但是其同比增长速度已经相对放缓。2006年在线旅游销售额增长21%，2007年增长了19%。尽管销售增长率将继续放缓，但一直到2010年这一市场仍将保持增长，欧洲旅游市场的在线业务也紧跟美国旅游市场的步伐持续扩容。

2. 中国旅游电子商务市场广阔

虽然东西方的旅行社行业发展道路不同，但依然面临着相似的挑战，其中的核心就是旅游信息化的冲击。据中国互联网信息中心《第25次中国互联网络发展状况统计报告》显示，2009年中国网民数量达3.84亿，较2008年增长28.9%，在总人口中的比例从22.6%提升到28.9%，互联网普及率在稳步上升。

这一部分新兴线上旅游用户体现出不同的特点，中国网上旅行用户具有以下显著特征：25岁以上用户占绝大多数；高学历特征，专科以上(含专科)学历水平用户所占比例占整体网民的30%还要多；网民所在地区集中于华东地区；高收入特征，个人及家庭收入水平大大高于整体网民。随着中国互联网进程的加快，线上旅行的用户群有望进一步扩大。

新兴的在线旅游市场发展势头迅猛，2006年国内网上旅游交易额已达40亿~50亿元人民币，占整个旅游市场的1%；在线旅游的巨大市场空间吸引了众多投资者加入，经营国内旅行业务最大的线上旅游公司——携程旅行网2009年营业收入已达到200亿元人民币，其机票预订份额大概占据国内市场的7%。就利润情况而言，2009年携程旅行网的利润为9 700万美元，据估计，E龙的利润大概占携程的六分之一，去哪儿旅游网大概占携程的十四分之一，此外还有大量小型旅游线上公司，整个在线旅游市场呈现携程一家独大、新兴线上旅游企业蓬勃发展的态势，但相对整个旅游市场而言，线上旅游所占据的整个份额不超过15%，大量旅游电子商务组织并没有出现直接竞争的态势，而是体现为共同蚕食传统旅游市场的态势，线上旅游市场培育期，可以断言，中国的旅游电子商务市场依然是蓝海一片。

就旅游电子商务的组织形态而言，整个在线旅游市场细分为酒店及航空公司旅游供应商在线业务、第三方在线旅游服务商、传统旅游服务商在线业务、在线旅游搜索引擎、在线旅游社区、技术供应商、旅游线上媒体等多种形态。

3. 线上和传统旅行社将各自稳踞市场份额

可以预见的是，在线旅行社不会完全替代传统的旅游代理商，最终两者的市场份额将会相对稳定，这除了传统旅游代理商积极应用旅游信息化技术正面迎接在线旅游分销商的挑战之外，下面两个原因也是导致在线旅游市场增长趋缓的重要因素。

（一）在线旅游市场竞争激烈，多样化的线上旅游服务代理商纷纷出现，渠道竞争激烈，网络广告费用急剧膨胀，意味着在线销售的投资成本日益增高。

（二）旅游发达国家往往是人口老龄化的国家，年纪较大的人群习惯于使用传统的旅游代理分销渠道，而对新兴的技术方式难以接受，这也为传统旅游代理分销渠道提供了重要的客户基础。

从另外一个方面来说，随着大型公司日常商务旅行的增加，处理大量的公司内部商务旅行活动已经成为一项需求日益增长的复杂业务。这个领域需要专业的旅游代理商提供服务，这也是传统旅游代理商新的增长机会，旅游代理商能够根据公司的目标，制订差旅管理计划，实现总体优化；目前有的大型公司已经分化出专门的处理内部商务旅行的职能部门，这也相当于旅游代理的内部化。

线上旅游服务商针对个别的、单次的旅行服务更加具有优势，而在处理复杂、长期的旅行事务方面则逊于传统旅游代理商。由于服务产品的无形性、不可储存性和差异性等特点，导致游客在购买旅游产品时的预期风险感知变大。因此，顾客在购买之前，倾向于更多地收集购买产品的信息。顾客与旅游代理工作人员进行面对面的沟通或者通过电话等形式交流，能够显著降低其对产品消费的不确定因素，增强消费信心。这一优势，是线上旅游无法达到的。

传统旅游运营商正在增强其在线功能，加大网站投资，以应对来自在线旅行商的竞争。同时，传统的旅行社能够提供在当前技术发展背景下不可替代的人性化服务，也拥有稳定的细分服务人群，这是其继续存在的价值和基础。旅游服务的复杂性和综合性，使得传统旅游代理的互动式交流始终存在必要性，在细节性和特殊性问题上，人工服务比自动化服务具有优越性。

资料来源：杨彦锋. 中国旅游电子商务的蓝海[N]. 中国旅游报，2010-06-21(11).

第一节 旅游营销渠道的概述

旅游企业将其生产或开发出的旅游产品进行合理定价后，需要建立畅通而合理的销售渠道将其转移到旅游消费者手中，实现旅游产品的价值和使用价值，与此同时才可能实现旅游企业的经济效益和社会效益,旅游产品从旅游生产企业到旅游消费者的通道即为本章所学习与讨论的旅游营销渠道。

一、旅游营销渠道的概念

菲利普·科特勒指出,营销渠道是使产品或服务能被使用或消费而配合起来的一系列组合的集合。可见,营销渠道包括有形产品或无形产品从企业到最终消费者的全程中各个环节和途径之和。一个完整的商品流通途径如图 8-1 所示。

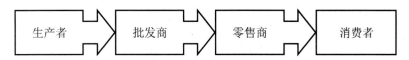

图 8-1 完整的商品流通途径

由于旅游产品与一般实物产品有所区别,具有无形性、不易储存性、生产与消费同步性等特点,旅游产品的营销渠道转移的多为旅游产品的使用权。因此,旅游营销渠道是指旅游产品在转移使用权过程中所经过的各个环节连接而成的通道。这些销售通道包括借助中间商的间接销售途径,也包括依靠自己不借助中间商的直接销售途径。因此,旅游营销渠道的起点是旅游产品的生产者,终点是旅游消费者,中间环节包括各种代理商、批发商、零售商、其他中介组织和个人等。

二、旅游营销渠道的功能

旅游产品借助旅游营销渠道实现了旅游产品从生产者到消费者之间的转移,克服了时间、空间等主要障碍,实现了旅游产品价值的有效让渡。旅游营销渠道主要具有以下的功能。

1. 构建产品销售网络

无论是传统的街边旅行社还是新兴的在线旅游零售商,都构建了一个方便而快捷的旅游产品销售网络,满足了旅游消费者对产品的购买需求和欲望。分布广泛或沟通便捷的销售渠道接近了旅游企业和旅游消费者的空间距离,使消费者可以根据自身的需要选择合适的时间和合适的地点购买到合适的旅游产品。

2. 实现信息传递共享

旅游营销渠道的两个端点连接起旅游企业和旅游消费者,双方的信息快速反馈与准确传递是非常重要的。而旅游营销渠道一方面可以通过内容丰富、设计精美的网页或宣传手册向消费者介绍产品,刺激消费者的购买欲望;另一方面消费者也可以将其需求与建议通过中间商向旅游企业反馈,促进企业不断地改进与完善产品,更好地具备竞争优势。

3. 分散企业经营风险

如果旅游企业只是单一地依赖自身的力量或销售渠道进行产品销售,精力有限、资金有限、客户有限的弊端会使企业经营风险增大。由于旅游中间商可以利用其自身的知识优势与销售优势，增加对旅游产品销售的广度和深度，提高销售量，从而分散销售风险，减轻对旅游企业最终的影响。

4. 简化交易程序

旅游营销渠道在旅游企业和旅游消费者之间起到了桥梁和纽带的作用，一方面可以将形式多样的旅游产品提供给消费者供其选择，为消费者节省时间和精力；另一方面，由于中间商的专业性与程序化，为旅游企业的批量生产与处理提供了可能。

三、旅游营销渠道的类型

与其他产品一样，旅游产品受旅游市场、旅游企业、旅游中间商以及旅游消费者等多种因素的影响，形成了多种多样的销售渠道模式。一般说来，根据不同的分类标准，旅游产品的营销渠道有以下几种类型：

(一) 按是否有中间商划分

根据旅游产品在销售过程中是否涉及中间商划分为直接营销渠道和间接营销渠道，这是营销渠道最基本的划分方式。

1. 直接营销渠道

直接营销渠道是指旅游企业在其市场营销活动中不通过任何中间商直接把旅游产品销售给消费者的营销渠道，也称为零层次渠道，如图8-2所示。

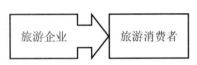

图8-2　直接营销渠道

直接营销渠道的优点是节省了佣金，降低了旅游企业经营成本，使消费者以较低的价格购买到旅游产品。同时，由于企业与消费者的直接接触，双方信息共享有利于企业听取消费者的意见，提高旅游产品质量。缺点是由于营销渠道结构单一，旅游企业接触到的消费者比较有限，使产品的销售量受到影响。随着互联网的广泛应用，利用网络预定这种直接营销渠道的旅游企业正在不断增加，各个企业都在广开思路，通过形式多样的营销方式，提高企业知名度，更大程度地发挥这种营销渠道的优势与竞争力。

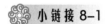 小链接 8-1

希尔顿饭店集团面向公众的电子商务预订

希尔顿集团积极开展电子商务，2000年集团总收入28.3亿美元，净收入27 200万美元，电子商务收入占净收入的 9%。在过去的几年间，利用互联网，希尔顿已成功地推进了客房预订业务，大幅度削减成本。2000年它的所有网站客房预订收入超过3亿美元，是1999年的两倍。而后，希尔顿饭店集团又进行了它的第二次电子商务改革，利用电子商务增强营销能力、拓宽分销渠道、提高预订能力、购买能力和集团内部管理水平。希尔顿集团致力于B2C网络业务，对实施新的多品牌战略十分重要，分析家说：我们看到，希尔顿集团正努力通过一个综合频道推销其所有品牌。

资料来源：杜文才. 旅游电子商务[M]. 北京：北京清华大学出版社，2006：294.

2. 间接营销渠道

间接营销渠道是指旅游企业旅游中间商向旅游消费者出售旅游产品的营销渠道，也称为多层营销渠道。间接营销渠道是目前主要的旅游产品营销渠道方式。由于市场竞争的激烈和业务分工的细化，为了赢得更好的消费者、创造更好的销售额，旅游中间商为旅游企业这些目标的实现提供了可能。

间接营销渠道的优点是可以扩大旅游企业的市场份额，提高企业的知名度，为企业吸引更多的消费者。缺点是增加了企业的经营成本，旅游企业对产品销售的控制能力和信息反馈的清晰度较差。间接营销渠道分为 3 种。

1) 一级营销渠道

一级营销渠道的形式如图 8-3 所示。

图 8-3　一级营销渠道

一级营销渠道具有降低成本、减少开支从而提高旅游企业经济效益的优点，一般适用于旅游饭店、度假中心等。

2) 二级营销渠道

二级营销渠道的形式如图 8-4 所示。

图 8-4　双级营销渠道

二级营销渠道的主要优点是销售区域较大，旅游批发商大量购进旅游产品后，利用产品组合策略对产品进行包装、设计等再销售给旅游零售商，一般适用于度假地饭店、包机公司等。

3) 多级营销渠道

多级营销渠道的形式如图 8-5 所示。

图 8-5　多级营销渠道

选择利用这种营销渠道时，必须注意市场大小及结构的分析，选用一种或若干种营销渠道加以组合使用，同时也要注意调整充实现有的营销渠道，根据自己的需要慎重地选用新的旅游中间商。

(二) 按照中间商的多少划分

根据旅游产品在销售过程中是否涉及中间商的多少和长度划分为长渠道和短渠道。

(1) 长渠道。长渠道是指旅游企业选择两个或两个上以上的多个中间环节来出售产品，这种营销渠道具有覆盖面广的特点，有利于产品的销售。但旅游中间商需要完成大量的营销职能，信息传递慢，流通时间较长，旅游企业对营销渠道的控制较为困难。

(2) 短渠道。短渠道是指旅游企业没有或只经过一个中间商出售产品，这种营销渠道信息传递快，销售及时，有利于旅游企业控制营销渠道。但由于销售规模较小，影响产品的销售范围和数量。

（三）按照营销渠道的宽度划分

根据每个层次的同类中间商的多少划分为宽渠道和窄渠道。旅游营销渠道的宽度，一般是指一个时期内销售网点的多少、网点分配的合理程度及销售数量的多少。由于宽与窄只是相对而言，旅游企业可以根据实际情况加以选择和确定。

(1) 宽渠道是指旅游企业选择两个或两个以上同类中间商进行产品销售，一般化、大众性的旅游产品主要是通过宽渠道进行销售的，通过多家旅游批发商或代理商批发给更多的零售商去进行销售，从而能大量地接触旅游消费者，大批销售旅游产品。缺点是由于中间商较多，使旅游企业管理难度加大。

(2) 窄渠道是指就是使用的同类中间商较少，旅游产品在市场上的销售面较窄的旅游营销渠道。一般适用于专业性较强的或费用较高的旅游产品的销售，如穿越塔克拉玛干沙漠旅游、南极旅游等旅游产品。缺点是市场的销售会受到限制。

（四）按照渠道类型的多少划分

(1) 单渠道是指旅游企业所有产品全部由自己直接销售或全部交给中间商经销，一般情况下，旅游企业生产规模较小或经营能力较强，可采用单渠道销售旅游产品。

(2) 多渠道是指有的旅游企业则根据不同层次或地区消费者的不同情况而采用不同的营销渠道，大部分旅游企业采用多渠道，以便扩大产品的覆盖面，灵活地大量销售自己的旅游产品。

小链接 8-2

中西方旅行社销售渠道现状比较

旅行社销售渠道，是指旅行社通过各种直接或间接的方式，将旅游产品转移到最终消费者的途径。

1. 销售渠道的长度

西方旅行社在销售渠道长度的选择上有更多的广泛性和灵活性。旅游批发经营商在选择渠道的环节上非常的谨慎，它往往根据外部和内部条件制约不断变化的情况，权衡直接与间接销售渠道二者之间的比例关系，并对这种关系可能带来的边际收入和边际成本做出判断。旅行零售代理商的专业化经营为供求双方同时省了市场交易费用。它直接地接触顾客，熟悉市场需求，有丰富的专业经验，有强大的分销系统，能够有效弥合旅游产品服务与旅游消费者在时间、空间方面的缺口，提高旅游业的经营效率。同时直接销售旅行社可以节省占销售收入 10%的代理佣金和维护渠道环节正常运行的成本，还可以直接了解旅游者的信息，调整产品适应旅游需要，凭借先进的信息技术手段建立顾客数据库，延长顾客关系生命周期。因此，大的旅行经营商往往采取直接与间接销售渠道并重的方式来销售旅游产品。

我国旅行社对销售渠道长度的选择比较单一。国际旅游业务一般都是以间接销售渠道为主，主要原因包括：客源国在市场准入方面设置非关税壁垒；旅行社自身资金、技术等内部条件所限；我国旅游产品海外总体促销和知名度不足导致直接销售渠道效率低；试图更多的利用海外中间商的网络优势，等等。在国内旅游业务方面一般都是直接销售渠道，但是分为组团社和接待社两个环节，这与我国地域广阔，旅游业发展比较落后及一些行业历史发展原因有关。

2. 销售渠道的宽度

西方旅行批发经营商面对着范围极宽的零售商渠道选择。旅游批发经营商可以根据自身实力的大小及产品种类的不同而选择较为恰当的零售商。同时实力雄厚的旅游经营商自设零售网点的数量也在逐渐增多。

我国旅行社的宽度选择比较狭窄。国际旅游业务在国外中间商的选择主要有两种：一种是经营许多旅游目的地或兼营输出输入客源业务的大旅行社，这种旅行社经济实力雄厚，商业信誉好，销售渠道广泛。但对我国旅游产品了解甚少，重视不够，促销不利。另一种是专营中国旅游业务的中小型旅行社，一般与我国旅行社合作紧密，对中国比较了解，推销得力。我国国际旅游业务大多依赖这种旅行社。国内旅游业务方面，一些拥有较强实力的旅行社开始注重通过投资、控股、参股等组建子公司或设立分设部门，进行销售网络的扩展。

3. 直销渠道

由于现代信息技术的迅猛发展和旅游批发零售商实力的不断壮大，西方旅行社越来越趋向于直销方式，以直复营销为代表的直接销售渠道具有旅游产品供需双方直接互动接触的特性，它完全体现了以顾客为中心的营销导向，并且对于市场调研、市场细分、市场创新及市场评估来说是一种成本低效益高的手段。

我国旅行社在海外直销方面，通信、电子等直销手段很少使用，设点直销力度和效果也较差。国内旅游产品销售主要是直销方式，大部分旅行社主要是依赖于报纸杂志、广播电视等主要媒体将现有产品告知旅游消费者，试图引起其注意并产生兴趣进行购买。此外还有一些传统的方式包括宣传册、广告、直接邮寄和人员推销等。这些销售形式的相应销售渠道呈现出单一性和相似性，缺乏稳固性和长期性，形不成竞争优势。

资料来源：郑迎红，刘文军. 中西方旅行社销售渠道发展比较研究[J]. 经济与管理，2004，18(5)：63—65.

讨论题：

中西方旅行社销售渠道产生差异原因是什么？请对我国旅行社销售渠道发展提出建议。

第二节　旅游中间商

一、旅游中间商的概念

旅游中间商是指介于旅游生产者与消费者之间，从事旅游产品或服务市场营销的中介组织或个人。由于地理距离和空间距离的存在，为了实现生产者与消费者的相互认知与了解,专门从事旅游需求调研和组织市场客源的中间商具有存在的前提和必要,其中比较典型的是旅游中间商是旅行社。旅行社以旅游路线为主体,与各部门各行业结合,满足旅游者伴随旅游所产生的吃、住、行、游、购、娱等六大基本需求,旅行社将其组织的旅游者委托给各个旅游企业,能否遵守预订的信誉成为旅行社选择旅游企业的首要标准(如表 8-1 所示)。因此,专业的营销中间商既能满足旅游者的物质需求又能满足精神方面的多种需求。

表 8-1　旅行社选择饭店至关重要的因素

因　素	百分比(%)	因　素	百分比(%)
如约履行预订客房的声誉	90	佣金	64
为客人提供良好服务的声誉	83	与特定饭店的打折客房价格	61
托收佣金的便利	77	可通过计算机系统进行预订	48
客房价格	76	与饭店销售代表之间的关系	31
在特定饭店与预订客人成功的合作经验	76	顾客对饭店提供经常性暂住计划的要求	26
饭店预订系统的效率	70%		

资料来源:菲利普·科特勒等.旅游市场营销[M].大连:东北财经大学出版社,2006:336.

二、旅游中间商的类型

(一) 旅游经销商

旅游经销商是指将旅游产品买进以后再卖出的中间商,它的利润来源于旅游产品购进价与销出价之间的差额。

1. 旅游批发商

旅游批发商将单项旅游产品组合成整体性的包价旅游产品,满足旅游消费者对旅游活动中各种旅游服务的需要,旅游产品包括交通运输、住宿餐饮、娱乐服务等。一般来说,旅游批发商往往是一些从事批发业务的旅行社或旅游公司,在经营包价旅游产品时,主要有三方面的职责:旅游线路的策划、旅游产品的推销和旅行团队的组织和管理。旅游批发商通过大量的订购旅游交通运输企业、饭店、旅游景点等企业的单项旅游产品,将这些产品编排成多种时间、价格的包价旅游线路,然后再批发给旅游零售商,最终出售给旅游消费者。

2. 旅游零售商

旅游零售商是指直接面向广大旅游消费者从事旅游产品零售业务的旅游中间商,承担着为旅游消费者提供决策顾问和为旅游企业推销产品的双重任务。旅游零售商的主要职责包括:向旅游消费者提供旅行咨询服务、为其安排各种运输方式的旅行交通、为其安排旅行中的食宿、为不同需求的旅游消费者策划和制定个性化的旅游产品等。由于旅游零售商业务范围与职责的复杂与多变,要求其具有很好的沟通能力和应变能力。除此之外,旅游零售商需要具有市场营销活动的基本素质和管理能力,充分掌握和了解旅游者的消费心理,做好旅游产品的生产和开发、制定合理的价格、加强促销与宣传活动等,以便为消费者提供适宜的旅游产品,实现自身的经济效益和社会效益。

小链接 8-3

在线旅游零售主要形式

(1) 一些旅行社连锁店除了继续经营传统的街边零售店面业务以外，还推出了自己的在线旅游零售，如托马斯·库克(Thomas Cook)。这些旅行社实行的是多种模式的营销策略，包括街边店面及呼叫服务中心。在他们看来，因特网的产生和发展给传统旅游业带来了挑战，而最好的应对方法就是拥有自己的在线服务业务。

(2) 一些旅游组织机构(如旅游运营商和航空公司)通过在线方法销售自己的产品和服务。以 EasyJET 为代表的航空公司正是这种销售方式的倡导先锋。通过因特网，旅游机构可以向顾客直接出售商品，而不再需要旅游中介，这样就减少了旅游代理的中间环节。这种新型的营销方式对于旅游机构来说，无疑具有强大的吸引力。

(3) 一些企业和组织也开始进入在线旅游零售这一领域。虽然在此之前他们并没有参与过传统的旅游业务，但他们已将在线旅游零售视为在线销售市场的一个重要组成部分，并对这块市场寄予了厚望。

资料来源：[英]苏珊．豪娜，约翰．斯沃布鲁克．国际旅游管理案例分析[M]．沈阳：辽宁科学技术出版社，2005：187．

(二) 旅游代理商

旅游代理商，是指那些只接受旅游产品生产者或供应者的委托，在一定区域内代理销售其产品的旅游中间商。旅游代理商的收入来自被代理企业支付的佣金。随着网上旅行市场的发展及旅游代理商佣金的下降，旅游代理商的数量有所下降。但由于旅游代理商直接面对大量的旅游消费者，在其所在地区代理旅游批发商或提供行、宿、游等旅游服务的旅游企业向旅游消费者销售其旅游产品，旅游代理商特别是传统的街面旅游代理商仍受到消费者的认可。

小链接 8-4

Forrester Research 分析师探讨旅游代理商发展前景

以下是分析师对于旅游代理商发展前景的分析。

问：在过去 50 年来，旅游代理商行业发生了怎样的变化？

答：在互联网出现之前，行业完全依赖于书面文件和手动流程。旅游代理商就像古时候的拉比学者一样——他们学识渊博，因为他们可以使用航空公司的预订系统，该系统是用代码形式显示信息的。代理商接受了培训将信息解译，以便用户可以看懂。1994 年，第一批旅游网站上线。如今，学识渊博的是消费者了，我们看到的是"正常"语言显示的信息，不再需要依赖"拉比"学者了。

问：传统代理商如何与网络代理商开展竞争？

答：旅游代理商正向多渠道分销转变。他们创建了网站，并充分利用电子邮件营销和社区媒体的优势。有智慧的代理商不会任由技术将其击败，而是利用技术使自己更强大。有智慧的代理商，已经从签票者转变为服务于不同小众市场的商界人士，如服务于一批特定类型的旅行者或者专注于具体的目的地或邮轮线路。他们说:"我不可能成为百事通,那么哪一个特殊市场领域最适合我呢?

问:代理商行业的前景如何?

答:行业的前景并非完全黯淡,但这也不是任何人都能够致富的行业。我预计,在这一行的经济情况的推动下,将会出现更多传统旅行社的进一步合并。还会继续有零售代理商倒闭,即使是独立的零售商也支付不起某些地方的租金。

资料来源:Miracle 编译. 环球旅讯 http://www.traveldaily.cn 2009-9-22.

旅游代理在向旅游消费者个人提供服务时,主要有以下几种业务:为旅游者提供旅游咨询服务、代旅游者预订、代办旅行票据等业务,这些零售业务的收入主要来自于旅游企业支付的佣金。

三、选择旅游中间商的原则

旅游企业在选择旅游中间商时,应遵循于以下主要原则。

(一) 经济的原则

追求营销活动的经济效益是旅游企业一切营销决策的基本出发点,对旅游中间商的选择自然也应遵循这一原则。首先,将旅游中间商选择所可能引起的销售收入增长同实施这一中间商选择所需要花费的成本做比较,即投入和产出的比例关系;其次,考虑所选择的旅游经销商是否有可靠的偿付能力和履行合同的信誉;第三,考虑营销渠道的营销能力,如果能力较强将对旅游企业经营规模及经济效益产生积极的促进作用。因此,旅游企业在选择营销渠道时应将中间商可能引起的销售收入的增长与其需要花费的成本进行比较,综合衡量和选择,以实现旅游企业最佳的经济效益。

(二) 控制的原则

旅游中间商是否稳定,这对于旅游企业能否维持其市场份额、实现其长远目标是至关重要的。在营销渠道的各个环节中,由于经济利益的原因,无法控制中间商而有可能损害旅游企业的利益,因此利用旅游中间商来进行市场营销,就应当充分考虑所选择的旅游中间商的可控程度。旅游企业为了对旅游中间商进行有效的控制,首先应该考虑双方合作的意愿和诚意,还应建立一系列稳定而科学的分销机制,除此之外,还需要借助法律的力量约束中间商的行为。

(三) 适应的原则

旅游中间商对旅游企业而言,属于不完全可控的因素,因而旅游企业在利用中间商时应讲究适应性,主要考虑以下几个方面:首先为地区的适应性,即考虑营销渠道所在区域的消费水平、人口分布和市场环境等因素与旅游产品的适应性;其次为时间的适应性,即根据旅游产品在市场上不同时期的适销状况,旅游企业采取不同的中间商政策而与之适应;第三即为服务对象的适应性,即旅游中间商的目标顾客与旅游企业的目标市场是否适应。

第三节　旅游营销渠道的管理

旅游营销渠道管理是指旅游企业对现在的营销渠道进行控制、维护和调整，保证其成员之间配合协调、相互合作，使旅游企业和旅游中间商获得应有的经济效益。由于旅游营销渠道有直接与间接之分，客观上旅游间接营销渠道的构成较为复杂，管理难度较大，因而加强对旅游营销渠道的管理，主要是指对旅游间接营销渠道的管理。

一、旅游营销渠道的决策

旅游企业的经营战略、目标市场、市场营销组合策略会随着内外部环境的变化而不断调整，同时，由于旅游企业与旅游中间商相互合作需要经过长期的磨合才能相对稳定下来，因而，旅游产品或服务营销渠道形式的决策，要建立在对市场认真调研、综合分析旅游企业的战略目标和营销因素组合策略的基础上，确定营销渠道目标，然后才能做出相应的一系列决策。一般来说，旅游营销渠道主要需要进行以下几方面的决策。

（一）营销渠道是否需要中间商

如果不采用中间商即为直接营销渠道，如旅游景区直接向消费者销售门票；如果采用中间商即为间接营销渠道，即旅游景区请旅行社代理销售门票。由于旅游产品的最终消费者非常分散，旅游企业往往无力凭借自身单一的力量而建立广阔的营销网络，因而要获取充足的客源，就必须因地制宜，依托多种类型的旅游中间商进行营销工作；同时，由于某些旅游产品的相对固定性，企业本身就是营销的场所，旅游企业可以边生产边销售，利用自己的销售力量或网络来完成。因此，旅游企业大多采用两种营销渠道兼备的渠道策略。

旅游企业是否选择中间商，受很多因素的影响。首先是旅游企业的经营规模和营销实力，资金充裕和实力雄厚的企业可以自设销售网络，反之则会对中间商的依赖相对较强；其次是旅游企业的营销目标，如果企业的目标是扩大声誉、提高市场占有率，选择众多的中间商是有效的。除此之外，旅游产品的数量多少、旅游企业的市场地位、旅游企业的目标市场等也会影响旅游企业的决策。

（二）营销渠道的长度选择

长度即为从生产企业到消费者的渠道中经历的中间层次数量，一般来说，经过的中间环节越多，营销渠道越长。

短渠道由于中间环节少，会给旅游企业和旅游消费者带来方便和利益。一方面，旅游企业能够快速地与消费者之间进行信息沟通，掌握市场的需求与趋势，调整营销策略；另一方面，旅游消费者可以相对便宜的价格购买到旅游产品。随着信息技术的发展，旅游企业可以利用互联网销售自己的产品，从以往依赖较多中间环节的长渠道，发展为只有少数中间环节甚至没有中间环节的短渠道。

（三）营销渠道宽度的选择

旅游企业在选择、确定营销渠道的时候，往往由于各个目标市场情况不一，可能出现多种类型、级别的营销渠道形式同时并存的局面。按中间商数目的多少不同，可以分为密集营销、选择营销和独家营销。

1. 密集营销

密集营销是指旅游企业同时选择大量的中间商经销或代理其产品，广泛地销售产品，充分与消费者进行市场接触的营销行为。例如，我国海南游、华东游等旅游产品通过中国国旅、康辉旅行社和港中旅等大型旅游批发商销售旅游产品。

2. 选择营销

选择营销是指旅游企业在同一目标市场上，选择那些有支付能力、有推销经验以及服务优质的旅游中间商推销企业的产品。例如，美国游、欧洲游等高端旅游产品只通过少量信誉高、专业化的大型旅游中间商销售。使用这种营销渠道，有利于保持产品的形象与信誉，提高企业的经营效益。

3. 独家营销

独家营销是指旅游企业在某一特定目标市场，只选择一家经验丰富、信誉卓著的中间商来推销旅游企业产品，规定中间商不得经营其他旅游产品，旅游企业只能对该中间商进行供货。一些特殊的高价旅游产品常采用这种营销渠道。独家营销有利于旅游企业控制营销渠道成员，不足之处在于灵活性小，不利于旅游消费者的选择购买。

二、旅游营销渠道的评估

对旅游营销渠道进行设计和决策后，旅游企业需要利用评估方法对渠道进行评估和比较。目前比较常用的评估方法有 3 种。

（一）经验法

经验法是指依靠营销经验来判断并选择渠道营销决策的一种方法。虽然这种方法在精确度和科学度方面有所不足，也难以进行定量的评估，但这种方法是营销人员利用营销实战中积累的经验进行评估的方法，经过实践检验，在定性评估方面具有一定的优势。

（二）历史比较法

历史比较法是指旅游中间商将该期销售量与上期或基期销售量、利润率等指标进行比较，从而得到整体的判断与评估。这种方法评估的结果，还要考虑到一些客观的因素，如旅游景区自然灾害、旅游市场淡季、旅游地政治情况等。与定量评估得出的数值相结合，查找原因，从而使评估的结果具有客观性和公正性。

（三）区域比较法

区域比较法是将各中间商的实际销售额与潜在销售额的比值进行排序，分析各中间商的销售业绩。这种横向的比较方法相对比较客观，排除了不同时期客观因素对业绩的影响，具有较好的可比性。

三、旅游营销渠道的冲突

旅游企业为了扩大销售、提高利润建立了营销渠道，虽然渠道中的成员之间具有相互协作与相互依存的关系，也会因为各自角色不同、利益责任不同而发生冲突。营销大师科特勒认为：对渠道无论进行怎样好的设计与管理，总会有些冲突，最基本的原因就是各个独立的业务实体的利益总不可能一致。由此可见，旅游营销渠道冲突产生的根本原因就是渠道中的各成员的利益不同。

小链接 8-5

酒店与渠道商的冲突表现形式

随着自由化市场竞争，在线旅游渠道商的专业服务能力进一步提升，渠道商队伍进一步壮大。2009年中国网上旅行预订运营商收益额为37.4亿元，成规模的酒店渠道商有携程、艺龙、芒果、号码百事通、12580、快乐e行、同程、傲游等。在线旅游渠道商实力的壮大推动了酒店的客房销售，但是，以酒店和机票佣金为主要盈利模式的渠道商也压缩着酒店的利润空间。因此，二者出现矛盾也就不足为奇了。

渠道商"挟顾客"削弱酒店议价能力。在线旅游分销模式之所以能够获得市场认可，最为重要的是渠道商具有强大的旅行者会员资源，而且还在一定程度上弥补了酒店自身分销力量的不足，协助酒店摆脱区域化的营销困境。同时渠道商的出现，推动了酒店行业的内部竞争，有助于酒店行业的整合，提升整个行业的服务水平。但目前由于酒店直销渠道建设的滞后，而渠道商因发展迅速而逐渐强势，酒店与渠道商之间"话语权"之争的矛盾越发凸显。

酒店业成渠道商预订平台"提款机"。凭借庞大的终端用户资源，渠道商在与酒店谈判时拥有较大的话语权，也能够获得较低的采购成本，但是酒店仍需向渠道商支付8%～15%的佣金。此外，由于酒店缺乏对构建直销平台的关注度和相应的构建能力，造成部分酒店过分依赖网络渠道商来推动销售，使酒店供应商失去了"议价权"。国内一些酒店超过10%甚至30%的客源都由携程、艺龙等旅游电子商务网站提供，如果渠道分销商要求提高佣金或进行活动赞助，成员酒店基本会无条件接受。

酒店为渠道商之间的"价格战"买单。2010年3月携程网高调推出"最低价赔付承诺"，被同行质疑是变相"剿杀令"，从而在行业内掀起一轮价格战。从艺龙直指携程的"比你贵、赔3倍"，到游易网直接返佣金的"自杀式袭击"，以及旅游垂直搜索引擎推出的各种招数"教你找到最低价酒店"等，由于自身直销平台缺失，渠道商之间的价格战最终由酒店供应商全部买单，未来渠道商之间的竞争只会更趋激烈，酒店供应商"议价权"将进一步丧失，造成酒店与渠道商矛盾激化。

资料来源：http://finance.sina.com.cn/leadership/mroll/20100603/15558055255.shtml。

（一）冲突的类型

1. 垂直冲突

垂直渠道的冲突是指同一渠道中不同层次间的冲突。由于旅游企业的产品可能需要经

过多种类型的中间商,最后才能到达最终消费者。不同层次的中间商存在着利益关系,某个中间商为了自身的利益而采取对其他中间商不利的行为,这样就会导致冲突。

2. 水平冲突

水平渠道的冲突是指存在于渠道同一层次的成员之间的冲突。例如,某个旅游零售商服务质量低下或是不正当的价格竞争,造成水平渠道的冲突。

3. 多渠道冲突

旅游企业已经建立两个或多个渠道,由于这些渠道都将都一产品推销向同一目标市场而产生相互竞争,因此而出现多渠道冲突。例如,饭店销售产品通过前厅直销、全球预订系统网络销售、旅行社等中间商销售等多种渠道销售。旺季时,如果没有协调好各渠道的预订量,将会引起渠道成员的冲突与不满。

(二) 冲突的解决办法

总体来说,适度的渠道冲突有利于渠道成员之间的竞争,分销渠道会因此而具有活力。但当这些冲突破坏了渠道的正常运行,阻碍了渠道的整体利益时,就需要对渠道冲突进行管理,使之能够平衡地运行。可以采用以下几种方法解决冲突。

1. 目标的设定

某营销渠道组建后,各成员需要通过共同商议或签订协议的方式,使成员制定或遵守一个共同的目标,如扩大市场份额、维持生存或是提高产品市场声誉等。从而统一思想、利益互动,最大限度地减少因目标不明确、实现局部利益最大而造成的冲突。

2. 中间商的选择

有些旅游产品的销售必然有中间商的介入,中间商的营销目标与营销手段直接影响着渠道各成员之间的合作。因此,在选择中间商时,旅游企业应该做认真而慎重的考查,挑选与自己的企业文化和营销观念基本吻合的中间商。通过多次和长期的沟通与培训,为日后的管理和控制打下良好的基础。

3. 制度的制定

完善的规章制度是激励中间商、管理冲突的保障,同时也可以保护中间商的正当权益。同商品的营销渠道管理一样,旅游企业可以制定类似于商品营销的"防窜货"策略,即不允许将旅游产品进行跨区销售,从而制止恶意的价格竞争,形成公平有序的竞争氛围。

复习思考题

1. 试举出几种旅游营销渠道的类型,并说出它们各自的优缺点和适用范围。
2. 若你是一名销售经理,试说明你将如何选择旅游产品的销售渠道。

3. 旅游零售商应怎样处理与旅游批发商和旅游者之间的关系？

4. 旅游中间商在销售渠道中起着什么样的作用？旅游企业要获成功应该如何选择旅游中间商？

5. 模拟一个旅游企业，试制定一份营销渠道选择决策报告。分析说明该企业为什么要选择某种营销渠道。

6. 旅游营销渠道有哪些发展趋势？这些发展趋势会给旅游企业带来什么样的机遇？

7. 案例题。

顺德陈村花卉世界
——宽渠道营销走出中国，走向世界

陈村花卉世界坐落于素有"千年花乡"美誉的顺德市陈村镇，交通便利，距广州20分钟车程，距顺德市区25分钟，距佛山仅几分钟。总占地面积10 000亩，1998年3月动工兴建以来，吸引了海内外来自美国、法国、韩国、泰国、菲律宾、新加坡，以及我国的香港、澳门、台湾等10个国家和地区及国内14个省市、自治区的283家花卉企业在此设立花卉的生产、开发、销售的机构。花卉世界已经成为国内最大的花卉种植基地和花卉交易市场之一，年花卉交易额超过10亿元人民币，是一个集生产、销售、科研、信息、展览、旅游六大功能于一体的花卉交易中心。

经过几年的建设和经营，陈村花卉世界已经成为顺德十大旅游景点之一、被确定为国家星火计划项目、全国农业产业化重点龙头企业、全国重点花卉市场、中国花木之乡、广东省农业现代化示范区、广东省农业龙头企业和广东省高新农业旅游项目。

1981年，首届顺德花市在陈村举办，拉开了陈村花卉产业化发展的序幕。1999年举办广东省首届花卉展销会。2000年举办了第一届陈村花卉世界国际兰花博览会和第十六届陈村迎春花市活动。特别是2001年举办的"第五届中国花卉博览会"，是目前国内规模最大、水平最高的花事盛会。全国31个省、自治区、直辖市和台湾、香港、澳门均派团参加，接待了20个国家的政府代表团，海内外参展的花卉企业和机构达500多家，10天内接待游客达108万人，日游客量最多突破15万人。据不完全统计，花博会期间的新闻作品多达2 000余篇、近200万字，创历届中国花博会之最。2002年举办"全国首届牡丹花展"与第十八届陈村迎春花市。2005年中国国际植物展览会、2006年中国(陈村)国际盆景赏石博览会等均盛况空前。

陈村花卉世界在市场营销渠道的选择上采用了多层次、宽渠道及多渠道的密集分销策略。例如，利用互联网和定期举办专业展会，为花卉业者和旅游者提供展示和信息交流的平台；自办刊物《花卉世界快讯》，为进场的花卉经营机构架起与世界沟通的桥梁，同时花卉世界与国内外重点花卉科研院所及高校建立技术开发协作体系，开展科研项目的委托开发、成果推广等业务。2001年9月，陈村花卉世界在政府的大力支持下，举办了"第五届中国花卉博览会"。陈村花卉世界还以完善的配套设施和优质的服务吸引了300多家海内外花卉企业进驻经营。其中来自美国、法国、澳大利亚、新加坡、韩国、日本等国家和我国的香港、澳门、台湾地区的著名花卉企业占30%，省内企业占40%，引入资金近7亿元，实施了"科技兴花、建立大基地、发展大生产、搞活大流通"的花卉产业化战略。陈村花卉世界的赏花、观花、散客购花的游客主要通过旅行社销售和直接销售的方式，每年有几

十家旅行社定点组团前来观光、购物。宽渠道、多渠道的营销策略选择使陈村花卉世界品牌得到全方位的营销推广，迅速提高市场的认知度和知名度，让陈村花卉世界得以走出中国，走向世界。

资料来源：禹贡，欧阳洪昭.旅游景区景点经营案例解析.北京：旅游教育出版社，2007：1—133.

案例分析：
1. 请分析陈村花卉世界的营销渠道策略。
2. 结合营销渠道的类型，思考旅游景区如何选择有效的营销渠道。

第九章 旅游产品促销策略

[引导案例]

江西开展大型旅游促销活动 旅游形象广告首次境外亮相

5月16日下午,"龙行凤舞赣鄱情,百机百列江西游"大型旅游营销活动在南昌启动。据介绍,此次大型旅游营销活动是一项涉及面广、时间跨度大、内容丰富的超大型、综合性旅游营销活动,是江西省旅游行业主动作为、奋力开拓、锐意进取的又一创新举措,对于进一步提升"江西风景独好"的品牌形象,完成今年的目标任务,推进旅游产业大省建设具有十分重要的意义。

1. 二季度入赣旅游专列将达49列次

记者从活动启动仪式上获悉,江西省旅游局与南昌铁路局合作开发的,集吃、住、行、游、购、娱多种功能于一体的"赣鄱之星"旅游专列将于5月21日首发。近期将开通赣鄱西线之旅(串连庐山、南昌、明月山温泉、武功山)、赣东北之旅(串连庐山、南昌、龙虎山、三清山、婺源、景德镇)和经典红色之旅(串连庐山、南昌、井冈山、瑞金、福建龙岩)三条旅游线路,推出从南昌出发的定期环赣鄱旅游列车。

今后还将开通从上海、广州等客源地定期来赣的"赣鄱之星"旅游列车。届时,"赣鄱之星"将成为串列江西优质旅游景区、独具江西旅游特色的新亮点和新品牌。此外,全省各地也在积极争取开行从主要客源地城市直达景区的旅游专列。据统计,截至5月15日,全省各景区在二季度已经确定的入赣旅游专列数量达49列次。

2. 新增国内旅游航班850个

经多方努力,江西省旅游局与韩国最大旅行商——哈拿多乐旅行社合作引进的韩亚航空韩国首尔往返南昌旅游包机已确定于5月23日正式启航。航班开通后每周飞行2个班次,第一航段(5月23日~8月23日)将有56个航班飞行。

此外,江西省旅游局还与省机场集团及相关航空公司协商确定,在二季度新增南昌—重庆—乌鲁木齐、南昌—赣州—昆明、赣州—北京、西安—井冈山—深圳等多条航班、航线,新增主要旅游航班850班。省旅游局负责人表示要主动对接市场,积极招徕游客,力争做到航线开到哪里,旅游促销队伍就跟到哪里,积极做好新航线的客源组织工作,全力拓展航空旅游客源市场。

3. 形象广告将亮相港台公交地铁

香港与台湾是江西省主要入境旅游客源市场,也是今年江西省境外旅游促销的重点。5月22~29日,江西省旅游局将借"2012年台北两岸观光博览会"召开之机,组织全省各相关设区市旅游局、旅游景区和旅行社在台湾举行江西(台湾)旅游推广周活动。在台期间,将举办大规模的江西(台湾)旅游推介会,台湾旅游同业总会和台湾300家旅行社负责人将与江西旅游业同仁共商赣台旅游合作大计。6月初,在2012年江西(香港)招商引资活动周期间,省旅游局还将在香港举行江西(香港)旅游推广与招商周活

动。活动现场将邀请香港 60 家旅行社和凤凰卫视、东方日报等 20 家媒体参加，江西省旅游局将与香港旅游发展局签订赣港旅游合作协议，江西和香港旅行商及投资商也将签订游客互送和旅游项目合作协议。

为了扩大江西旅游在台湾、香港的知名度，江西省旅游局还将在台北投放为期 3 个月的 200 辆公交巴士车身广告；在香港地铁站(100 幅)、公交候车亭和公交车身及电视、报刊大量投放"江西风景独好"形象广告，投放量达 400 幅左右，投放时间达半年之久。这是江西省首次在境外大规模投放江西旅游形象广告，将极大地推升"江西风景独好"品牌在境外的知名度与影响力。

4. 多项优惠政策惠泽游客和组团旅行社

为配合本次"龙行凤舞赣鄱情，百机百列江西游"大型促销活动，全省 11 个设区市和各重点旅游景区于近期配套出台了一系列优惠政策。宜春市对每趟团队游客总人数在 400 人以上的专列，奖励承办旅行社 1 万元；总人数在 500 人以上的专列，奖励旅行社 15000 元。庐山西海对于 500 人以上的团队专列，一日游奖励 4 000 元，两日游奖励 6 000 元。多个景区还给与参与活动入赣游客免门票或门票折扣的礼遇。

资料来源：http://jx.people.com.cn/n/2012/0517/c190260-17047892.html.

旅游产品促销，就是在旅游产品、价格、渠道确定以后，旅游企业向顾客传递有关本企业及产品的各种信息，说服或吸引顾客购买其产品，以达到扩大销售量的目的。事实上，旅游促销是一种沟通活动，即旅游企业作为信息提供者或发送者，发出作为刺激消费的各种信息，把信息传递到一个或更多的目标对象(即信息接受者，如听众、观众、读者、消费者或用户等)，以影响其态度和行为。常用的促销手段有广告、人员推销、网络营销、营业推广和公共关系。旅游企业可根据实际情况及市场、产品等因素选择一种或多种促销手段的组合。

第一节　旅游产品促销概述

一、旅游产品促销的目标

如前所述，旅游促销是一种沟通活动。因此，其根本目标是达成旅游企业与旅游者的有效沟通。一方面，旅游企业难以完全明了旅游者的需求。他们需要什么旅游产品、何地需要、何时需要，他们对什么样的价格敏感并且愿意接受。另一方面，旅游者不清楚可选的旅游产品，也不清楚这些旅游产品可以从什么地方找到，由谁提供，什么时候提供，可选的价格区间等。可以说，旅游企业和旅游者之间存在着信息的鸿沟。旅游企业不能指望旅游者单独承受并且克服信息鸿沟的压力，而应该以积极的姿态，主动承担并且以合适的方式弥补鸿沟的影响。这种合适的方式就是促销。

旅游企业必须通过沟通活动，利用广告、人员推销等促销手段，把生产、产品等信息传递给消费者和用户，以增进其了解、信赖并购买本企业产品，达到扩大销售的目的。随着企业竞争的加剧、产品的增多、消费者收入的增加和生活水平的提高，在买方市场上的广大消费者对商品要求更高，挑选余地更大，因此企业与消费者之间的沟通更为重要，企业更需加强促销，利用各种促销方式使广大消费者和用户加深对其产品的认识，以使消费者愿多花钱来购买其产品。在旅游产品促销过程中，力图达到以下目标。

(1) 传递旅游产品信息，拉近供需距离。如前所述，旅游产品促销就是通过适当的沟通活动，让旅游者了解旅游产品的有效信息。包括旅游目的地的信息、旅游企业的信息、旅游产品本身的信息、相关条件的信息、和其他旅游企业或产品的比较信息等。通过这种旅游产品信息的传递，激发潜在的市场需求、稳定当前的市场需求，培养旅游产品的忠实客户群。

(2) 提供选择余地，强化优势认知。旅游者对旅游产品的需求集中在求新、求特、求奇等方面。即旅游者总是自觉不自觉地把目标旅游产品放在自己的价值坐标体系中比较。由于旅游产品的无形性，产品之间的比较存在较大障碍。一方面，要促使旅游者合理分类旅游产品，让旅游产品进入选择范围。另一方面，要在比较中强化差别、突出特色、淡化相似或平常之处，使潜在旅游者认识到何种旅游产品更可能带给自己所需的特殊效用和利益，并由此对某种旅游产品形成购买偏好。

(3) 打造强势品牌，占据市场高地。在企业的无形资产构成中，品牌因素越来越重要。有了强势品牌，就更有可能在市场竞争中占据优势地位。而旅游产品消费表现出强烈的无形性和同步性，使得旅游产品对品牌的需求更为强烈。

(4) 引导消费需求，开拓潜在市场。旅游产品的消费更多的是心理体验。通过旅游产品促销，可以创造和引导消费需求。对山水的向往，对文化的诉求，对交往的需要都有可能成为旅游的动机。在条件满足的情况下，会成长为真正的旅游市场。而旅游产品促销，正是在敏锐地察觉这些要求的基础上，促成旅游产品的形成并且传递这些产品的信息，使得潜在市场成长为现实的旅游产品市场。

小链接 9-1

日本"医疗旅游"引申城市民青睐

近日，"治愈之国——日本德岛县魅力推介会"在上海举行。当天，日本德岛县政府观光战略局局长酒池由幸、日本财团法人德岛产业振兴机构上海代表处所长山川诚等出席并现场介绍了德岛县丰富的旅游资源。

德岛县位于四国地区的东部，古时被称为阿波，因山地较多，北部海岸面临濑户内海，东部至南部的海岸面临纪伊水道和太平洋，有"岸边长廊"、"自然的大宝库"等美称。

说到旅游资源，德岛县不但拥有世界三大涡潮之一的鸣门涡潮、堪称四国第一清流的穴吹川、吉野川横穿四国山脉形成的大步危·小步危峡谷、被誉为关西第一的县南部冲浪海岸等瑰丽奇异的自然风景，而且人文艺术魅力也熠熠生辉。每年8月12~15日在德岛市举行阿波舞会("阿波舞"始于400多年前，被称为日本三大舞之一)，参加人数可达到130万人，男女老少涌上街头热情起舞，全城完全化为一片欢乐的海洋。

此外，德岛县对医疗观光的介绍也很吸引眼球。德岛县曾是日本糖尿病的高发地区，因此在糖尿病攻坚领域下了很大力气，目前对于糖尿病的预防、诊断和治疗技术已处于日本顶尖水平。

去年3月，德岛县就曾组织过从上海出发的融糖尿病检查和德岛县观光为一体的医疗观光体验团，接待机构——德岛大学医院先进高超的诊疗设备和完善周到的服务得到了参加者一致的高度评价，德岛县的美食美景也给大家留下了深刻的印象。近年来这种赴国外体检加观光的新型旅游形式也越来越受到国人的关注和青睐。

资料来源：http://www.sh.chinanews.com/PageUrl/2011442146467.html.

正是由于旅游市场的竞争日益激烈，旅游产品的无形性和产销同一性，使得促销在旅游市场营销中，比在其他有形产品的营销中发挥着更加突出而重要的作用。旅游促销预算在大多数旅游发达国家或地区占据重要地位，一般都在旅游总预算的40%以上。

二、旅游促销基本方式及其组合

旅游促销有4种基本方式：广告、营业推广、公共关系和人员推销。一般来讲，旅游企业的促销活动以这4种基本方式为基础，根据自身和市场的实际情况，选择不同的组合而成。

(一) 4种基本旅游促销方式

1. 广告

这里特指商业或经济广告，换言之，就是以盈利为目标的广告，是旅游企业占领市场、推销产品、提供劳务的重要形式，主要目的是扩大经济效益。广告是一种传播工具，是将某一项商品的信息，由这项商品的生产或经营机构(广告主)传送给一群用户和消费者。广告需要相当的资源投入，即需要耗费一定的金钱。广告形式多样，表现力强，通过对文字、音响及色彩的艺术化运用，带有明显的说服性。广告传播面广而且效率高，是有目的、有计划、是连续的；不仅对广告主有利，而且对目标对象也有好处，可使消费者得到有用的信息。

2. 营业推广

营业推广适宜于短期推销。事实上，营业推广是旅游企业为鼓励购买、销售商品和劳务而采取的除广告、公关和人员推销之外的所有营销活动的总称。一般来讲，营业推广分为两种，一种面向消费者，一种面向中间商。面向消费者的包括赠送促销、折价券和抽奖促销等；面向中间商的包括批发回扣，批发津贴等。营业推广在部分实体网点的吸引力较大，激发需求快，能够有效奖励品牌忠实者，巩固旅游企业的市场占有率。但是由于营业推广以实体网点为依托，因此影响面较小，时效较短，过分渲染或长期频繁使用容易引起顾客疑虑。

3. 公共关系

公共关系是指旅游企业为与公众建立良好关系，促进公众对旅游企业的认识、理解与支持。通过树立旅游企业良好形象，促进旅游产品销售与品质提升的一系列促销活动。公共关系的主要特点是情感性强，提倡以真实为基础的双向沟通，可接受度强，可信度高。同时影响广泛，影响时段较长，有利于形成旅游企业或旅游产品的良好印象。同时受限因素较多，设计难度较大。

4. 人员推销

人员推销是指旅游企业通过派出销售人员与一个或一个以上与可能成为购买者的人面对面促销，帮助和说服购买者选择旅游企业，购买某种旅游产品。一般促销手段为交谈或做口头陈述。人员推销的主要特点是非常人性化，针对性强。有利于推销复杂的旅游产品。人员推销可以加速交易进程，往往可在推销后立即成交，也可直接从顾客处得到及时有效的信息反馈，发现并解决旅游产品在消费时及售后出现的问题。但是，人员推销费时费钱，成本高，在主要营销手段中单位成交代价最高。

（二）旅游促销组合

促销组合是指企业根据促销的需要，对广告、营业推广、公共关系与人员推销等各种促销方式进行的适当选择和配合。

旅游促销组合的核心是奉行整体营销观念。所谓整体营销，是指旅游企业的营销活动包含内外部环境的所有重要行为者，其中包括供应商、分销商、最终顾客、职员、财务公司、政府、同盟者、竞争者、传媒和一般大众，营销活动不再局限于部分行为对象的利益和行为模式，而是扩展到企业内部和外部的所有领域。所有人和所有行为都与旅游促销密切相关。在这种理念指引下，企业各部门都应该配合营销部门采取行动争取顾客，树立企业形象。在旅游企业内，应明智地寻求各种促销手段的配合和协调，并与顾客建立稳固的交易关系。因此，价格必须与旅游产品品质一致；促销又应和价格、产品品质和通路一致；各种营销策略必须在时间和空间上协调一致。在促销策略形成过程中，必须考虑推—拉因素的作用。"推"的本质含义是把旅游产品推向市场，体现的是一种强烈的主动性。上一环节主动影响下一环节，说服下一环节采取购买行为，主要手段有人员推销和营业推广。"拉"的本质含义是有效传递旅游产品的效用，让旅游者明确旅游产品能够带来的利益，最终激发旅游者对旅游产品的兴趣和期待，促使其主动向旅游产品中间商要求某种产品或服务。主要手段有广告、营业推广和公共关系。

小链接 9-2

旅游促销组合策略包括推式策略、拉式策略、锥形辐射策略和创造需求策略等。

推式策略，也称从上而下式策略。以人员推销为主，辅之营业推广和公共关系。该策略是要说服中间商和消费者购买企业的产品，通过逐层推进的方式，将产品推向市场终端。

拉式策略，又称从下而上式策略。重点采用广告和营业推广为主的促销手段，辅之公共关系。这种策略目的在于促使消费者向零售商、零售商向批发商、批发商向产品生产商产生购买需求、从下往上层层拉动购买。

锥形辐射策略，是指旅游企业将自身的多种旅游产品排成锥形阵容，然后分梯级阶段连带层层推出丰富多样的旅游产品。这是一种很奏效的非均衡快速突破策略，主要以人员推销和营业推广为主，辅之广告等。

创造需求策略主要用于旅游淡季或不太知名的旅游景区，如举办独具特色的文化节、艺术节等活动吸引游客。可采用以广告为主，辅以人员推销的促销组合。

总之，旅游市场促销策略与企业所采用的以上4个组合策略、产品性质、产品所处生命周期阶段、购买者准备阶段、市场状态、企业实力和促销费用等因素密切相关。面对风云变幻的旅游大市场，旅游企业要想保持创新并不断扩大市场份额和获取最佳经济效益，熟练掌握各种旅游促销策略和旅游促销组合策略显然是非常重要非常必要的。

资料来源：王维克. 论旅游市场促销策略. 新疆教育学院学报，2004年9月.

(三) 影响旅游促销组合的因素

1. 促销目标

目标是旅游促销的基本抓手和首要因素。目标不同，所需的促销手段也就不同。这是因为不同的促销手段，都有各自的适用条件和成本属性。旅游企业必须根据具体的促销目标选择合适的旅游促销组合。

2. 市场状况

旅游市场是促销目标是否能够达成的支撑。不同的文化、风俗习惯、经济政治环境对旅游促销组合的选择有重大影响。在旅游产品受众较多，特征较为一致的情况下，可以选择广告的促销形式，扩大影响面，吸引顾客。而主要通过中介机构接触旅游者时，可以考虑采取人员推销，提升促销的效果，加快交易进程。事实上，市场状况往往影响旅游企业"推—拉"的选择。推动策略要求更多使用销售队伍和贸易促销，通过销售渠道推出产品。而拉引策略则要求在广告和消费者促销方面投入较多，以建立消费者的需求欲望。

3. 旅游产品生命周期

旅游产品一般会经历导入期、成长期、成熟期和衰退期等阶段。在完整的旅游产品生命周期中，由于促销的目标与重点不一样，旅游企业应该根据阶段的不同，选择不同的促销组合。在导入期，投入较大的资金用于广告和公共宣传，能产生较高的知名度。同时，在这个阶段，营业推广可以扩大产品知名度和鼓励旅游者尝试，面向中间渠道的人员推销扩大旅游产品的渠道选择范围。在成长期，应该保持稳定的广告力度，同时逐渐加强公共关系的资源投入，树立旅游企业和相关旅游产品的正面形象。营业推广和人员推销都可以适当减少。在成熟期，可以适当缩减广告的资源占用，而营业推广活动要增强，逐步增强该方面的投入。稳定公共关系方面的投入，稳定公共关系的投入。在衰退期，所有促销活动都应该大幅缩减，仅仅保持少量的提醒性广告费用。

除以上因素外，旅游促销组合还受其他因素的影响。例如，受到促销经费预算的限制。如果经费不足，相应的促销活动也就无法开展。人力资源，管理技巧等也都是影响旅游促销组合的重要因素。

第二节 旅 游 广 告

旅游广告是广告主通过付费的形式通过相关媒体达成促进销售、树立形象的目标。包括报刊、广播、电视、电影、路牌、橱窗、印刷品、霓虹灯、网络、短信等媒介或者形式。

一、旅游广告目标与预算决策

(一) 旅游广告目标的确定

1. 告知

告知主要用于旅游产品引入阶段。告知广告内容必须是说明性的,通过向消费者或用户介绍旅游产品及其内容、价格、服务项目、能够给旅游者带来的利益等,在受众的头脑中注入新旅游产品的信息,促进旅游者对旅游产品产生需求。属开拓性广告。目的在于树立品牌,推出新产品。

2. 提醒

提醒主要用于旅游产品成熟阶段。提醒广告提醒旅游者不要忘记已有的体验经历和产品品质的旅游产品备忘性广告。其目的是保持目标市场对广告所宣传旅游产品的良好印象,刺激重复购买。产品到成熟期后,尤其淡季时需要强化旅游者对旅游产品的印象。这时的广告以提醒为主要目的,以使得旅游者能够记得旅游产品,也提醒顾客购买或享用旅游产品。

3. 说服

说服贯穿旅游产品的整个生命周期。在经过引入期的传播后,企业的某类旅游产品开始越来越多地被受众接受和认识,此时其他竞争品牌开始疯狂涌现,广告的目标在于配合促销、公关等活动以取胜于市场,所以广告目标偏向从无到有的建立起品牌形象和说服受众购买自己品牌的产品。通过做广告,企业可以向旅游者宣传旅游产品的特色和能够带来的利益,使受众对本品牌产生偏好,改变受众对本品牌的态度,鼓励受众转向本企业品牌产品,让品牌拥有市场竞争力,增进顾客重视程度,鼓励重复购买,尽可能地避免与竞争对手的价格战。事实上,这种广告的目的在于建立选择性需求,从需要竞争对手的品牌转向需要本企业的品牌。

(二) 旅游广告预算形成

旅游广告预算内容包括市场研发费、广告创意设计费、广告制作费、广告媒体租金、广告机构办公费及人员工资、广告公司代理费等项目。其中媒体租金占据广告预算的关键地位,通常要占到70%至90%。

常用的广告预算方法如下。

1. 目标达成法

目标达成法是指先树立一定的销售目标,决定达到这一目标所必要的广告活动和范围,然后可以算定充分的广告经费。这种方法符合旅游企业战略要求,但是需要更多的经验和时间。

2. 百分比法

百分比法是以一定期间内旅游产品销售额或盈余额的一定比例,计算出广告经费。以销售额为标准时,根据上年度或过去数年度的平均销售总额,再根据次年度的预测销售总额计算。以盈余额为标准时，根据上年度或过去数年度的平均毛利额，再根据次年度一年间的预定利额计算。这种方法比较简便，容易得出。

3. 竞争标杆法

竞争标杆法是指选择某个提供类似旅游产品的企业作为标杆，比照其广告费绝对额和相关比例，得出自身的广告预算。这种方式比较多地考虑了竞争的需求，贴近市场。

4. 能力基础法

能力基础法是指是指旅游广告预算主要决定于企业的财力大小，量入为出。这种方法比较保守，使用效果很难评说。

二、旅游广告创意决策

旅游广告创意决策的实质，就是为了达到旅游广告的目标，确定旅游广告的内容、制作方式和采用媒体。广告内容的确定和广告形式的确定及传播平台的确定。

(一) 旅游广告内容的确定

旅游产品包含的信息量极大。旅游产品对旅游者的意义，旅游产品本身的内容，旅游产品与其他旅游产品的比较，旅游产品的性价比等信息无论对旅游者还是旅游企业都十分重要。对旅游企业而言，其考虑的基本问题是旅游广告提供的信息是否对旅游者有价值，是否能够突出旅游产品的特色，是否能够给旅游企业带来最大的利益。按照"三个是否"筛选的信息应该包含到旅游广告中。

1. 有价值

旅游广告提供的信息必须对旅游者有价值。或者能够使旅游者得到更多的确定性或安全感，或者能够使旅游者得到更多的心理满足，或者能够使旅游者掌握旅游产品的更多细节。只有这样，才能使旅游广告表现出其应有的价值，而不是可有可无。

2. 有特色

特色是旅游产品脱颖而出的基本点，也是旅游者赖以评价旅游产品的价值标准。旅游广告的重点要放在旅游产品的特色上，突出旅游产品的卖点。或者是山水、或者是文化、或者是亲近的人际关系、或者是无微不至的服务。

3. 有利益

旅游广告的内容应该能保证旅游企业获得确确实实的利益，换言之，旅游广告的利益应该是便于衡量的，应该保证旅游产品对旅游者的价值和旅游产品本身的独特性与他们由于满足旅游者需求而带来的利益密切联系在一起。

(二) 旅游广告形式的确定

广告形式是指把旅游产品载体的功能特点通过一定的方式转换成感官因素，是对广告信息的表达使之更直观地面对旅游者。事实上，就是通过各种广告外在形式的组合运用和具体编排刺激感官，吸引注意力，激发需求。广告形式设计必须符合以下要求。

第一，新颖性。即广告的形式不能因循守旧、墨守成规，应该独辟蹊径，与众不同。应该在尽可能短的时间内突出广告的重点，具有触动他们情绪的刺激力和感染力，使受众对旅游产品产生认识，留下深刻印象。

第二，可理解性。天才的创意需要考虑受众的理解能力，必须容易为广大受众所接受。在进行广告创意时，要善于将各种信息符号元素进行最佳组合，使其具有适度的新颖性和独创性。

旅游广告形式确定的关键点在于"新颖性"与"可理解性"之间的平衡。找到自身创意与广大受众接受理解能力之间的接口。

三、旅游广告媒体选择与效果评估

选择合适的旅游广告媒体，是旅游广告决策的重要内容。旅游企业的目标就是利用合适的广告媒体以合适的形式把合适内容传送给合适的受众。

（一）旅游广告媒体类型及选择

一般而言，旅游广告媒体可分为间接控制和直接控制两种。间接控制主要指付费租用的大众媒体，大部分的印刷媒体、视听媒体、户外广告、邮寄媒体、网络媒体都属此类。直接控制是指旅游企业自主掌握的媒体，包括各类自办宣传物、宣传品等。

无论直接控制还是间接控制媒体，都主要由以下类型组成。

1. 印刷媒体

印刷媒体主要包括报纸和杂志，是最常见的广告承载工具之一。报纸的特点是发行周期短而稳定，信息传递及时，可信度高，时效性强，便于保存，制作简便，可以选择的余地较大。在报纸旅游专栏上刊登旅游广告效果比较理想。杂志的特点是印刷精美，对目标受众的选择性较强。有效期较长，传阅的次数较多。但是信息传递的及时性较差。杂志适合做旅游地、景点和饭店等的形象广告。专业性、行业性的杂志还有利于细选读者群，实现旅游产品市场的细分。

2. 视听媒体

视听媒体包括电视、广播和网络等。电视是重要的广告媒体，主要包括有线电视和无线电视。电视的优点在于受众群体广泛，视觉冲击力强和良好的品牌关联。缺点是费用昂贵，对目标受众的选择性差。广播的优点在于时效性强，能够快速经济地塑造品牌，但是表现力受到很大局限，难以保留。一般较适合旅游交通与观光旅游销售信息的辅助广告媒体，尤其是地区性旅游信息发布的媒体。网络广告的优点在于超越时空限制，发布周期短，针对性强，互动性好，并且具有很好的可测性。缺点在于信任度较低，没有完善的制作规范。

3. 户外媒体

户外媒体适合做辅助性的广告载体，包括招牌、广告牌、户外招贴、平面视频面板、交通工具、霓虹灯等。户外媒体的优点是比较灵活、展露重复性强、成本低、竞争少。缺点是不能选择对象、传播面窄。大部分户外媒体信息容量小、动态化受到限制。

4. 邮寄媒体

邮寄媒体是指利用邮政网络递送旅游企业广告。优点是广告对象明确而且具有灵活性、便于提供全面信息。主要局限性在于时效性较差、成本比较高、容易出现滥寄的现象，引起受众的反感。

在旅游广告媒体的选择上，除了媒体自身的特征外，如报纸的发行量、杂志的发行量、电视的收视率、电台的收听率，媒体的接触层次，媒体的特性、优缺点，节目或编辑内容及各媒体的成本费用外，还需要考虑以下因素。

(1) 市场方面的因素。首先是消费者的特性：不同的消费者，对媒体的接触习惯不同。一般来说，教育程度较高者，偏重于印刷媒体；教育程度较低者，偏重于视听媒体，因此要配合消费者的性别、年龄、教育程度、职业及地域性等来决定应用何种媒体。其次是旅游产品的特性：不同的旅游产品，对旅游广告媒体选择有很大影响。例如，休闲产品和观光产品的广告媒体策略就有很大差别。这些差别决定了不同的广告媒体选取。第三是旅游产品的市场范围：旅游产品是世界性的产品，还是全国性的产品，或者仅仅是地区性的产品，需要事先确定，从而选择经济有效的媒体。

(2) 旅游企业自身的需求。首先是旅游企业的销售方式：包括旅游产品是批发为主还是零售为主，销售策略如何，准备采取怎样的促销战略；其次是旅游企业促销的基本目标、预算限制及旅游企业的经济能力。

(二) 评价旅游广告效果

旅游广告效果的评价向来是一个棘手的问题。在很多时候，广告的效果只能凭借经验估算，甚至是臆测。评价方式的有限和原始使得结果很难让人满意，误差较大。尽管如此，对旅游广告进行评价依然是旅游广告选取的重要步骤，这是因为：对旅游企业的资源合理评价，看是否达到预期的效果；对企业的广告计划进行修正和完善，接近预想的目标；明确企业广告选取的限制因素，找到应对的办法。

主要方法有个别访问、电话调查、函件调查、意见反映法、记忆再现法、监看测试和节目分析法等。通过这些方法，了解旅游产品信息的沟通效果和实际的经济效果。

第三节　旅游销售促进

一、旅游销售促进概述

旅游销售促进又称营业推广，是一种在短期内刺激旅游消费的促销形式。可以把旅游销售促进看做一种补充促销方式，除广告、公关和人员推销以外的所有其他营销活动都可以囊括进旅游销售促进中。

小链接 9-3

小小"消费券"如何四两拨千斤

2009年2月27日,综合《工人日报》及《中国青年报》报道:杭州市旅委副主任王信章表示,发放旅游券的目的是以让利优惠吸引潜在客源,刺激杭州旅游市场。采访中,一些发放旅游消费券的城市也不讳言,推出旅游券,意在刺激假日经济,"点燃"人们的出游热情。

金融危机下,旅游业未能幸免。据国家旅游局公布的统计数据,2008年1月至9月,我国入境旅游人数和收入出现明显下滑。到2008年11月,入境旅游人数同比下降了17%。业内人士分析,2009年将是中国旅游业特别是入境旅游形势严峻的一年。

根据世界旅游组织作出的测算,旅游业每直接收入1元,会给国民经济相关行业带来4.3元的增值效益。这些数字,对于目前着眼于促消费、扩内需的国民经济而言,的确充满了诱惑。

"旅游消费的增长将带动中间消费的扩大,提高消费的总体水平。"王信章说,旅游业是一个消费需求潜力很大的朝阳产业,旅游消费是包括游、行、住、吃、购、娱的综合性消费,派生领域更多,其发展可以带动多个相关行业的发展。

来自浙江省旅游部门的统计数据显示,2008年浙江省旅游总收入超过2 200亿元,相当于浙江省GDP的10.5%,高于全国平均水平6.5个百分点。

自2004年以来,浙江旅游业的增加值年均增长18.9%,快于商贸、物流、文化、商务等服务业的增速。旅游外汇收入占全省服务贸易出口额的43%。在省内不少市县,旅游业已经成为当地的支柱产业和富民产业。2009年,浙江旅游提出的奋斗目标是,实现旅游总收入2 510亿元人民币,同比增11.6%。

事实上,旅游业的发展还不仅如此。它带来的也不仅是真金白银,还有就业市场的繁荣。据统计,浙江省旅游直接就业人员85万人,间接就业300多万人,占全社会就业的6.5%以上。

有关人士认为,这些数字对于各地当前着眼于促消费、扩内需的国民经济而言,不能不说没有诱惑。也正因此,曾经因拉动和促进国民经济增长而生的旅游消费,才会再一次被放到了拉动内需重要手段的重要位置上。

浙江旅游部门相关人士认为,在当前外需不足、制造业面临困境的形势下,扩大内需成为经济发展的重要动力。高度重视旅游业在刺激消费、扩大内需中的重要作用,各地推出的旅游券,是一种积极的举措,有利于促进旅游业发展,推动消费升级。

浙江大学经济专家也认为,在全球金融危机的大背景下,采取实质性措施刺激旅游市场、拉动消费需求,可以大幅提振国内旅游市场,"此举对于国内各大旅行社来说无疑是利好消息,普通游客也可在出游时享受到更多的实惠。"

事实也证明了旅游消费券的拉动作用是巨大的:有数字显示,从正月初一到元宵节期间,共有1 300多人次使用杭州市民消费券到桐庐各景点游玩。旅游人均消费为516元,而市民消费券只占很小的比例。旅游的往往是一家人,门票使用消费券,而住宿、游玩、吃饭还是用现金支付。消费券起到了1∶20的放大效应。

而在南京，8 000万元投资吸引华东特别是长三角客源的举动初见成效。春节黄金周，中山陵接待持外地公园年卡游客5 600多人，优惠金额40多万元。有关人士表示，优惠政策吸引了长三角的游客，还间接推动了长三角地区旅游收入的增加。

有关专家表示，旅游消费券这一限定消费模式，不仅可以减轻现金流的压力，也给疲软的旅游市场注入了一剂"强心针"。目前，杭州、南京、宁波等长三角城市纷纷推出旅游消费券，看似营造了一种竞争氛围，实际上旅游资源的差异化可以带来消费券的流动，消费券的流动也可以带来各地旅游经济的互相拉动，实现资源共享和利益共赢的局面。

资料来源：http://news.2500sz.com/news/other/2009/2/27/other-14-11-48-2322.shtml.

二、旅游销售促进实务

（一）旅游销售促进目标

1. 刺激市场，加速市场对新旅游产品的接受

旅游销售促进可以有效地缩短新的旅游产品进入市场的时间。由于旅游产品的服务特性，新开发出来的旅游产品难以在投入旅游市场的初期得到旅游者的积极认识和深度了解。而广告、公关和人员推销需要的周期较长，短期内的效果不明显。在这种情况下，有必要通过旅游销售促进来吸引市场注意力。通过免费旅游、特价优惠旅游、新旧产品搭配出售及退款优待等方式，可以达到刺激市场、加速市场对新旅游产品的接受。近年来出现的旅游护照，就把相关区域的旅游产品打包出售，在价格和服务上有相当幅度的优惠，能够激发市场对旅游新产品的热情。

2. 应对竞争，加强在市场中的竞争优势

旅游销售促进能够灵活地配置资源，应对竞争者的攻击。如果对手发起凌厉的市场促销攻势，旅游企业应该考虑采取相应的销售促进措施，否则很有可能损失已有的市场份额，在激烈的市场竞争中处于被动地位。基于此种考虑，为了抵消竞争者的市场压力，直至创造相当程度的竞争优势，旅游企业会经常采用旅游销售促进这种灵活有效的市场竞争武器。通过折扣优惠、免费服务、联合促销等手段来获取旅游者对自身旅游产品的关注。

3. 保证销售，形成现实的消费行为

旅游销售促进不仅能够加速市场对新旅游产品的接受，加强旅游企业在市场中的竞争优势，而且能够促进企业的产品从市场影响向现实销售额的转换。事实上，往往在旅游销售促进过程中，就能够带来立竿见影的销售成果。例如，旅游目的地在销售旅游产品时，通过向旅行社提供交易折让，包括购买馈赠、交易补贴、批量折扣等方式来刺激旅行社更多的购买，并同旅游目的地保持稳定双赢的购销关系。在这个过程中，不仅使旅行社市场竞争力得到提高，旅游者也能从中得到实惠，获得更高的旅游产品消费。当前，旅游目的地通过旅游产品的相互捆绑来提高整体销售额。除了门票外，旅游纪念品、酒店房费、交通工具等相关旅游产品都有潜力成为旅游销售促进的载体，通过赠品、抽奖等方式与细分的旅游市场发生直接联系，从而提高整体产品的销售额。

(二)旅游销售促进实施原则

1. 必须保证旅游销售促进的稀缺性

与广告、人员推销和公共关系等常规性旅游促销活动不同,执行旅游销售促进的首要原则是要保证这项活动对旅游者的非确定刺激。正是由于旅游销售促进的不时出现和难以确定,常常带给旅游者较大的刺激和强烈的期待,从而更有可能产生实际的购买行为。因此,此项原则决定了旅游销售促进与旅游广告、人员推销的互补存在。

2. 必须保证旅游销售促进的灵活性

旅游销售促进常常由具体的销售环境激发,需要针对旅游者多种多样的需求采取不同的措施。因此,灵活性是旅游销售促进必须保证的原则。旅游企业通过宣传画册、旅游地特产、纪念品赠送、价格折扣、提供信用保障、服务赠送等多种方式得到满意的促销效果。需要注意的是,旅游销售促进面对的不仅是终端游客,很多时候还与中间环节发生关系。例如,旅游目的地就常常面对旅游批发商。在这种情况下,旅游销售促进更多地着眼于降低中间环节的经营难度,带来更大的利润等来满足中间环节的需求。

3. 必须保证旅游销售促进的短时高效性

旅游销售促进往往被看做是立竿见影的。在这种情况下,是否即时销售成为旅游销售促进是否有效的试金石。虽然可以把某个旅游销售促进措施的成效递延到一个较长的时间段中,但是,由于旅游销售促进属于非确定刺激,随着时间的流逝,使得如何区分常设促销措施与旅游销售促进的效力变得更加困难。同时,旅游销售促进往往看重短期效果。如果某个促进措施无法在短期内较快地增加旅游企业的销售额,巩固和提高企业的市场占有率,实现企业短期的具体目标,那么,该项旅游销售促进措施肯定是失败的。

旅游销售促进必须遵循的原则,体现了旅游销售促进手段的明显优势,有利于促进旅游产品的短期销售,激励更多的旅游消费需求和开拓旅游市场。

(三)旅游销售促进实施流程

旅游销售促进需要严格的流程来保证促销效果的良好。一般流程是策划相关方案,实施和控制相关方案,最后评估实施效果。

1. 旅游销售促进方案策划

首先要确立旅游销售促进目标。该目标受到企业战略目标、企业营销目标和其他目标所组成的目标体系的制约。因此,在制订过程中,必须考虑到这些目标对旅游销售促进目标的制约和支持。在这个基础上,旅游销售促进目标的基本要素是确定"市场目标"和"促进内容"。在"市场目标"上,需要分析不同的市场。新旅游者和有经验的旅游者,各种旅游中间商的需求存在很大的差别。而与市场目标相联系,可以采取不同的促进内容。对旅游消费者是鼓励老顾客经常和重复购买旅游产品,吸引新的旅游者试用等;对旅游中间商激励其成为经营特定旅游产品和服务的忠诚商家,提高购买水平和增加短期销售额等。

2. 选择旅游销售促进工具

从旅游销售促进的特性和遵循原则看，其工具选择丰富多样，没有一定之规。同时，旅游销售促进工具能够达到的目标是不规则的，有可能是一个，也可能是多个。通常旅游销售促进工具主要包括：赠送促销、折价券、抽奖促销、联合推广、参与促销、会议促销、组合，包括财务激励、联合营业推广、服务营业推广、连锁营业推广及会员营业推广利益等。

3. 制订旅游销售促进具体方案

制订方案时，需要考虑促进推广对象、促进推广媒介、促进推广时机、刺激强度和规模以及与之相适应的预算。

4. 旅游销售促进的执行和控制

方案制订后，关键在于执行。方案的具体内容和操作模式需要根据实际情况的变化而有所调整。这需要有良好的监控和成熟的预案准备。

5. 旅游销售促进效果评估

销售促进完成后，需要对其效果进行评估。首先要全面收集旅游销售促进开展后相当时间内的信息，对照目标进行评估：效果是否达到，目标的实现程度，碰到的困难以及解决措施的有效性，未来的改进措施等。事实上，对效果的评估还牵扯到时期的选择：短期效益和长期效益的取舍和平衡。当前常用的方式是前后期对比。虽然难以剥离其他因素的影响，但是最为简单经济。

（四）旅游销售促进具体模式

1. 面向旅游者的销售促进模式

针对旅游者的销售促进模式多种多样，最常用的有如下几种。

第一，赠送促销。向旅游者赠送旅游门票、酒店住宿、机票、相关包价旅游产品或纪念品。赠送是介绍新旅游产品最有效的方法，旅游者也最乐于接受。在提供短程激励的营业推广领域里，免费赠送这类营业推广活动的刺激和吸引强度最大，缺点是费用高。

第二，折价券。在购买某种旅游产品时，持券可以免付一定金额。折价券可以通过广告或直邮的方式发送。

第三，抽奖促销。顾客购买一定的旅游产品之后可获得抽奖券，凭券进行抽奖获得奖品或奖金，抽奖可以有各种形式。

第四，联合推广。旅游企业与相关商家联合促销，将一些能显示企业优势和特征的旅游产品集中推出，边展销边销售。

第五，参与促销。通过旅游者参与各种促销活动，如技能竞赛、知识比赛等活动，能获取企业的奖励。

第六，会议促销。各类展销会、博览会、业务洽谈会期间的各种现场产品介绍、推广和销售活动。

2. 面向中间商的旅游销售促进方式

第一，批发回扣。旅游企业为争取中间商多购进自己的产品，在某一时期内给经销本企业旅游产品的中间商加大回扣比例。

第二，推广津贴。旅游企业为促使中间商购进企业产品并帮助企业推销产品，可以支付给中间商一定的推广津贴。

第三，销售竞赛。根据各个中间商销售本企业产品的业绩，分别给优胜者以不同的奖励，如现金奖、实物奖、免费旅游、度假奖等，以起到激励的作用。

第四，扶持销售渠道。对旅游销售商的装潢予以资助，提供POP广告，以强化销售网络，促使销售额增加；可派遣旅游企业信息员或代培销售人员。旅游企业这样做目的是提高中间商推销本企业产品的积极性和能力。

第五，培训促销。主要针对旅游企业内部的销售人员，鼓励他们热情推销产品或处理某些老产品，或促使他们积极开拓新市场。一般可采用方法有销售竞赛、免费提供人员培训、技术指导等形式。

3. 组合型销售促进方式

组合型销售促进方式是一种综合的促销手段。包括旅游企业或相关企业的联合促销，以旅游者满意为目的的服务促销，营业推广与广告、公关、事件等配合促销，它是免费、优惠、竞赛、抽奖等各类促销工具的综合应用与组合搭配。主要有如下几种形式。

第一，联合推广。包括政府与企业，企业与企业，国内与国外的联合促销。

第二，增值服务推广。例如，通过售前服务、订购服务、代办服务、咨询服务、售后跟踪服务等多种服务形式，提高旅游企业的声誉，增加旅游产品的知名度和信任度，促成旅游企业市场渗透的顺利实现和更好地完善、更新旅游产品。

第三，包价旅游。包价旅游作为最有效的旅游特殊促销方法，是各类营业推广工具的集成使用。包价旅游形式繁多，常用的有：会议组合包价旅游、商务组合包价旅游、周末组合包价旅游、节假日组合包价旅游、目的地组合包价旅游、特别主题组合包价旅游等。

第四节　旅游人员推销

一、旅游人员推销概述

人员推销指旅游企业派出推销人员或委托推销人员，直接与最终消费者接触，向目标顾客进行产品介绍、推广，促进销售的沟通活动。这种促销方式有悠久的传统，也是现代旅游企业的重要促销手段。

二、旅游人员推销实务

(一) 旅游人员推销目标

旅游人员推销的目标除了推销旅游产品，更重要的是提高旅游者的体验和满意度，从而为旅游企业二次销售和未来的市场保持及开拓创造条件。由于人员推销是比其他促销手段更具亲切感和说服力的促销手段，因此，在人员推销过程中，更需要销售者全心投入的帮助购买者解决问题，不断地增进旅游消费者与推销人员之间的感情。换言之，不仅满足旅游消费购买者对产品或服务的使用价值需要，而且还能满足他们对旅游产品与服务的各种信息需求、服务需求和心理需求。面对面地洽谈与沟通，便于交流感情，培养双方的友好协作关系，直接了解消费者的现实购买意愿与态度，还能掌握他们潜在的需求，有利于调整今后的推销目标和旅游企业发展方向。

(二) 旅游人员推销实施原则

1. 确立消费理念原则

消费者对旅游产品的认同需要一个过程。因此，在推销过程中，要将旅游产品的消费理念以他们能够接受的方式传递出去，修正或者改变消费者原有的价值体系，以达到说服和帮助购买旅游产品的目的。基于此种原则，推销人员必须找到消费者对旅游产品的真实需求，契合旅游产品本身性质和旅游者的期望，使旅游者确立对双方有利的消费理念，最终决定购买，并产生良好的购后评价。

2. 一程多用原则

旅游人员推销，带来的不仅仅是金钱与旅游产品的顺利交换，还有信息的交换、情感的交换等多种交流。也就是说，在旅游人员推销过程中，应该形成多方面、多功能的互动交流体系。作为一种双向沟通的促销形式，一方面向旅游消费者宣传所推销旅游产品或服务的质量、功能、用途，为旅游者提供旅游产品信息、市场信息和技术信息，以此招徕顾客，促进产品和服务的销售；另一方面通过与旅游消费购买者的交谈，了解他们对本企业及所推销产品的态度、意见和要求，调查产品的市场寿命周期和市场占有率等市场情况，以适应不同消费者个体的需要。在推销过程中，不断地传播信息、收集信息、反馈信息，为旅游企业的经营决策提供依据。

3. 共赢持续原则

人员推销的显著优点是可以加强交易方的信任程度，也可能破坏来之不易的信任气氛。因此，采取人员推销时，必须考虑到旅游者的利益和好处，并且能够让他们很容易地认识和验证。这种利益是多方面的，既包括现实的利益，还包括消费者自身的感受。其中最重要的是要尊重消费者的人格，重视他们的利益。其实质是对旅游消费者价值的承认，包括顾客的人格、身份、地位、能力、权力、兴趣、爱好、成就等。推销人员尊重顾客，从顾客的立场出发，可以帮助他们消除疑虑，优化交易气氛。同时，推销人员善于换位思考，注意顾客所关心的事情，对消费购买者适时赞美，体现自己应有的胸怀和涵养，以获得旅游消费者最大限度的回报，如购买或重复购买本企业的产品，向别人宣传、推荐本企业的产品等。这样做，是良好交易气氛形成的重要条件，也是赢得回头客、获得竞争地位的重要筹码。因此，搞清交易能给双方带来的利益，用能给旅游消费者带来的利益说服顾客，找出双方利益分配的最佳点，决不做只对一方有利的交易。在找到双方利益交汇点的基础上,还必须建立真诚、坦白的,富于感情的和谐人际关系。旅游推销人员树立人际关系开路的观念,善于利用各种交际方式,扩大其交际范围,使自己成为一个受欢迎的人,是取得旅游产品推销成功的重要法宝。

(三)旅游人员推销流程

1. 寻找目标顾客

寻找和确定目标顾客是人员推销的首要工作,也是最为关键的工作。目标顾客包括现有的和潜在的消费者。应用现有顾客挖潜法、停购顾客启动法、同类顾客推移法、连锁介绍法、广告开拓法等方法,拟定潜在顾客名单。通过电话、邮件及其他调查方式,了解潜在消费者的需求、支付能力和购买权力,做出购买资格评价,筛选出有接近价值和接近可能的目标顾客,以便集中精力进行推销,提高成交比例和推销工作效率。

2. 接近前准备

旅游推销人员在推销之前,必须进行充分的准备。包括:尽可能地了解目标顾客的情况和要求,确立具体的工作目标,选择接近的方式,拟定推销时间和线路安排,预测推销中可能产生的一切问题,准备好推销材料,如景区景点及设施的图片、照片、模型、说明材料、价目表、包价旅游产品介绍材料等。在准备就绪后,推销人员需要与准顾客进行事先约见,用电话、信函等形式向访问对象讲明访问的事由、时间、地点等约见内容。

3. 接近目标顾客

旅游推销人员经过充分准备和约见,就要与目标顾客进行接洽。正式接近顾客是推销面谈的必要前提,没有接近顾客,就不可能面谈,也就无所谓推销。接近顾客的过程往往是短暂的,长的不过十几分钟,短的只有几分钟,在这极短的时间里,推销人员要依靠自己的才智,根据掌握的顾客材料和接近时的实际情况,运用各种接近技巧,如介绍接近、产品接近、利益接近、好奇接近、问题接近、搭讪接近等方法,引起消费者对所推销旅游产品的注意,引发和维持他们对访问的兴趣,并引导顾客进入面谈,达到接近顾客的最终目的。

4. 推销面谈

面谈需要接近,接近为了面谈。接近与面谈是同顾客接触过程中的不同阶段,两者之间没有明显的绝对界线,两者的本质区别在于谈话的主题不同。接近阶段多侧重于让顾客了解自己,有利于沟通双方感情和创造良好的推销气氛,而面谈阶段往往集中在推销旅游产品,建立和发展双方的业务关系,促使顾客产生购买欲望。一般来说,推销面谈需要推销人员利用各种面谈方法和技巧,向消费购买者传递旅游企业及产品信息,展示顾客利益,消除顾客疑虑,强化购买欲望,让顾客认识并喜欢所推销的旅游产品,进而产生强烈的购买欲望。

5. 处理异议

面谈过程中,消费购买者往往会提出各种各样的购买异议,如需求异议、价格异议、产品异议、服务异议、购买时间异议、竞争者异议、对推销人员及其所代表的企业的异议等。这些异议都是消费购买者的必然反应，它贯穿于整个推销过程之中，销售人员只有针对不同类型的顾客异议，采用不同的策略、方法和技巧，有效地加以处理与转化，才能最终说服顾客，促成交易。

6. 成交

成交是面谈的继续，也是整个推销工作的最终目标。一个优秀的推销员，要密切注意成交信号，善于培养正确的成交态度，消除成交的心理障碍，谨慎对待顾客的否定回答，把握最后的成交机会，灵活机动，采取有效的措施和技术，帮助消费者做出最后选择，促成交易，并完成成交手续。

7. 后续工作

要让顾客满意，并使他们继续购买，后续工作是必不可少的。达成交易后，推销员就应着手履约的各项具体工作，做好顾客服务，妥善处理可能出现的问题。着眼于旅游企业的长远利益，与顾客保持和建立良好的关系，树立消费者对旅游产品的安全感和信任感，促使他们连续、重复购买，利用顾客的间接宣传和辐射性传导，争取更多的新顾客。

(四) 旅游人员推销的具体模式

1. 派员推销

旅游企业指派专职推销人员携带旅游产品或服务的说明书、宣传材料及相关材料走访客户进行推销的方式。这是一种古老的、存在时间最长的推销形式。特别适用于推销员在不太熟悉或完全不熟悉推销对象的情况下，即时开展推销工作。这种方式的特点主要体现在，推销人员主动向顾客靠拢，推销员同顾客之间的感情联系尤为重要；并要求推销人员既要有百折不挠的毅力，还要掌握寻找推销对象、把握恰当的推销时机、学会交谈艺术等推销技巧。

2. 营业推销

旅游产品或服务的各个环节的从业人员接待每位旅游消费者，销售自身产品的推销方式。从广义上讲，在吃、住、行、游、购、娱六个方面从事接待服务的所有人员都是推销员，包括营业员、服务生、导游等。他们同样要与顾客直接接触，以谈话方式及行为方式向顾客介绍和展示产品与服务，回答询问，完成交易，担负着同专职推销员一样的职能；只不过形式独特，顾客主动向推销员靠拢，推销人员依靠良好的销售环境和接待技巧，完成推销，满足顾客需求。

3. 会议推销

旅游企业利用各种会议介绍和宣传本企业旅游产品或服务，开展推销活动的方式。例如，订货会、交易会、洽谈会、交流会、展览会、推销会、新闻发布会等。会议推销也是较为常见的人员推销形式。这种方式突出特点是群体集中，接触面广，省时省钱，成交量大，而且推销员不必以推销员的身份出现在顾客面前，消费购买者的心理负担小，推销阻力也相应减弱，但对顾客产生的影响力却很大。

除以上介绍的三种基本推销形式外，还有小组推销、电话推销、书面推销、导购推销等多种人员推销形式。

第五节 旅游公共关系推销

一、旅游公共关系概述

公共关系是指旅游企业为与公众建立良好关系，促进公众对旅游企业的认识、理解与支持，通过树立旅游企业良好形象，促进旅游产品销售与品质提升的一系列促销活动。

旅游业是综合性的行业，一方面，吃住游行购娱六要素与一、二、三产业都要交集；另一方面，旅游产品往往成为一国一地区的名片，容易受到政府和社会公众的关注。因此，旅游企业需要处理好社会各方面的关系，公共关系在其中的作用重大。

旅游公共关系的作用主要表现在以下两方面。

（一）凝聚升华旅游产品形象，形成社会共识

旅游企业通过监测、决策参考和反馈社会各界对产品和企业的认识，综合分析，考察企业的决策、行为和相关旅游产品在公众中产生的效应及影响程度，预测企业决策、行为和旅游产品与公众可能意向之间的吻合程度，并及时、准确地向企业的决策者进行咨询，提出合理而可行的建议。塑造旅游企业或相关旅游产品特色鲜明、传播力强、人们喜闻乐见的公众形象，提高自身知名度和美誉度。例如，中华民俗文化村的形象是"24个村寨，56个民族"；宋城的形象是"给我一天，还你千年"。

（二）协调旅游要素，优化旅游企业发展环境

旅游企业是一个开放系统，不仅内部各要素需要相互联系、相互作用，而且需要与系统外部环境进行各种交往、沟通。交往沟通是公关的基础，任何公共关系的建立、维护与发展都依赖于主客体的交往沟通。只有交往，才能实现信息沟通，使企业的内部信息有效地输向外部，使外部有关信息及时地输入企业内部，从而使企业与外部各界达到相互协调。协调关系，不仅要协调企业与外界的关系，还要协调企业内部关系，包括企业与其成员之间的关系、企业内部不同部门成员之间的关系等，使全体成员与企业之间达到理解和共鸣，增强凝聚力。旅游企业还要进行各种沟通，与旅游中间商、旅游供应商、金融机构、广告媒体，甚至市场竞争者等有关公众的沟通；与消费者公众、新闻界公众、社团公众、内部公众的沟通。

小链接 9-4

《非诚勿扰2》：旅游营销大片的财富谜底

12月22日，距元旦春节旅游高峰只有10天，《非诚勿扰2》(以下简称《非2》)(影

评)首映,它不是简单的一部大片,而是国内旅游业罕见的"产业链飞扬"式营销产品,北京旅游局穿针引线,因势利导,京籍旅游上市公司密集调动,周密布局,一座由地方政府和资本巨头合力谋划的"财富迷宫",开门迎客,葛优和舒淇,不过是贴在大门上鞠躬抱拳的童男童女。

12月15日,北京市旅游局官员高调喊话:通过电影营销,北京将走旅游产业和文化产业结合的路子,突出北京特色旅游,此言一出,多数观众大呼不解,片中北京景点的影像很少,海南的风光展示居多,难道北京犯傻,为海南做了嫁衣裳?为什么影片首映期选定在12月?为什么在北京力捧的营销电影里,出现了竞争对手海南?疑窦丛生,扑朔迷离……

其实,北京旅游业的12月,表面风平浪静,实质上却暗流激荡,汹涌澎湃。早在今年9月28日,北京市印发了《关于贯彻落实国务院加快发展旅游业文件的意见》,决定每年投入旅游发展专项资金至少10亿元。到了12月,北京旅游业"十二五"规划制定完毕,择机公布,预期到2015年,北京旅游产业增加值占全市GDP 10%以上,旅游总收入目标4 000亿。

《非2》里主推的潭柘寺,是京籍旅游上市公司"北京旅游"旗下的主力景区。《门头沟旅游业十一五发展规划》规定,门头沟区推进旅游主导产品开发,以潭柘寺为龙头。还是12月,京属长城景区竞争白热化,慕田峪力拼《非2》,此前,居庸关热炒广州亚运会火种采集,而5A八达岭始终"沉默",耐人寻味。

《非2》片中海南展示的镜头居多,并非北京"犯傻",而是"装傻"。实际上,京籍旅游业巨头企业早已布局海南三亚,海南标志性景区——南山景区,即为"首旅股份"的下属景区。2010年1月4日,国务院颁布《关于推进海南国际旅游岛建设发展的若干意见》,其中,免税购物"由财政部牵头抓紧研究在海南试行境外旅客购物离境退税的具体办法和离岛旅客免税购物政策的可行性,另行上报国务院。"闻风而动,京籍旅游巨头"中国国旅"迅速布局三亚,今年确保国际级的三亚市内店二期、三期顺利开业。而《海南离岛旅客免税购物政策》有望2011年1月出台,恰恰在《非2》公映和春节长假之间。

从2007年起,北京电影票房收入连续3年全国第一,2009年8.1亿,占比13%,北京旅行社企业本来就实力雄厚,资源广泛,正好充分借力于电影营销。

由此,《非2》的背后飞扬着一条旅游产业链:从景区、旅行社、餐饮住宿,到免税店购物,这就是《非2》片中出现三亚的谜底。尽管北京布局缜密,用心良苦,意外还是发生了,《非2》首映当天,相关旅游巨头股价全线下跌,首旅股份下跌3.73%,中国国旅下跌2.02%,北京旅游下跌1.77%,而华谊兄弟自己更是下跌3.29%。北京旅游也未能借力《非2》造势,其定向增发审核被证监会取消,潭柘寺景区年增长11%的预期受挫。

更加令人警醒的是,北京旅游大片营销,一旦被其他地方政府仿效,其效果评估亟须审慎,原因有三:①对区域旅游品牌的作用不大,《非2》中只是北京二线、三线景点,如潭柘寺年游客接待量仅64万人(次),难以撑起北京旅游业的区域品牌,造成观众对北京旅游形象不如三亚的鲜明观感,产业收益走高,区域品牌落败;②对景区的推广作用有限,北京具备相对完整的产业链分工企业,整合营销多层次产品,以一线旅行社、餐饮住宿和免税购物企业为主力,辅之以二线景区,若区域的旅游产品匮乏,只打个别景区,营销效果有限;③旅游大片的票房有限,《非1》全国票房只有大约9 000万,尚未破亿,投资者和消费者的信心有待加强。

总之,概括地说,《非2》营销是"产业收益向好,区域品牌落败"。

《非2》或将引发"旅游大片营销热",地方政府必须冷静对待,切忌盲目跟风,过分依赖于个别明星(如葛优、舒淇、冯小刚)的营销属于豪赌,而北京的旅游大片营销模式,则需结合本地实际,理性参考而付诸于实践。

资料来源：http://ent.163.com/10/1224/09/60LKQR4M00032DGD.html.

二、旅游公共关系实施原则

（一）情感性原则

旅游公共关系是一种创造美好形象的艺术,它强调的是成功的人和环境、和谐的人事气氛、最佳的社会舆论,以赢得社会各界的了解、信任、好感与合作。我国古人办事讲究"天时、地利、人和",把"人和"作为事业成功的重要条件。旅游公共关系就是要追求"人和"的境界,为组织的生存、发展或个人的活动创造最佳的软环境。

（二）双向性原则

旅游公共关系是以真实为基础的双向沟通,而不是单向的公众传达或对公众舆论进行调查、监控,它是旅游企业与公众之间的双向信息系统。组织一方面要吸取人情民意以调整决策,改善自身；另一方面又要对外传播,使公众认识和了解自己,达成有效的双向意见沟通。

（三）扩散性原则

这一原则指公共关系存在于旅游企业的任何行为和过程中,即公共关系无处不在,无时不在,贯穿于主体的整个生存和发展过程中；另一层意思指的是其公众的广泛性。因为公共关系的对象可以是任何个人、群体和组织,既可以是已经与主体发生关系的任何公众,也可以是将要或有可能发生关系的任何暂时无关的人们。

（四）整体性原则

旅游公共关系的宗旨是使公众全面地了解自己,从而建立起自己的声誉和知名度。它侧重于一个组织机构或个人在社会中的竞争地位和整体形象,以使人们对自己产生整体性的认识。它并不是要单纯地传递信息,宣传自己的地位和社会威望,而是要使人们对自己各方面都要有所了解。

（五）长期性原则

不能把公共关系人员当做"救火队",而应把他们当做"常备军"。旅游公共关系的管理职能应该是经常性与计划性的,是一种长期性的工作。

三、旅游公共关系实务

旅游公共关系促销有自己的突出特点,表现在：第一,影响宽泛。除旅游者和相关企业外,公共关系还涉及雇员、投资者、政府、特殊利益集团,远远超过了经济领域；第二,效果较好。公共关系所采用的手段是宣传资料、各种专题活动,如记者招待会、社会赞助、

典礼仪式、危机处理等活动，经济目的较为隐蔽，比广告更可信。通过长期努力，能够树立旅游企业的良好形象。

旅游公共关系的主要流程包括如下方面。

（一）行动前准备

行动前准备是旅游公共关系的基础和起点。通过对内外环境的监测，明确旅游企业对旅游公告宣传的需求，为企业的决策提供科学依据。实际上，宣传准备是对信息的收集和处理，这些信息主要包括旅游企业的基本情况，公众基本情况和社会氛围等。

（二）制订计划

公关计划包括目标、内容和时序安排。在目标确立上，需要在相关信息资源基础上，考虑宣传内容的新闻价值，并且确立子目标；旅游产品销售环节的积极性；公告宣传的可信度要求及相关的促销预算。在内容安排上，需要突出宣传内容的新闻价值。即宣传内容本身就对从不同渠道宣传提供了便利，并且满足可信性要求。在时序安排上，主要把促销内容和促销预算结合起来。

（三）实施计划

公关计划的实施是整个公关活动的"高潮"。为确保公共关系实施的效果最佳，正确地选择公共关系媒介和确定公共关系的活动方式是十分必要的。公关媒介应依据公共关系工作的目标、要求、对象和传播内容及经济条件来选择；确定公关的活动方式，宜根据企业的自身特点、不同发展阶段、不同的公众对象和不同的公关任务来选择最适合、最有效的活动方式。

（四）计划检测

公关计划实施效果的检测，主要依据社会公众的评价。通过检测，能衡量和评估公关活动的效果，在肯定成绩的同时，发现新问题，为制订和不断调整企业的公关目标、公关策略提供重要依据，也为使企业的公共关系成为有计划的持续性工作提供必要的保证。

（五）旅游公共关系行动模式

1. 宣传型公共关系

利用各种传播媒体和手段，向社会公众宣传展示自己的发展成就与公益形象，以形成有利于本组织发展的社会印象与舆论环境的活动模式。这类旅游公共关系活动能够及时通过媒体进行正面宣传，主导性、时效性强，影响面宽，推广旅游目的地、旅游企业及其旅游产品的形象快。

2. 交际型公共关系

本活动模式是要通过人与人之间的直接交往接触，进行联络感情、协调关系和化解矛盾的活动，以达到为本组织建立良好人际关系的目的。通过这类活动非常有助于加强包括顾客在内的有关各类公众对本旅游企业的了解和信赖，这对于增强顾客的购买决心和扩大企业的业务具有显著作用。据统计，旅游业中有一半以上的顾客是通过朋友、熟人介绍而来的，由此决定了加强这类公关活动对旅游促销的重要意义。

3. 服务型公共关系

服务型公共关系是以为公众提供热情、周到和方便的服务，赢得公众的好感为目的，从而提高组织形象的一种公关活动模式。在为顾客服务中充分为顾客着想，由此既能在不显商业痕迹的直接服务中起即时刺激旅游消费的作用，又能在先期旅游消费者的口碑效应中达到扩大旅游销售的目的。

4. 社会型公共关系

这是指组织利用举办各种具有社会性、文化性的赞助或公益活动来开展公共关系的模式，其目的是塑造组织的文化形象、社区公民形象，提高组织的社会知名度和信誉度。对于旅游公关活动来说，应特别强调参与和旅游有关的文化与体育活动。

5. 征询型公共关系

这是通过采集信息、舆论调查、民意测验等方式，为组织的经营管理决策提供客观依据，以不断完善企业形象的公关活动模式。收集顾客的好评和不满，以及了解影响潜在顾客购买的障碍性因素，然后加以利用和改进也有利于旅游促销，但这类活动影响促销的间接性更强。

第六节　国际互联网网络推销

一、国际互联网网络促销概述

国际互联网网络促销是互联网在更大程度上更有利润地满足顾客的需求的过程。或者说，是依托网络工具和网上资源开展的市场营销活动，是将传统的营销原理和互联网特有的互动能力相结合的促销方式。这种促销方式利用计算机及网络技术向虚拟市场传递有关商品和劳务的信息，以引发消费者需求，唤起购买欲望和促成购买行为的各种活动。它既包括在网上针对网络虚拟市场开展的促销活动，也包括在网上开展的服务于传统有形市场的促销活动，还包括在网下以传统手段开展的服务于网络虚拟市场的促销活动。

小链接 9-5

旅游微博已成新型传播行为　微博营销蛋糕有多大

旅游微博已经成为一种新型的传播行为，改变着人们的出游方式，博友通过视频、文字图片记录出游点滴，让身处家中的网友通过微博平台同时感受到旅游的乐趣。低碳环保的旅游模式，成为人们追捧的新热点。年底的出游热点，如世博游、亚运游都被众多博友分享转载。旅游微博正在改变人们传统的旅游观念，为加强与网友的互动，国内外各大旅

游局、旅行社和旅游频道不甘示弱,纷纷上线微博,试图抢占这块网络营销的新阵地。截至2010年12月,新浪微博月覆盖人数约4 400万人。

2009年8月,中国最大的门户网站新浪网推出"新浪微博"内测版,成为门户网站中第一家提供微博服务的网站,从此微博开始进入上网主流人群视野。短短一年的时间,微博不仅成为明星、知名企业的网络粉丝聚集地,也为旅游行业带来新的营销商机。这股微博营销旋风正在席卷整个旅游市场。

不需要借助传统媒体的广告宣传,只需要在微博上发送一条即时消息,就能立刻吸引到粉丝的关注。不管是各地方旅游局,如哈尔滨市旅游局、宁夏旅游局、洛阳市旅游局,还是外资旅游局中国办事处,如新加坡旅游局、新西兰旅游局、英国旅游局、澳大利亚旅游局的认证微博纷纷出现在了网络微博的平台上。各地方旅游局似乎也在保持传统宣传模式的同时,企图上线微博来瓜分这块商机无限的"大蛋糕"。其中,新加坡旅游局官博定期在微博上分享新加坡当地的美食和风光,推荐新加坡本土特色的纪念品,将软广告渗透得最全面。

据记者观察,许多旅行社在微博中的内容更新几乎都是当月行程的最新报价。极富煽动性的话语,每月不定期推出的优惠活动,让足不出户的网友快速知道旅游资讯,节省了大笔的平面媒体宣传费用。

反观一直以网络为主要依附平台的在线旅游网,已经不会刻意强调自身品牌的宣传和营销,反而重点在于以人性化的温情提醒服务,与网友分享生活原则。自从携程于2003年登陆纳斯达克后,在线旅行社风光无限,艺龙、芒果、真旅网前仆后继开通微博平台。艺龙网相关负责人表示,目前微博营销还在摸索阶段。艺龙更看重的,是为用户带来有价值的内容。所以网友在艺龙的微博上看到的内容,绝大多数都不带商业气息。同时,他表示,旅游微博对传统旅游是一种冲击,微博更容易让旅游爱好者形成交际小圈子。截至12月4日,艺龙旅行网的新浪微博在线粉丝已达158 338人。

一直在业界享有盛名的酒店梅地亚中心也在这次微博上线风潮中不甘示弱。谈到酒店上线微博的目的,北京梅地亚中心网络营销部经理伊庆年表示,酒店微博的定位是快速宣传酒店的产品,方便与潜在顾客进行文化交流,同时对外提供一定的客户服务和技术支持反馈,形成企业对外信息发布的一个重要途径。微博的目标是获得足够多的跟随者,形成良好的互动交流平台,逐步打造具有一定知名度的网络品牌。

伊庆年强调,目前很多酒店都有强烈的上线微博意愿。梅地亚的微博在年初已经上线,只是没有具体的推广活动计划。他认为,虽然现在微博推广初期只是单纯的品牌宣传,但是梅地亚酒店的企业微博运营将是长期的,内容的更新也会考虑采用人工和自动并重的更新方式。在目前的试探性阶段,酒店会重点放在形象宣传上,未来或许会考虑和门户网站的微博平台建立合作关系。

当被问及具体的微博营销方案,伊庆年只是透露说,"可能接下来会开展有奖活动,提供免费奖品鼓励,发布最新的特价房信息并提供一些优惠券。但是因为是全新的推广平台,所以酒店还在摸索阶段"。伊庆年同时表示,目前的推广方案并不会分散太多投资资金。因为微博的宣传效果尚不明显,所以酒店方面并不会考虑减少在传统媒体上的宣传预算。

澳大利亚雅阁酒店管理集团大中华区品牌总监罗煜表示,随着SNS营销的日渐盛行,越来越多的酒店入驻Facebook、开心网等社区,雅阁集团也在开始积极关注微博。与酒店官网的严肃面孔相比，微博中的企业形象更活泼、更亲切，而微博短讯的特点非常符合他们的胃口。对雅阁而言，微博的目的是宣传大过营销，在酒店微博的关注人群中，有一半是业内人士，另一半来自社会大众，雅阁希望能够通过微博定期发布的活动扩大业内知名度。

罗煜同时表示，未来酒店微博的市场将会非常庞大，随着微博影响力的日渐增强，酒店会考虑在微博上发布"特价房"和"秒杀房"信息。但是潜在的营业额很难估计。微博作为纯开放式平台，不确定性因素太多。

资料来源：http://www.china.com.cn/travel/txt/2011-04/04/content_22289178.htm.

二、国际互联网网络促销原则

(一) 依托原则

国际互联网促销必须依托互联网的资源和技术优势。正是由于互联网上有着无尽的信息资源，其中相当一部分还是公共共享。因此，利用互联网的资源和技术优势，可以迅速地从互联网上找到有商业价值的信息，从中发现新的市场机会。不仅如此，新技术的出现，可以极大地降低交易成本，提高企业的竞争能力。

(二) 时空互补原则

互联网的出现，相当程度地突破了时间和空间的限制，24小时不间断地促销和覆盖全球的信息接触，使得传统的时空观念得以颠覆。实施上，旅游虚拟市场的消费者可以随时随地地查询旅游产品信息，突破距离的限制在网上直接完成交易的全过程。但是，这样一个高速成长的市场，需要现实的时空和虚拟时空的互补，毕竟，旅游者面临的服务必须是实实在在的，完全用网络代替不现实。

(三) 开放性原则

互联网旅游市场促销，需要更加开放的心态。不仅要利用营销理论的最新发展为网络促销的实际运用指明方向，还需要尊重从实践中得到的真知灼见。不管是虚拟时空还是现实时空，不管是传统经验还是现代理论，都应该想办法去认识，去理解，去实践，去验证，去改善，从而使得国际互联网网络促销更加完善。

三、国际互联网网络促销流程

(一) 确定促销目标

实施国际互联网促销，必须有可以验证的目标。通过评估旅游者的网络使用行为、网络用户的网上购物行为，以及网上消费者行为对旅游企业网络营销战略的影响，可以尽可能科学地确定促销目标。

(二) 评估实施条件

互联网网络促销需要一定的条件支撑。简言之，需要网络促销的技术基础支撑，包括互联网技术、移动商务技术、网络营销技术等；需要网络促销的制度基础支撑，包括网络

营销的伦理制度和网络促销的法律制度支撑；需要网络促销的配套服务市场基础支撑，包括银行金融服务、第三方认证体系服务及物流服务等。

（三）选择促销方法

网络促销方法多种多样，主要分为两类：一方面是无网站的网络促销，包括电子邮件营销、虚拟社区促销、电子商城促销和网上拍卖；一方面是基于网站的网络促销，包括网站的建设、企业网站的测试和发布、测试站点的使用、企业网站的推广、在线销售、网络营销中广告和公共关系的应用等。

（四）促销实施

在实施过程中，需要时刻监控网络促销的有效性，这种有效性受到环境、市场、执行水平、预算数额的影响。

（五）评估实施效果

实施效果的评估是网络促销的重要一环。通过这一环节，可以最终评估网络促销的效益，并且为未来的网络促销提供理论和经验支持。

四、国际互联网网络促销模式

（一）无网站的网络促销

无网站的网络促销可以分为电子邮件促销和虚拟社区促销。许可促销可以看作电子邮件促销的变种，而借助电子商城或者网上拍卖市场开展的促销活动可以看作虚拟社区促销的特殊形式。单纯的无网站网络促销特别适合于实力不雄厚的中小企业使用。

（二）基于网站的网络促销

通过建设网站和网站维护完善，可以实现信息发布、收集信息、实现与用户的信息交流以及直接实现网上销售。在网上销售过程中，在方便支付、有针对性地进行促销，提供增值服务等方面具有显著优势。对于为避免渠道冲突而无法开展直接销售的旅游企业，网站可以支持店面销售、目录销售、人员销售等其他销售方式。也可以使用网站发布优惠券尽心促销，还可以通过在线咨询预订等方式进行销售。

复习思考题

1. 谈谈你对旅游产品促销的认识。
2. 应该怎样推进旅游广告、旅游销售促进、旅游人员推销、旅游公告关系和国际互联网网络推销？
3. 为什么说公共关系在旅游促销中起着独特而重要的作用？哪些旅游公共关系活动与旅游促销关系密切，为什么？
4. 旅游销售促进具有哪些特征和作用？

5. 旅游人员推销具有哪些优点和缺点?
6. 案例题。

国外成功的创意广告

　　如同好的产品需要好的广告一样,对于现代旅游业来说,广告效果如何,直接关系到预期的旅游收益及其旅游市场的份额。纵观国内的旅游广告,大多存在创意不新、千篇一律、形式雷同等现象。同样是旅游广告,国内外也有许多成功的范例。"酒香也怕巷子深",我们的一些旅游景点也该看看别人,想想自己了。

　　"逆反"广告。菲律宾旅游业的广告,渲染说到该国观光有令人开心的"十大危险":小心购物太多,因为这里的货物便宜;小心吃得过饱,因为这里的食品物美价廉;小心被晒得一身古铜色,因为这里阳光充足;小心潜入海底太久,记住勤些出水换气,因为这里的海底世界特别瑰丽;小心胶卷不够用,因为名胜古迹太多;小心上山下山,因为这里的山光云影常使人顾不了脚下;小心爱上了友善好客的菲律宾人;小心坠入爱河,因为菲律宾的姑娘实在热情美丽;小心被亚洲最好的餐馆宠坏;小心对菲律宾着了迷,而舍不得离去。这样的旅游广告可谓出奇制胜。

　　"歪打正着"式广告。意大利比萨斜塔正是聪明的意大利人在"斜"上做足了文章,才"歪打正着"使比萨这个原本默默无闻的小镇成为旅游胜地。该斜塔原设计为8层,塔高56米,当建至第三层时,发现地基下沉,虽然几经采取补救措施,最后还是在倾斜的状态下竣工。斜而不倒就是奇迹,意大利人还借助伟人的科学家伽利略曾于1590年在塔顶上做过自由落体实验的著名史实,再给斜塔罩上了一层闪光的金纱,迅速提高了该斜塔的知名度。试推想,当年如果不是因为勘察上的失误,恐怕无人知晓这个比萨斜塔,因为在意大利类似的古建筑比比皆是。而斜塔的驰名也是"坏事变好事"的例证。

　　"侧重"式广告。世界各国由于民族、语言、社会、文化背景的不同,游客的旅游需求也不尽相同,这就要求旅游广告要有侧重性。中国香港的旅游业针对不同地区的游客,广告宣传的策略也不一样。例如,对日本人而言,宣称游客只要付出能力之内的花费,便可拥有一流的享受和旅游乐趣;对北美和欧洲而言,则强调香港的东方神秘色彩,以及其现代化社会里的中国传统生活方式;在亚洲地区,就突出香港国际大都会的优越环境,称其饮食、消闲、购物和观光多姿多彩,是个非常适合举家同游的好去处。周知香港不过是"弹丸之地",可以说旅游资源相当贫乏,但海外游客却接踵而至,旅游业收入已成为三大创汇行业之一,其合适的广告宣传手段功不可没。

　　此外,世界各国还有许多令人叫绝的旅游广告,如澳大利亚观光协会把当地景色概括为一句话:"澳洲给人的感觉就是神奇美妙"。短短一语,使人不由得心驰神往。荷兰一家旅行社采用直截了当而富于幽默感的技巧广告,对开辟靠近北极地区旅游的广告语是:"请飞往北极度蜜月吧!当地夜晚长达24小时。"据说有许多贪新好奇的情侣出于经不起"夜长24小时"的诱惑而欣然前往。韩国前总统金大中为促进韩国旅游业,放下总统架子,亲自参加拍摄宣传风景名胜的广告片,反响良好。巧妙和新闻效应也是现代旅游广告制胜的一招。1996年,福州市鼓山涌泉寺方丈许法大师斥资20万元人民币买断福建电视台早晨8点整报时特别段位的广告权,一时间在社会上引起强烈反响。对此大师直言不讳:"为了弘扬我宝刹的法名!"一时间涌泉寺被人们记住了。

旅游广告，学问多多。如何使旅游广告起到事半功倍的效果，需要业内人士多动脑子，多想法子，多出点子，多用奇招，否则再美的风景也只能"只缘身在此山中"。

资料来源：平原. 西安晚报[M]. 1999-8-8.

案例分析：

1. 请举出某个成功的旅游广告实例，并说明其成功的主要原因。
2. 运用该案例中的广告创意的方法为你所在地的某旅游目的地进行广告策划。

第十章　旅游市场营销组织与控制

旅游市场营销计划需要借助一定的组织系统来实施，执行部门应将企业资源投入到市场营销活动中去，控制系统考察计划执行情况，诊断产生问题的原因，进而采取改正措施或改善执行过程，或调整计划本身使之更切合实际。因此，在现代市场经济条件下，旅游企业必须高度重视市场营销的计划、组织、执行与控制。

第一节　市场营销组织

旅游营销组织是指旅游企业为了实现旅游营销的目标和企业的任务，通过职能分配和人员分工，授予人员相应的权力与职责而进行的协调旅游营销活动的有机体。它是执行市场营销计划、服务市场购买者的职能部门。旅游企业的市场营销组织是执行市场营销计划、服务市场购买者的职能部门。市场营销部门的组织形式，主要受宏观市场营销环境、企业市场营销管理哲学，以及企业自身所处的发展阶段、经营范围、业务特点等因素的影响。

一、旅游市场营销部门的演变

旅游企业的市场营销部门是随着市场营销管理哲学的不断发展演变而来的。大致经历了单纯的销售部门、兼有附属职能的销售部门、独立的市场营销部门、现代市场营销部门、现代市场营销公司 5 个阶段。

（一）单纯的销售部门

20 世纪 30 年代以前，西方企业以生产观念作为指导思想，大部分都采用这种形式。一般说来，几乎每个企业都是从财务、生产、人事、会计和销售这 5 个基本职能部门开展的。财务部门负责资金的筹措和管理资金；生产部门负责产品制造；人事部门负责招聘和培训员工；会计部门管理往来账目、计算成本；销售部门通常由一位副总经理负责，管理销售人员，并兼管若干市场营销研究和广告宣传工作。在这个阶段，销售部门的职能仅仅是推销生产部门生产出来的产品。生产什么、销售什么、生产多少、销售多少，产品生产、库存管理等完全由生产部门决定，销售部门对产品的种类、规格、数量等问题，几乎没有任何发言权。

（二）兼有附属职能的销售部门

20 世纪 30 年代大萧条以后，市场竞争日趋激烈，旅游企业大多数以推销观念作为指导思想，需要进行经常性的市场营销研究、广告宣传及其他促销活动，这些工作逐渐成为推销部门的专门职能，当这些工作量达到一定程度时，许多旅游企业便开始设立一名市场营销主任负责这方面的工作。

(三) 独立的市场营销部门

随着旅游企业规模和业务范围的进一步扩大，原来作为附属性工作的市场营销研究、新产品开发、广告促销和为顾客服务等市场营销职能的重要性日益增强。于是，市场营销部门成为一个相对独立的职能部门，作为市场营销部门负责人的市场营销副总经理同销售副总经理一样直接受总经理的领导，销售和市场营销成为平行的职能部门。但在具体工作上，这两个部门需要密切配合。这种安排常常使用在许多工业企业中，它向企业总经理提供了一个从各角度分析企业面临的机遇与挑战的机会。

(四) 现代市场营销部门

尽管销售副总经理和市场营销副总经理需要配合默契和互相协调，但是他们之间实际形成的关系往往是一种彼此敌对、互相猜疑的关系。销售副总经理趋向于短期行为，侧重于取得眼前的销售量；而市场营销副总经理则多着眼于长期效果，侧重于制订适当的产品计划和市场营销战略，以满足市场的长期需要。销售部门和市场营销部门之间矛盾冲突的解决过程，形成了现代市场营销部门的基础，即由市场营销副总经理全面负责，下辖所有市场营销职能部门和销售部门。

需要注意的是，市场营销人员与销售人员是两种截然不同的群体，尽管市场营销人员很多来自销售人员，但还是不应将他们混淆，并不是所有销售人员都能成为市场营销人员。事实上，在这两种职业之间有着根本的不同。从专业性而言，市场营销经理的任务是确定市场机会、准备市场营销策略并计划组织新产品进入，销售活动达到预订目标，而销售人员则是负责实施新产品进入和销售活动。在这一过程中常出现两种问题：如果市场营销人员没有征求销售人员对于市场机会和整个计划的看法和见解，那么在实施过程中可能会导致事与愿违，如果在实施后市场营销人员没有收集销售人员对于此次行动计划实施的反馈信息，那么他很难对整个计划进行有效控制。

(五) 现代市场旅游企业

一个旅游企业仅仅有了上述现代市场营销部门，还不等于是现代市场营销旅游企业。现代市场营销企业取决于企业内部各种管理人员对待市场营销职能的态度，只有当所有的管理人员都认识到企业一切部门的工作都是"为顾客服务"，"市场营销"不仅是一个部门的名称而且是一个企业的经营管理哲学时，这个旅游企业才能算是一个"以顾客为中心"的现代市场营销旅游企业。

二、旅游市场营销部门的组织形式

为了实现旅游企业目标，市场营销经理必须选择合适的市场营销组织。大体上，旅游市场营销组织有以下5种类型。

(一) 职能型组织

这是最古老也最常见的市场营销组织形式。它按不同的旅游市场营销活动功能划分出相应的职能部门，强调市场营销各种职能，如销售、广告和研究等的重要性。该组织把销售职能当成市场营销的重点，而广告、产品管理和研究职能则处于次要地位。当旅游企业只有一种或很少几种产品，或者企业产品的市场营销方式大体相同时，按照市场营销职能设置组织结构比较有效。但是，随着产品品种的增多和市场的扩大，这种组织形式就暴露出发展不平衡和难以协调的问题。既然没有一个部门能对某产品的整个市场营销活动负全部责任，那么，各部门就强调各自的重要性，以便争取到更多的预算和决策权力，致使市场营销总经理无法进行协调。

(二) 产品型组织

产品型组织是指在旅游企业内部建立产品经理组织制度，以协调职能型组织中的部门冲突。在旅游企业所生产的产品差异很大，产品品种太多，以致按职能设置的市场营销组织无法处理的情况下，建立产品经理组织制度是适宜的。其基本做法是，由一名产品市场营销经理负责，下设几个产品线经理，产品线经理之下再设几个具体产品经理去负责各具体产品。

产品市场营销经理的职责是制订产品开发计划，并付诸执行，监测其结果和采取改进措施。具体可分为6个方面：第一，发展产品的长期经营和竞争战略；第二，编制年度市场营销计划和进行销售预测；第三，与广告代理商和经销代理商一起研究广告的文稿设计、节目方案和宣传活动；第四，激励推销人员和经销商经营该产品的兴趣；第五，搜集产品、市场情报，进行统计分析；第六，倡导新产品开发。

产品型组织形式的优点在于产品市场营销经理能够有效地协调各种市场营销职能，并对市场变化做出积极反应。同时，由于有专门的产品经理，那些较小品牌产品可能不会受到忽视。不过，该组织形式也存在不少缺陷。第一，缺乏整体观念：在产品型组织中，各个产品经理相互独立，他们会为保持各自产品的利益而发生摩擦，事实上，有些产品可能面临着被收缩和淘汰的境地。第二，部门冲突：产品经理们未必能获得足够的权威，以保证他们有效地履行职责。这就要求他们得靠劝说的方法取得广告部门、销售部门、生产部门和其他部门的配合与支持。第三，多头领导：由于权责划分不清楚，下级可能会得到多方面的指令。例如，产品广告经理在制定广告战略时接受产品市场营销经理的指导，而在预算和媒体选择上则受制于广告协调者。

(三) 市场型组织

当旅游企业面临如下情况时，建立市场型组织是可行的：拥有单一的产品线；市场上有各种各样不同偏好和消费群体；拥有不同的分销渠道。许多企业都在按照市场系统安排其市场营销机构，使市场成为企业各部门为之服务的中心。一名市场主管经理管理几名市场经理。市场经理开展工作所需要的职能性服务由其他职能性组织提供并保证。其职责是负责制订所辖市场的长期计划和年度计划，分析市场动向及企业应该为市场提供什么新产品等。他们的工作成绩常用市场占有率的增加情况来判断，而不是看其市场现有盈利情况。市场型组织的优点在于，旅游企业的市场营销活动是按照满足各类不同顾客的需求来组织和安排的，这有利于旅游企业加强销售和市场开拓。其缺点是，存在权责不清和多头领导的矛盾，这和产品型组织类似。

(四) 地理型组织

如果一个旅游企业的市场营销活动面向全国，那么它会按照地理区域设置其市场营销机构，各地区部门根据当地的旅游市场情况制订和开展计划。该机构设置包括，各负责全国销售业务的销售经理，若干名区域销售经理、地区销售经理和地方销售经理。为了使整个市场营销活动更为有效，地理型组织通常都是与其他类型的组织结合起来使用。

(五) 矩阵型组织

矩阵型组织是职能型组织与产品型组织相结合的产物，它是在原有的按直线指挥系统为职能部门组成的垂直领导系统的基础上，又建立一种横向的领导系统，两者结合起来就组成一个矩阵。在市场营销管理实践中，矩阵型组织的产生大体分两种情形。第一种情况：企业为完成某个跨部门的一次性任务(如产品开发)，从各部门抽调人员组成由经理领导的工作组来执行该项任务，参加小组的有关人员一般受本部门和小组负责人的共同领导。任务完成后，小组撤销，其成员回到各自的岗位。这种临时性的矩阵型组织又称小组制。第二种情况：企业要求个人对于维持某个产品或商标的利润负责，把产品经理的位置从职能部门中分离出来并固定化，同时，由于经济和技术因素的影响，产品经理还要借助于各职能部门执行管理，这就构成了矩阵。矩阵型组织能加强企业内部门间的协作，既能集中各种专业人员的知识技能又不增加编制，组建方便，适应性强，有利于提高工作效率。但是，双重领导，稳定性差和管理成本较高的缺陷又多少抵消了一部分效率。

如今，电子计算机和无线电通信的不断进步，全球性竞争的日趋激烈，消费者和企业购买经验的日益丰富，服务性企业的迅速发展等，都要求企业重新考虑怎样组织自己的业务。为适应这些变化，许多企业将自己的业务重心放在主要业务或有竞争力的业务上，也有不少企业将其业务拓展到其他不熟悉的领域以求新的发展。其中有的成功了，但失败的却属多数，即使它们的所投身的行业是一个新兴行业或极具发展潜力的行业。究其原因，大多是由于企业缺乏在该领域的激烈竞争中所应具有的技能和知识。

三、市场营销部门和其他部门的关系

为确保企业整体目标的实现，企业内部各职能部门应密切配合。但实际上，各部门间的关系常常表现为激烈的竞争和明显的不信任，其中有些冲突是由于对企业最高利益的不同看法引起的，有些是由于部门之间的偏见造成的，而有些则由于部门利益与企业利益相冲突所造成的。

在典型的组织结构中，所有职能部门应该说都对顾客的满意程度有或多或少的影响。在市场营销观念下，所有部门都应以"满足消费者"这一原则为中心，致力于消费者需求的满足，而市场营销部门则更应在日常活动中向其他职能部门灌输这一原则。市场营销经理有两大任务：一是协调企业内部市场营销活动，二是在顾客利益方面，协调市场营销与企业其他职能部门的关系。然而，很难确定应给予市场营销部门多少权限来与其他部门进行协调合作。但一般而言，市场营销部经理应主要依靠说服而不是权力来进行工作。

市场营销部门与其他部门之间的主要分歧表现在以下几方面。

第十章 旅游市场营销组织与控制

（一）旅游市场营销部门与研究开发部的关系

旅游企业希望开发新产品，但常因研究开发部门和市场营销部门关系不好而告失败。这两个部门在企业中代表着两种不同的文化观念。研究开发部门由科学技术人员构成，他们为生产技术的超前性而骄傲，擅长解决技术问题，而不太关心眼前的销售利润，喜欢在较少人监督或较少顾虑研究成本的情况下工作。而市场营销与销售部门则由具有商业头脑的人员组成，他们精于对市场领域的了解，喜欢那些对顾客有促销作用的新产品，有一种注重成本的紧迫感。市场营销人员把研究开发人员看作不切实际的、知识分子味十足的、甚至不懂业务的科学狂人；相反，研究开发人员认为市场营销人员对产品的销售特色比对技术性能更感兴趣。结果，企业不是技术导向型的，就是市场导向型的，或二者并重的。在技术导向型的企业中，研发人员常研究基本原理问题，寻求重大突破，力求产品尽善尽美，虽然他们确实会发现一种重要的新产品，但其研究与开发费用很高，新产品成功率较低。在市场导向型的企业里，研发人员为专业市场的需要而设计新产品，绝大多数是对产品的改进和现有技术的应用，新产品的成功率较高，但主要是改进生命周期较短的产品。在技术、市场二者并重的企业中，市场营销部与研究开发部已形成有效的组织关系，它们共同负责进行卓有成效的市场创新，研发人员不仅负责发明，也负责有希望成功的创新，销售人员不只是注意新的销售特色，也协调研究人员寻找能满足要求的新途径。

研究表明：创新成功需要研究开发与市场营销一体化。研究开发与市场营销部门的合作，可采用下列几种简便易行的方式：第一，联合主办研讨会，以便加强对对方工作目标、作风和问题的理解和尊重；第二，每个新项目要同时派给研究开发人员和市场营销人员，他们将在整个项目执行过程中合作，同时，研究开发部与市场营销部应共同确定市场营销计划与目标；第三，研究开发部门的合作，要一直持续到销售阶段，包括编写技术手册，合办贸易展览，售后调查，甚至参与一些销售工作；第四，产生的矛盾应由高层管理部门解决，在同一个企业中，研究开发部门与市场营销部门应同时向一个副总经理报告。

（二）旅游市场营销部门与工程部门的关系

工程部门负责运用切实可行的方法，来设计新产品和新的生产程序。工程师们更关心产品的技术质量，成本费用的节约，以及制造工艺的简化。如果市场营销人员希望产品多样化，而不是标准配件以突出产品特色，工程师们便会与之发生冲突。他们认为市场营销人员只要求外形美观，而不注重产品内在性能，不值得加以信任。但在市场营销人员具有工程基础知识并能有效以与工程师沟通的企业里，一般不会出现上述问题。

（三）旅游市场营销部门与采购部门的关系

采购主管人员负责以最低的成本买进质量数量都合适的原材料与零配件。通常，他们的购买量大且种类较少，但市场营销经理通常会争取在一条生产线上推出几种型号的产品，这就需要采购数量小而品种多的原材料及配件，而不需要数量大而种类少的配件，他们认为市场营销部门对原料及其零配件的质量要求过高，尤其是当市场营销部门的预测发生错误时更为突出，这迫使他们不得不以较高的价格条件购进原材料，有时还会造成库存过多而积压的现象。

(四) 旅游市场营销部门与制造部门的关系

制造部门与市场营销部门之间存在几种潜在矛盾。生产人员负责企业的正常运转，以实现用适当的成本，在适当的时间内，生产适当数量的产品的目的。他们成天忙于处理机器故障、原料缺乏等问题。他们认为，市场营销人员在不了解企业的经济情况及战略的前提下，一味地埋怨企业生产能力不足，生产拖延，质量控制不严，售后服务不佳等，而且，还经常做出不正确的销售预测，推荐难以制造的产品，答应给顾客过多不合理的服务项目。市场营销人员确实看不到企业的困难，而只注意顾客提出的问题。

企业可采用不同的方法来解决这些问题。在生产导向型的企业里，人们做的任何一件事情都是为了保证生产顺利进行、降低成本，这种企业倾向于生产简单的产品，希望生产线窄一些，而生产批量大一些。需要加速生产来配合促销活动的情况几乎没有，顾客在遇到延期交货时不得不耐心等待。

另一些企业是市场导向型的。这种企业想尽一切办法来满足顾客需要。例如，在一家大型的化妆品企业里，只要市场营销人员一声令下要求生产什么东西，生产人员就立即行动，而不考虑加班费用、短期生产效应等。结果，造成生产成本高昂而且成本不固定，产品质量也欠稳定等问题。

企业应逐渐向生产导向与市场导向并重的方向发展。在这种并重的企业里，制造部门与市场营销部门可以共同确定企业追求的最佳利益。解决办法包括召开联合研讨会，以了解双方的观点，设置联合委员会和联络人员，制订人员交流计划，以及采用分析办法，以确定最有利的行动方案等。

企业的盈利能力很大程度上取产决于市场营销部门与制造部门之间的良好协调关系。市场营销人员必须具备较好地了解制造部门的能力，如果企业想通过降低生产成本取胜，那就需要一种新的生产策略；如果企业想依靠质量优良、品种多样或优质服务取胜，就需要多种不同的生产策略。所以，生产设计和生产能力是由已规划好的产量、成本、质量、品种和服务组成的市场营销战略目标来决定的。在产品尚未确定卖主之前，当购买者去工厂了解生产管理质量状况时，生产人员和工厂部门无疑成了重要的市场营销工具。

(五) 旅游市场营销部门与财务部门的关系

财务主管人员擅长于评估不同业务活动的盈利能力，但每当涉及市场营销经费时就不得不喊"头痛"。市场营销主管人员在要求将大量预算用于宣传、促销活动和推销人员的开支的同时，却不能具体说明这些费用能带来多少销售利润。财务主管人员怀疑，市场营销人员所做的预测是自己随意编制的，并没有真正考虑经费与销售的关系，以便能把预算投向获利更多的领域。他们认为，市场营销人员急于大幅度削价是为了获得订单而不是真正为了盈利。同时，市场营销主管人员则认为，财务人员控制资金太紧，拒绝把资金投入长期的潜在市场开发中去，他们把所有的市场营销经费看做一种浪费，而不是投资。财务人员过于保守，不愿冒风险，从而使许多好的机遇失之交臂，解决这个问题的办法是加强对市场营销人员的财务知识培训，同时加强对财务人员的市场营销训练。财务主管人员要运用财务工具和理论，支持对全局有影响的市场营销工作。

(六) 旅游市场营销部门与会计部门的关系

会计人员认为市场营销人员不能准时制作销售报表，尤其不喜欢销售人员与顾客达成的特殊交易，因为这些交易需要特殊的会计手续；反之，市场营销人员则不喜欢会计人员把固定成本分摊到不同品牌上去。品牌经理认为，他们主管的品牌比预期的更能盈利；但问题在于分摊给产品的间接费用太多，而使得品牌利润率降低，他们还希望会计部门能编制按渠道、区域、订货规模等各不相同的利润和销售额报表。

(七) 旅游市场营销部门与信用部门的关系

信用部门的主管人员要评估潜在顾客的信用等级，拒绝或限制向信用不佳的顾客提供信贷；他们认为，市场营销人员把商品出售给任何人，即使是那些连付款都有问题的人。相反，市场营销人员则常常感到信用标准定得太高，他们认为，要求"无坏账"实际意味着企业失去一大笔买卖和利润；并且觉得他们好容易找到了客户之后，听到的却是因这些顾客的信用不佳而不能与之成交的消息。

总之，旅游市场营销部门要和其他部门协调好关系，共同搞好企业的营销工作。

四、旅游市场营销组织的设置原则

(一) 整体沟通和协调的原则

旅游企业设置的营销机构应能够对企业与外部环境，尤其是与市场、顾客之间关系进行协调。因为旅游企业失去了顾客，就意味着失去了市场，失去了生存的条件。旅游企业设置的营销机构应能够与企业内部的其他机构相互协调，并能协调各个部门之间的关系。同时营销部门内部的人员机构以及层级设置，也要相互协调，以充分发挥营销机构自身的整体效应。

(二) 精简以及适当的管理跨度与层级原则

"精简"一是因事设职、因职设人，二是内部层级不宜太多。另外，企业应选择合适的管理跨度和管理层级，管理跨度又称管理宽度或管理幅度，指领导者能够有效直接指挥的部门和员工的数量。管理层级又称管理梯度，指一个组织属下不同层级的数目。在管理职能和范围不变的情况下，管理跨度越大，层级越少，组织结构越扁平；反之，跨度越小，则管理层级越多。企业必须选择合适的管理跨度与层级。需要注意的是管理跨度与层级的设置不是一成不变的，机构本身应当有一定弹性。企业要根据变化着的内外部情况，及时调整市场营销部门的组织形式，以适应发展变化的需要。

(三) 有效性原则

一个组织要达到工作的高效率必须具备3个条件：一是市场营销部门要有与完成自身任务相一致的权力，包括人权、物权、财权和发言权、处理事务权；二是市场营销组织要有畅通的内部沟通和外部信息渠道；三是市场营销部门要善于用人，各司其职。因为市场营销管理工作任务牵涉面广，要求不同素质的专业人员，因此，各级领导要善于发现下属优点，发挥其所长。

第二节　旅游市场营销计划

一、旅游市场营销计划的定义

旅游市场营销计划是指在研究目前市场营销状况(包括市场状况、产品状况、竞争状况、分销状况和宏观环境状况等)，分析企业所面临的主要机会与威胁、优势与劣势及存在问题的基础上，对财务目标与市场营销目标、市场营销战略、市场营销行动方案及预计损益表的确定和控制。即旅游市场营销计划是旅游目的地或企业为实现近期目标，根据营销战略的统一部署，对内、外部各种营销资源的使用状况进行的具体设计和安排。营销计划所处的层次是指导整个计划周期内各项营销活动的战略层次。企业和组织在选择目标市场以后，营销策略就是对企业进入各个细分市场后将要采取的营销活动，营销计划是一个书面文件。

二、旅游市场营销计划的分类

旅游市场营销计划是一个内涵丰富的管理工具体系。根据不同的标准，营销计划可有下列分类。

(一) 按战略和战术关系分类

1. 战略营销计划

战略营销计划是一种长远性规划，通常以 3 年、5 年或更长的时间为一个计划时期，战略营销计划是在分析当前最佳市场机会的基础上提出其目标市场和价值建议。

战略性计划需要考虑，哪些因素会成为今后推动市场的力量，可能发生的不同情境，企业希望在未来市场占有的地位及应当采取的措施。它是一个基本框架，要由年度计划使之具体化。许多企业往往在战略计划的指导下，以年度计划为重心，重视对年度计划的控制，并根据年度计划执行的效果，隔两年、甚至每年对战略性计划进行审计和修订。

2. 战术营销计划

战术营销计划则描绘了一个特定时期内的营销战术。战术营销计划也称营销行动计划，是与解决未来短期内市场营销工作决策有关。

营销计划的编制应遵循以下原则。

第一，年度营销计划由公司财务部门与营销部门联合制订；

第二，营销部门按年度计划自行制订月营销计划；

第三，市场营销计划以年度为单位，由企划部门、财务部门、营销部门联合制订；

第四，营销部门负责按月落实公司的营销计划；

第五，计划控制阶段，营销部门都必须按要求出具书面报告。

(二) 按计划的时间周期分类

1. 短期营销计划

通常以一周或一个月为周期。可以将短期营销计划理解为旅游企业经营工作指南，更侧重于手段和措施问题。

2. 中期营销计划

中期营销计划的时间跨度一般为一个季度或半年。由于旅游业的季节性较强，营销计划要能适应旅游淡旺季需求的变化。

3. 长期营销计划

长期营销计划通常在一年或一年以上，包括年度经营计划和适应性计划，也包括长远的战略营销计划。

(三) 按计划涉及范围分类

旅游市场营销计划是一个统称，与市场营销有关的营销计划包括很多种，一般分为两种。①品牌计划，即单个品牌的营销计划，品牌现在已成为企业营销的重心，尤其在品牌经理制度下，单个品牌、尤其是类别产品品牌的营销计划成为各种产品营销计划的核心；②产品类别营销计划，是关于一类产品、产品线的营销计划，品牌计划应当纳入其中；③新产品计划，即在现有产品线上增加新产品项目、进行开发和推广活动的营销计划；④细分市场计划，即面向特定细分市场、顾客群的营销计划；⑤区域市场计划，即面向不同国家、地区、城市等的营销计划；⑥客户计划，即针对特定的主要顾客的营销计划(如图10-1所示)。

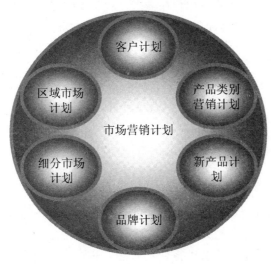

图10-1 与旅游市场营销计划有关的营销计划

三、旅游市场营销计划的主要内容

为了达成旅游企业的总体战略目标，确保各项市场营销战略的有效实施，就必须科学合理地制订一整套旅游市场营销计划。旅游市场营销计划的内容如图 10-2 所示。

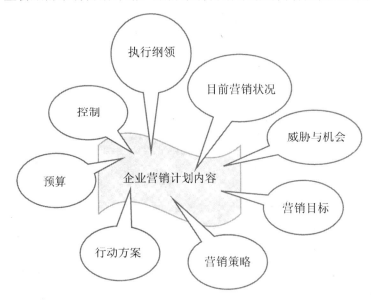

图 10-2　旅游市场营销计划的内容

(一) 市场分析

1. 市场现状分析

(1) 宏观环境。即影响该产品(品牌)营销的宏观环境因素,它们的现状及未来变化趋势。

(2) 市场的基本情况。包括市场规模与增长、过去几年的销售总量、总额,不同地区或细分市场的销售情况,消费者或用户在需求、观念及购买行为方面的动态和趋势等。

(3) 产品。包括产品近几年来的销售、价格、利润及差额的情况。

(4) 分销渠道。包括各分销渠道的销售情况,各渠道的相对重要性及其变化,主要经销商及经营能力的变化,对它们进行激励所需的投入、费用和交易条件。

(5) 竞争者。指出主要竞争者,并对它们的市场状况(销售区域分布、广告、销售人员素质及客户服务质量等)和采取的市场策略(包括目标市场、价格、产品、渠道和促销等)进行分析。

(6) 企业。包括企业前期业绩及策略检查,以发现存在的问题。

2. 机会和威胁、优势与劣势分析

对所有企业面临的机会和威胁,要尽可能列出,并要有时间顺序,分出轻重缓急,使更重要、更紧迫的能受到应有的关注。通过对企业资源中的优势和劣势分析(SWOT 分析),主要是为了把上述的主要市场机会中符合企业优势的确认为企业机会,同时,也要明确威胁所在。

(二) 目的和目标

目的反映行动和努力最终要达到的地点或境界。例如,企业希望的目的可能是增加利润、扩大市场占有率，或增加顾客满意度。目的必须可行，而且彼此相容。目的的意义在于对整个企业的行动提供指导和控制，必须转化为可以衡量的目标。

目标中包含了对任务的数量和完成时间的要求。例如，企业希望扩大市场占有率，就要明确写出要求今年市场占有率比上一年提高的百分比。总之，目的和目标不能只概念化，必须转化为便于衡量的指标。

(三) 战略

目标可以通过多种途径实现。必须选择利于实现目标的战略，以文字或列表加以说明。

1. 目标市场战略

目标市场即企业准备进入的细分市场。不同细分市场在顾客偏好、对营销行为的反应、盈利潜力，以及企业能够或愿意满足其需求的程度方面各有差别。企业必须识别它的首要目标市场、次要目标市场乃至更为次要的目标市场。首要目标市场指已经具备了充分的购买条件和欲望的顾客，是企业营销活动的主打市场；次要目标市场是指可能有购买能力，但是尚未准备就绪、且欲望不足的潜在顾客；更为次要的目标市场包含了目前缺乏购买能力，但是购买的可能性或许会增加的一些群体。企业要在精心选择的目标市场上，慎重分配资源和力量。

2. 定位战略

市场定位主要说明企业提供给消费者的利益和价值与竞争者有什么区别和不同，借以向目标市场显示其更值得信任和购买。定位的实质是差异化，它是吸引现有的或潜在顾客购买的基础，需要市场营销组合策略来实现。

3. 营销组合策略

对选定的细分市场，根据定位的要求，分别制定产品、价格、分销和促销等营销策略并加以整合。通常在针对目标市场发展营销组合时，会有多种方案可供选择，因此要分清主次，从中择优选择。

4. 预算

预算指执行营销战略所需的费用、用途和理由。营销预算和营销目的具有一定的相关性，因此，营销预算应服从于企业市场营销的整体战略目标。俗话说"好钢用在刀刃上"，营销预算应有所侧重，以确保重点战略目标的实现。少花钱多办事，用较少的支出产生最大的效果，获取最大的利益是营销预算追求的目标，在这个意义上，营销预算不仅是企业营销活动的前提和保障，也是对企业营销活动的指导。

营销预算的编制方法主要有经验推断法、量力而行法、行业比率法、竞争对手预算法、销售百分法、目标任务法、零基预算法和最优利润法。这些编制方法各有其特点和优缺点，企业可根据实际情况选择。

(四) 行动方案

战略必须具体化，形成整套的活动安排，成为日程表上的内容。企业要全盘考虑营销战略实施中涉及的各个因素、每个环节及所有内容。必须把具体的战术或活动用图表等形式反映出来,标明日期、费用和责任人,使整个战术行动方案一目了然、便于执行和控制。

(五) 控制

旅游市场营销计划包括检查行动是否达成目标的机制,主要说明如何对计划的执行、进度进行管理。常把目标、预算按月或季度分开,便于上级主管部门及时了解各个阶段的实绩,掌握未完成任务的部门、环节,分析原因,并要求限期解释和提出改进措施。

有些营销计划的控制部分包括应急方案。应急方案中会扼要列举可能发生的各种不利情况,发生的概率和危害程度,应当采取的预防措施和必须准备的善后措施。制订和列出应急方案,目的是事先考虑可能出现的重大危机和可能产生的各种困难。

四、旅游市场营销计划的实施问题与原因

(一) 旅游市场营销计划的实施

旅游市场营销计划实施是指将旅游营销计划转变为具体营销行动的过程,即把企业的经济资源有效地投入到企业营销活动中,完成计划规定的任务、实现既定目标的过程。执行旅游市场营销计划包括以下4方面内容。

1. 制订行动方案

为了更加有效地实施旅游市场营销计划,市场营销部门及相关部门必须制订详细的行动方案,包含具体的行动时间表。

2. 调整组织结构

在计划执行过程中,组织要把任务下达给具体的部门和人员,协调企业内部各部门之间的关系。组织结构应该与企业战略、市场营销计划相适应,并随之做相应调整。

3. 形成规章制度

为了保证计划的有效落实,必须相应制定各种规章制度,明确每个人的责任、权利及奖惩条件。

4. 协调各种关系

为了有效实施旅游市场营销计划,企业内部各部门要相互配合,协调一致;各项行动实施方案、组织结构和各种规章制度也要相互配合,协调一致。

(二) 旅游市场营销计划执行中的问题及其原因

1. 计划脱离实际

旅游市场营销计划通常由上层专业计划人员制订,而实施则主要靠基层管理人员和销售人员。专业计划人员更多考虑是总体方案和原则性要求,容易忽视过程和实施的细节,使计划过于笼统和流于形式。专业计划人员不了解实施中的具体问题,计划难免脱离实际;

专业计划人员与基层人员之间缺乏交流和沟通，操作人员不能完全理解需要他们贯彻的计划内容，实施中经常遇到困难，从而导致专业计划人员和基层人员的对立。因此，制订计划不能仅靠专业计划人员，应该让专业计划人员协助有关营销人员共同制订计划。基层人员可能比专业计划人员更了解实际运作过程，将他们纳入计划管理过程，会更有利于营销计划的实施。

2. 长期目标和短期目标矛盾

计划一般涉及企业的长期目标；而企业评估和奖励营销人员，通常又根据他们的短期绩效，因此他们中有些人在执行计划过程中不得不选择短期行为。例如有些新产品开发之所以半途夭折，就是因为营销人员追求眼前效益和个人奖金，将资源主要投放到了现有的成熟产品。克服这种长期目标和短期目标之间的矛盾是十分重要的而且是十分艰难的任务。

3. 因循守旧的惰性

一般说，新战略、新计划如果不符合传统习惯，就容易遭受抵制。新旧战略、计划的差异越大，实施中可能遇到的阻力也越大。要实施与旧战略截然不同的新计划，常常需要打破传统组织结构和流程。

4. 缺乏具体明确的执行方案

有些计划失败的原因主要是缺乏一个具体的行动方案，没有一个使内部各有关部门、环节协调一致、共同努力的依据。

第三节　旅游市场营销控制

菲利浦·科特勒说："营销控制是规划、组织和实施营销的自然延续。"所谓旅游市场营销控制，是指旅游企业营销管理者通过对企业营销计划执行情况的持续观察，发现企业运营与计划的差异，及时找出原因，并采取适当的措施和正确的行动，以保证旅游市场营销计划完成的管理活动。旅游市场营销控制有4种主要类型，即年度计划控制、盈利能力控制、效率控制和战略控制。

一、年度计划控制

任何企业都要制订年度计划，然而，年度市场营销计划的执行能否取得理想的成效，还需要看控制工作进行得如何。所谓年度计划控制，是指旅游企业在本年度内采取控制步骤，检查实际绩效与计划之间是否有偏差，并采取改进措施，以确保市场营销计划的实现与完成。许多企业每年都制订有相当周密的计划，但执行的结果却往往与之有一定的差距。事实上，计划的结果不仅取决于计划制订得是否正确，还有赖于计划执行与控制的效率如何。可见，年度计划制订并付诸执行之后，搞好控制工作也是一项极其重要的任务。年度计划控制的主要目的在于：第一，促使年度计划产生连续不断的推动力；第二，控制的结果可以作为年终绩效评估的依据；第三，发现企业潜在问题并及时予以妥善解决；第四，高层管理人员可借此有效地监督各部门的工作。

年度计划控制系统包括 4 个主要步骤：制定标准，即确定本年度各个季度(或月)的目标，如销售目标、利润目标等；绩效测量，即将实际成果与预期成果相比较；因果分析，即研究发生偏差的原因；改正行动，即采取最佳的改正措施，努力使成果与计划相一致。企业经理人员可运用 5 种绩效工具以核对年度计划目标的实现程度，即销售分析、市场占有率分析、市场营销费用与销售额比率分析、财务分析、顾客态度追踪。

(一) 销售分析

销售分析主要用于衡量和评估经理人员所制订的计划销售目标与实际销售之间的差距。这种关系的衡量和评估有两种主要方法。

1. 销售差异分析

销售差异分析用于决定各个不同的因素对销售额的不同作用。例如，假设年度计划要求第一季度销售 4 000 件产品，每件 1 元，即销售额 4 000 元。在该季结束时，只销售了 3 000 件，每件 0.80 元，即实际销售额 2 400 元。那么，这个销售绩效差异为－1 600 元，或预期销售额的－40%。问：绩效的降低有多少归因于价格下降？有多少归因于销售数量的下降？我们可用如下计算来回答：

因价格下降的差异＝(1－0.80)元/件×3 000＝600 元；

因价格下降的影响＝600 元÷1 600 元＝37.5%；

因销量下降的差异＝1 元/件×(4 000－3 000)件＝1000 元；

因销量减少的影响＝1 000 元÷1 600 元＝62.5%。

可见，约有 2/3 的销售差异归因于未能实现预期的销售数量。由于销售数量通常较价格容易控制，企业应该仔细检查为什么不能达到预期的销售量。

2. 地区销售量分析

地区销售量分析可以衡量导致未能达到预期销售额的特定产品和地区等。假设某旅游企业在 3 个地区销售，其预期销售额分别为 1 500 元、500 元和 2 000 元，总额 4 000 元。实际销售额分别是 1 400 元、525 元、1 075 元。就预期销售额而言，第一个地区有 7%的未完成额；第二个地区有 5%的超出额；第三个地区有 46%的未完成额。主要问题显然在第三个地区。造成第三个地区不良绩效的原因有如下可能：一是该地区的销售代表工作不努力；二是有主要竞争者进入该地区；三是该地区居民收入下降。

(二) 市场占有率分析

旅游企业的销售绩效并不能反映出相对于其竞争者来说企业的经营状况如何。如果旅游企业销售额增加了，可能是由于企业所处的整个经济环境的发展，或可能是因为其市场营销工作较之其竞争者有相对改善。市场占有率正是剔除了一般的环境影响来考察企业本身的经营工作状况。如果企业的市场占有率升高，表明它较其竞争者的情况更好；如果下降，则说明相对于竞争者其绩效较差。衡量市场占有率的第一个步骤是清楚地定义使用何种度量方法。一般有 4 种不同的度量方法。

1. 全部市场占有率

全部市场占有率以旅游企业的销售额占全行业销售额的百分比来表示。使用这种测量方法必须做两项决策：第一是要以单位销售量或以销售额来表示市场占有率；第二是正确认定行业范围，即明确本行业所应包括的产品、市场等。

2. 可达市场占有率

可达市场占有率以其销售额占企业所服务市场的百分比来表示。所谓可达市场，一是企业产品最适合的市场；二是企业市场营销努力所及的市场。企业可能有近100%的可达市场占有率，却只有相对较小百分比的全部市场占有率。

3. 相对市场占有率

相对市场占有率(相对于最大的3个竞争者)以旅游企业销售额对最大的3个竞争者的销售额总和的百分比来表示。例如，某旅游企业有30%的市场占有率，其最大的3个竞争者的市场占有率分别为20%、10%、10%，则该企业的相对市场占有率是30/40＝75%。一般情况下，相对市场占有率高于33%即被认为是强势的。

4. 相对市场占有率

相对市场占有率(相对于市场领导竞争者)以旅游企业销售额相对市场领先竞争者的销售额的百分比来表示。相对市场占有率超过100%，表明该旅游企业是市场领先者；相对市场占有率等于100%，表明旅游企业与市场领先竞争者同为市场领导者；相对市场占有率的增加表明企业正接近市场领先竞争者。

了解旅游企业市场占有率之后，尚需正确解释市场占有率变动的原因。旅游企业可从产品大类、顾客类型、地区，以及其他方面来考察市场占有率的变动情况。一种有效的分析方法，是从顾客渗透率(CP)，顾客忠诚度(CL)，顾客选择性(CS)，以及价格选择性(PS)四因素分析。所谓顾客渗透率，是指从本企业购买某产品的顾客占该产品所有顾客的百分比。顾客忠诚度，是指顾客从本企业所购产品与其所购同种产品总量的百分比。顾客选择性，是指本企业一般顾客的购买量相对于其他企业一般顾客的购买量的百分比。价格选择性，是指本企业平均价格同所有其他企业平均价格的百分比。这样，全部市场占有率(TMS)就可表述为

$$TMS = CP \cdot CL \cdot CS \cdot PS$$

(三) 市场营销费用与销售额比率分析

年度计划控制，需要检查与销售有关的市场营销费用，以确定旅游企业在达到销售目标时的费用支出。市场营销费用对销售额比率是一种主要的检查方法。市场营销管理人员的工作，就是密切注意这些比率，以发现是否有任何比例失去控制。当一项费用对销售额比率失去控制时，必须认真查找问题的原因。

(四) 财务分析

市场营销管理人员应就不同的费用对销售额的比率和其他的比率进行全面的财务分

析，以决定企业如何以及在何处展开活动，获得盈利。尤其是利用财务分析来判别影响企业资本净值收益率的各种因素。

(五) 顾客态度追踪

如上所述的年度计划控制所采用的衡量标准大多是以财务分析和数量分析为特征的，即它们基本上是定量分析。定量分析虽然重要但并不充分，因为它们没有对市场营销的发展变化进行定性分析和描述。因此，企业需要建立一套系统来追踪其顾客、经销商，以及其他市场营销系统参与者的态度。如果发现顾客对本企业和产品的态度发生了变化，企业管理者就能较早地采取行动，争取主动。企业一般主要利用以下系统来追踪顾客的态度。

1. 抱怨和建议系统

旅游企业对顾客的书面的或口头抱怨应该进行记录、分析，并做出适当的反应。对不同的抱怨应该分析归类做成卡片。较严重的和经常发生的抱怨应及早予以注意，旅游企业应该鼓励顾客提出批评和建议，使顾客有经常的机会发表意见，才有可能收集到顾客对其产品和服务反映的完整资料。

2. 固定顾客样本

有些旅游企业建立由一定代表性的顾客组成的固定顾客样本，定期地由企业通过电话访问或邮寄问卷了解其态度。这种做法有时比抱怨和建议系统更能代表顾客态度的变化及其分布范围。

3. 顾客调查

旅游企业定期让一组随机顾客回答一组标准化的调查问卷，其中问题包括职员态度、服务质量等。通过对这些问卷的分析，企业可及时发现问题，并及时予以纠正。

通过上述分析，旅游企业在发现实际绩效与年度计划发生较大偏差时，可考虑采取如下措施：削减产量，降低价格，对销售队伍施加更大的压力，削减杂项支出，裁减员工，削减投资，出售企业财产，出售整个企业。

二、赢利能力控制

除了年度计划控制之外，旅游企业还需要运用赢利能力控制来测定不同产品、不同销售区域、不同顾客群体、不同渠道及不同订货规模的赢利能力。由赢利能力控制所获取的信息，有助于管理人员决定各种产品或市场营销活动是扩展、减少还是取消。下面就市场营销成本及赢利能力的考察指标进行阐述。

(一) 市场营销成本

市场营销成本直接影响企业利润，它由如下项目构成：直接推销费用，包括直销人员的工资、奖金、差旅费、培训费、交际费等；促销费用，包括广告媒体成本、产品说明书印刷费用、赠奖费用、展览会费用、促销人员工资等；仓储费用，包括租金、维护费、折旧、保险、包装费、存货成本等；运输费用，包括托运费用等，如果是自有运输工具，则要计算折旧、维护费、燃料费、牌照税、保险费、司机工资等；其他市场营销费用，包括市场营销管理人员工资、办公费用等。上述成本连同企业的生产成本构成了企业总成本，直接影响到企业经济效益。

(二) 赢利能力的考察指标

取得利润是任何企业的最重要的目标之一。企业赢利能力历来为市场营销管理人员所高度重视，因而赢利能力控制在市场营销管理中占有十分重要的地位。在对市场营销成本进行分析之后，我们特提出如下赢利能力考察指标。

1. 销售利润率

一般来说，企业将销售利润率作为评估企业获利能力的主要指标之一。销售利润率是指利润与销售额之间的比率，表示每销售100元使企业获得的利润，其公式为：

$$销售利润率 = (本期利润/销售额) \times 100\%$$

但是，在同一行业各个企业间的负债比利往往大不相同，而对销售利润率的评价又常需通过与同行业平均水平来进行对比。所以，在评估企业获利能力时最好能将利息支出加上税后利润，这样将能大体消除由于举债经营而支付的利息对利润水平产生的不同影响。因此，销售利润率的计算公式应该为：

$$销售利润率 = (税后息前利润/产品销售收入净额) \times 100\%$$

这样的计算方法，在同行业间衡量经营水平时才有可比性，才能比较正确地评价市场营销效率。

2. 资产收益率

资产收益率指企业所创造的总利润与企业全部资产的比利。其公式为：

$$资产收益率 = (本期利润/资产平均总额) \times 100\%$$

与销售利润率的理由一样，为了在同行业间有可比性，资产收益率的计算公式为：

$$资产收益率 = (税后息前利润/资产平均总额) \times 100\%$$

其分母之所以用资产平均总额，是因为年初和年末余额相差很大，如果仅用年末余额作为总额显然不合理。

3. 净资产收益率

净资产收益率指税后利润与净资产所得的比率。净资产是指总资产减去负债总额后的净值。这是衡量企业偿债后的剩余资产的收益率。其计算公式为：

$$净资产收益率 = (税后利润/净资产平均余额) \times 100\%$$

4. 资产管理效率

资产管理效率可通过以下指标来分析。

(1) 资产周转率

该指标是指一个企业以资产平均总额去除产品销售收入净额而得出的全部资产周转率。其计算公式为：

$$资产周转率 = 产品销售收入净额 / 资产平均占用额$$

该指标可以衡量企业全部投资的利用效率,资产周转率高说明投资的利用效率高。

(2) 存货周转率

该指标是指产品销售成本与存货(指产品)平均余额之比。其计算公式为:

$$存货周转率 = 产品销售成本 / 存货平均余额$$

这项指标说明某一时期内存货周转的次数,从而考核存货的流动性。存货平均余额一般取年初和年末余额的平均数。一般说来,存货周转率次数越高越好,说明存货水准较低,周转快,资金使用效率较高。

资产管理效率与获利能力密切相关。资产管理效率高,获利能力相应也较高。这可以从资产收益率与资产周转率及销售利润率的关系表现出来。资产收益率实际上是资产周转率和销售利润率的乘积,即

$$资产收益率 = (产品销售收入净额 / 资产平均占用额) \times (税后息前利润 / 产品销售收入净额)$$
$$= 资产周转率 \times 销售利润率$$

三、效率控制

假如赢利能力分析显示出企业关于某一产品、地区或市场所得的利润很差,那么紧接着下一个问题便是有没有高效率的方式来管理销售人员、广告、销售促进及分销。

(一) 销售人员效率

旅游企业的各地区的销售经理要记录本地区内销售人员效率的几项主要指标,这些指标包括每个销售人员每天平均的销售访问次数、每次会晤的平均访问时间、每次销售访问的平均收益、每次销售访问的平均成本、每次访问的招待成本、每百次销售访问而订购的百分比、每期发展的新顾客数、每期丧失的顾客数、销售成本对总销售额的百分比等。

(二) 广告效率

旅游企业应该至少做好如下统计:每一媒体类型、每一媒体工具接触每千名购买者所花费的广告成本;顾客对每一媒体工具注意、联想和阅读的百分比;顾客对广告内容和效果的意见;广告前后对产品态度的衡量;受广告刺激而引起的询问次数。企业高层管理可以采取若干步骤来改进广告效率,包括进行更加有效的产品定位,确定广告目标,利用计算机来指导广告媒体的选择,寻找较佳的媒体,以及进行广告后效果测定等。

(三) 促销效率

为了改善销售促进的效率,企业管理阶层应该对每一销售促进的成本和对销售影响做记录,注意做好如下统计:由于优惠而销售的百分比,每一销售额的陈列成本,赠券收回的百分比,因示范而引起询问的次数。企业还应观察不同销售促进手段的效果,并使用最有效果的促销手段。

(四) 分销效率

分销效率主要包括:分销网点的市场覆盖面、销售渠道层级、各类渠道成员的作用、分销系统的结构、企业存货水准、仓库位置及运输方式等。

效率控制的目的在于提高人员推销、广告、销售促进和分销等市场营销活动的效率，市场营销经理必须关注若干关键指标，这些指标表明上述市场营销组合因素的有效性，以及应该如何引进某些资料以改进执行情况。

四、战略控制

旅游企业的市场营销战略，是指旅游企业根据自己的市场营销目标，在特定的环境中，按照总体的策划过程所拟定的可能采用的一连串行动方案。但是市场营销环境变化很快，往往会使企业制订的目标、策略、方案失去作用。因此，在企业市场营销战略实施过程中必然会出现战略控制问题。战略控制是指市场营销经理采取一系列行动，使实际市场营销工作与原规划尽可能一致，在控制中通过不断评审和信息反馈，对战略不断修正。市场营销战略的控制既重要又难以把握。因为企业战略的成功是总体的和全局性的，战略控制注意的是控制未来，是还没有发生的事件。战略控制必须根据最新的情况重新估价计划和进展，因而难度也就比较大。

旅游企业在进行战略控制时，可以运用市场营销审计这一重要工具。各个企业都有财务会计审核，在一定期间客观地对审核的财务资料或事项进行考察、询问、检查、分析，最后根据所获得的数据按照专业标准进行判断，做出结论，并提出报告。这种财务会计的控制制度有一套标准的理论、作法。但是市场营销审计尚未建立一套规范的控制系统，有些企业往往只是在遇到危急情况时才进行，其目的是为了解决一些临时性的问题。目前，在国外越来越多的企业运用市场营销审计进行战略控制。

五、市场营销审计

所谓市场营销审计，是对一个旅游企业市场营销环境、目标、战略、组织、方法、程序和业务等做综合的、系统的、独立的和定期性的核查，其目的在于决定问题的范围和各项机会，提出行动计划建议，以提高公司的营销业绩。市场营销审计实际上是在一定时期对企业全部市场营销业务进行总的效果评价，其主要特点是，不限于评价某一些问题，而是对全部活动进行评价。二战以后，发达国家经济缓慢增长，产品翻新加快，需求趋向个性化、多样化，市场竞争日益激烈，企业市场营销呈现危机。工业企业为提高经济效益，对市场营销活动加强核查、分析和控制，逐渐展开市场营销审计。进入20世纪70年代，美国许多工商企业，尤其是一些跨国公司，日益从单纯关注利润和效率发展到全面核查经营战略、年度计划和市场营销组织，高瞻远瞩地改善企业经营管理和更有效地扩大经济效果。他们对市场营销活动的核查范围逐步扩大。包括用户导向、市场营销组织、市场营销信息、战略控制及作业效率等，同时制定了核查的具体要求，确立了核查标准并采用计分办法加以评估。从那时起，市场营销审计开始成熟，并逐步发展。工商企业把它当做加强市场营销管理的一个有效工具，从而为市场营销理论增添了新的篇章。

市场营销审计的基本内容包括市场营销环境审计、市场营销战略审计、市场营销组织审计、市场营销系统审计、市场营销盈利能力审计和市场营销功能审计。

（一）旅游市场营销环境审计

市场营销必须审时度势，必须对市场营销环境进行分析，并在分析人口、经济、生态、技术、政治、文化等环境因素的基础上，制定企业的市场营销战略。这种分析是否正确，需要经过市场营销审计的检验。由于市场营销环境的不断变化，原来制定的市场营销战略也必须相应地改变，也需要经过市场营销审计来进行修订。目前，我国许多企业重复投资、重复建设、盲目上马，不能适应市场需要，不利于形成适度的市场规模，因而难以取得理想的经济效益，原因就在于缺乏充分的市场营销环境的调查与分析。即使有些企业在这方面做了一些工作，但是，绝大多数企业还远没有进行市场营销环境审计。审计内容包括市场规模，市场增长率，顾客与潜在顾客对企业的评价，竞争者的目标、战略、优势、劣势、规模、市场占有率，供应商的推销方式，经销商的贸易渠道等。

（二）旅游市场营销战略审计

旅游企业是否能按照市场导向确定自己的任务、目标并设计企业形象，是否能选择与企业任务、目标相一致的竞争地位，是否能制定与产品生命周期、竞争者战略相适应的市场营销战略，是否能进行科学的市场细分并选择最佳的目标市场，是否能合理地配置市场营销资源并确定合适的市场营销组合，企业在市场定位、企业形象、公共关系等方面的战略是否卓有成效，所有这些都需要经过市场营销战略审计的检验。

（三）旅游市场营销组织审计

市场营销组织审计，主要是评价旅游企业的市场营销组织在执行市场营销战略方面的组织保证程度和对市场营销环境的应变能力，包括：企业是否有坚强有力的市场营销主管人员及其明确的职责与权利，是否能按产品、用户、地区等有效地组织各项市场营销活动，是否有一支训练有素的销售队伍，对销售人员是否有健全的激励、监督机制和评价体系，市场营销部门与采购部门、生产部门、研究开发部门、财务部门及其他部门的沟通情况，以及是否有密切的合作关系等。

（四）旅游市场营销管理系统审计

旅游企业市场营销系统包括市场营销信息系统、市场营销计划系统、市场营销控制系统和新产品开发系统。对市场营销信息系统的审计，主要是审计企业是否有足够的有关市场发展变化的信息来源，是否有畅通的信息渠道，是否进行了充分的市场营销研究，是否恰当地运用市场营销信息进行科学的市场预测等。对市场营销计划系统的审计，主要是审计企业是否有周密的市场营销计划，计划的可行性、有效性及执行情况如何，是否进行了销售潜量和市场潜量的科学预测，是否有长期的市场占有率增长计划，是否有适当的销售定额及其完成情况如何等。对市场营销控制系统的审计，主要是审计企业对年度计划目标、盈利能力、市场营销成本等是否有准确的考核和有效的控制。对新产品开发系统的审计，主要是审计企业开发新产品的系统是否健全，是否组织了新产品创意的收集与筛选，新产品开发的成功率如何，新产品开发的程序是否健全，包括开发前的充分的调查研究、开发过程中的测试，以及投放市场的准备及效果等。

（五）旅游市场营销盈利能力审计

市场营销盈利能力审计，是在企业盈利能力分析和成本效益分析的基础上，审核企业的不同产品、不同市场、不同地区及不同分销渠道的盈利能力,审核进入或退出、扩大或缩小某一具体业务对盈利能力的影响,审核市场营销费用支出情况及其效益,进行市场营销费用——销售分析,包括销售队伍与销售额之比、广告费用与销售额之比、促销费用与销售额之比、市场营销研究费用额之比、销售管理费用与销售额之比,以及进行资本净值报酬率分析和资产报酬率分析等。

(六) 旅游市场营销职能审计

市场营销职能审计,是对企业的市场营销组合因素效率的审计。主要是审计企业的产品质量、特色、式样、品牌的顾客欢迎程度,企业定价目标和战略的有效性,市场覆盖率,企业分销商、经销商、代理商、供应商等渠道成员的效率,广告预算、媒体选择及广告效果,销售队伍的规模、素质及能动性等。

复习思考题

1. 旅游市场营销组织的形式有哪几种?
2. 实施旅游市场营销计划中应注意哪些问题?
3. 如何制订切实可行的旅游市场营销计划?
4. 旅游市场营销控制包括哪些内容?
5. 旅游市场营销审计包括哪些内容?

第十一章　旅游目的地营销

[引导案例]

旅游目的地的"微博营销"

前不久,国家旅游局组织召开了全国旅游微博发展座谈会,来自各省区市的旅游部门、企业及新浪、腾讯两大微博平台负责人出席了会议。据悉,截至2011年7月8日,全国有30多个省区市的旅游部门在新浪开通实名认证微博296家,在腾讯开通微博的旅游部门也多达190家,且数量还在不断增加。

用户是营销的基础,微博的迅速发展带动了相关营销方式的出现,这就是微博营销。作为一种新兴网络营销方式,旅游微博营销得到了旅游目的地的高度重视,并成为其树立品牌形象与推进产品销售的重要渠道之一。

当前,信息化浪潮仍是主要的技术革新因素之一,互联网的生活化、产业化应用将持续推动整体经济的变革,中国线上旅游的发展面临着深阔的蓝海。旅游业作为网络营销的主要产业板块之一(目前位列游戏产业等之后,居于第四位),微博营销发展迅速。

2009年新浪微博上线,迅速成为了新浪的核心产品之一;2010年腾讯微博挟6亿用户的雄厚身家,开始强势介入微博,取得了不俗的成绩。2011年搜狐微博开始发力追赶,但就流量而言,目前还难以撼动新浪、腾讯微博双雄并立的格局。虽然各大平台的微博产品目前并不盈利,但其庞大的用户群体,紧密的社会联系为微博产品带来了广阔的商业想象空间,欲取线上市场,必先争夺社交媒体产品,已经成为互联网巨头的共识,国内新浪、腾讯微博扩展高歌猛进,国外Google推出G+产品和Facebook展开角力,都彰显了社交媒体平台的主流产品地位。

今年5月19日是首个中国旅游日。期间,新浪微博联手新浪旅游推出国内外旅游局、风景名胜区一键关注页面。其中汇聚了国家旅游局、北京市旅委、四川省旅游局等100多家境内旅游局,以及迪拜旅游局、瑞士国家旅游局等境外旅游局,发布内容包括权威的旅游资讯、快捷的旅游报道,实时的景区数据、促销旅游活动和旅游风景图片等,为网友旅游出行提供了有效的信息和参考。

通过微博,网友可以非常方便地获取旅游信息,制定旅游路线,在旅游过程中又能随时随地分享旅游体验,与其他人互动,并通过自发式的传播影响到更多的人,旅游目的地能够第一时间了解网友需求并提供丰富的服务。

微博营销的优点在于简单易用,140个字发布信息,远比博客发布容易,可以方便地利用文字、图片、链接、视频等多种展现形式,特别适合在移动客户端发布,同时微博营销基于社会媒体网络,传播速度快,商业推广效果好。

但是，微博营销也有显而易见的弱点，由于微博里新内容产生的速度太快，如果发布的信息没有被及时关注到，那就很可能被埋没在海量的信息中；其次，微博的传播承载力有限，一条微博文章只有140个字，其信息仅限于在信息所在平台传播，很难像博客文章那样被大量转载。

针对微博营销的缺点，作为旅游目的地营销方来说，第一，要在旅游者的心中树立一个良好的形象，奠定一个良好的客户基础，赢得人们信任。第二，对传播内容不赘述，简单明了，努力发掘能够让人们最方便关注到博文的方式与技巧。第三，定期举办促销、抽奖活动，激发网民的兴趣，提高博主被关注度。第四，努力成为人们有用的专业工具，而非为了短时间的汇集人气而偏离旅游服务的正题。

资料来源：http://finance.people.com.cn/h/2011/0825/c227865-386375082.html.

第一节　旅游目的地和旅游目的地营销概述

一定地理空间上的旅游资源同旅游专用设施、旅游基础设施及相关的其他条件有机地结合起来，就成为旅游者停留和活动的目的地，即旅游地。旅游地在不同情况下，有时又被称为旅游目的地，或旅游胜地。简言之，旅游目的地是吸引旅游者在此做短暂停留、参观游览的地方。旅游目的地把旅游的所有要素，包括需求、交通、供给和市场营销都集中于一个有效的框架内，可以被看做满足旅游者需求的服务和设施中心。目的地是旅游活动中最重要和最有生命力的部分，也是旅游接待的载体，是建立旅游者所需要的旅游吸引物和服务设施的所在地。目的地及它的形象能吸引旅游者，驱使人们前来访问，进而激活了整个旅游体系。

旅游目的地营销是指以旅游目的地区域为营销主体，代表区域内各种相关机构、所有旅游企业和全体从业人员，以一个旅游目的地的整体形象加入到旅游市场激烈的市场竞争中，并以不同方式和手段传播旅游信息，制造兴奋点，展示新形象，增强吸引力，引发消费者注意力和兴奋点的全过程。

不可否认，现代旅游业的发展改变了人们的旅游方式和旅游目的地的管理重点，所以旅游目的地的概念也在发生变化。人们对旅游目的地概念的认识与旅游需求的内容有关，旅游需求的变化导致对目的地内涵与外延认识的不断调整，目的地的管理重点和营销重点也随之发生变化。

在旅游目的地营销过程中，应该注重以下原则：第一，对目的地形象的研究要注重其形成过程和发挥作用的机制；第二，定位及品牌设计是目的地营销工作的重要组成部分，但是目前研究较少，应该加强对这两个方面的研究；第三，营销效果的评估是进一步营销的基础，要强化对旅游目的地营销效果评估的研究；第四，Web 2.0和移动网络的发展为目的地营销提供了新的思路，基于新背景的营销手段被认为比传统的 DMS 可以更有效地影响消费者，所以今后应该拓展在这个方向的研究，如 BBS、Web 2.0 社区、手机 WAP 网络等对目的地营销的影响；第五，注意研究方法的多元化，完善研究方法，强化实证研究和定量分析，充分发挥各种研究方法的综合优势。

第二节 旅游目的地营销信息系统

一、旅游目的地营销信息系统概述

旅游目的地营销系统(Destination Marketing System，DMS)是由政府牵头、企业参与、充分整合各旅游企业的信息资源及资金优势，借助电子网络手段，以树立旅游目的地整体形象为目的的网络营销系统。旅游目的地网络营销的主要主体和推动力——旅游目的地旅游行政管理当局，他们运用互联网技术了解旅游者需求和愿望，为旅游者提供旅游目的地信息和个性化、定制化服务，传播旅游目的地形象，开展旅游目的地宣传推广活动，引导和促成旅游企业产品交易实现，吸引更多的游客来旅游目的地旅游。

旅游目的地营销系统以网络为基础，继承了旅游目的地传统营销的基本特点，又有其自身优势，能有效提升旅游目的地的市场知名度和竞争力。旅游目的地网络营销是旅游目的地旅游管理部门进行宏观管理的重要工作，也是旅游目的地旅游管理部门开展旅游营销的重要内容，更是旅游目的地旅游管理部门提供公共产品和服务的重要体现。旅游目的地旅游管理部门可以借助网络媒体开展网络营销，以此推动旅游目的地旅游业的发展，增加旅游收入和旅游人数，提升旅游目的地旅游形象，增强旅游目的地竞争力，促进旅游目的地社会经济等各项事业的发展。

旅游目的地营销系统是旅游目的地旅游管理部门进行网络营销的重要平台，能够做到对行内业管理和对外营销宣传。目前，旅游目的地营销系统在英国、新加坡、西班牙、澳大利亚、芬兰等发达国家和地区已经得到较为成熟的应用，有效地将网络和传统营销业务相结合，明显地提高了旅游营销的效果。我国各级旅游管理部门也正积极筹建旅游目的地营销系统，以整合旅游目的地营销资源，实现资源共享、市场共拓、信息共通和实现共赢。

二、旅游目的地网络营销的优越性

作为一种新的营销方式，网络营销有其自身的特点，在旅游目的地营销过程中能够发挥独特的作用，主要表现在以下几个方面。

（一）扩大营销范围

由于互联网具有跨时空性，网络营销可以不受时间、空间的限制而进行信息传播和交流，突破传统营销媒体手段的限制，为全球范围的潜在旅游者提供全天候的服务。营销主体将旅游目的地的各种信息放在网上，通过互联网将这些信息传递到世界各地，能够有效地传播目的地信息，从而扩大营销的受众范围，获得吸引更多海内外客源的机会。

（二）增强营销效果

互联网信息存储容量大，传输速度快，网上信息易于更新，而且还可以做到图片、声音、视频等方面的多媒体结合。利用这些特点，旅游目的地营销主体可以制作出丰富多彩的信息内容，包括地方饮食、酒店、交通方式、旅游风光、购物广场、娱乐场所等各项信息，并以相应方式放到网上，为旅游者提供全面的信息服务，从而对旅游者的出游决策产生重要的影响。同时，网络营销能够提高营销主体对市场信息的获取与处理能力，及时了解旅游者需求，高效率提供相关信息，提高营销效率。

（三）实现全程营销

在网络营销中，利用互联网的互动性，营销主体可以通过电子布告栏、电子邮件等方式发布信息，在营销全过程与旅游者进行即时的信息交流，使旅游者不仅能够选择现有的产品和服务，还可以参与旅游产品和线路的设计。这种双向互动的沟通方式，不仅提高了消费者的参与性和主动性，从根本上提高消费者的满意度和忠诚感，更重要的是使目的地营销主体的营销决策有针对性，有助于营销主体实现全程营销目标。

（四）降低营销成本

网络营销的成本主要包括建设网站费用、软硬件费用及网络运转费用，这些费用远低于传统营销费用。旅游目的地运用网络营销可以节省巨额的广告宣传费，降低市场调研费用，降低顾客投诉、咨询等服务费用，节约大量的宣传推广费用，以较低的营销实现营销效益的最大化。

（五）整合营销要素

通过网络对旅游目的地各吃、住、行、游、购、娱六大旅游要素和旅游产品、渠道、价格、促销等旅游营销要素以及网络公关、网络广告、网络销售促进(SP)等促销要素进行有效的整合，实现信息共享，提高旅游营销的效果。

小链接 11-1

宽甸积极打造旅游目的地网络营销新平台

为进一步宣传促销宽甸旅游资源和产品，不断提升宽甸旅游的市场占有率，拓宽目的地营销路径，2012年以来，宽甸旅游局从转变工作方式、深化网络应用、提高工作质量效率入手，以游客为中心，从市场需求出发，全面升级"鸭绿江畔香格里拉——宽甸"旅游官方网站。

升级后的宽甸旅游网，页面更清新、内容更丰富、功能更强大，更加注重宽甸旅游资源的整合力度，紧紧围绕旅游的"吃、住、行、游、购、娱"六大要素，突出了形象宣传、营销推广和信息公开功能，为展示宽甸丰富的旅游产品、服务旅游企业宣传营销，以及便捷广大游客出行来宽旅游，提供了一个公共信息平台。

升级后的宽甸旅游网站呈现出4个亮点。一是内容更广，增加了"精品线路旅游"和"音画宽甸"的版块。将春天赏花踏青、夏天避暑戏水、秋天赏枫摘果实、冬天滑雪狩猎等特色旅游活动与《鸭绿江畔的香格里拉》、《中国宽甸》、《可爱的家乡》等视频、歌曲放在首页。二是载体更宽，与各省市旅游局、旅游景区建立了新链接，吸引其他网站游客，做好网站的多点推广渠道，增加了网站的广度，扩大影响力。三是服务更人性化；新增了"自驾之旅"版块。该版块中精心设置了自驾线路、自驾地图、自驾常识、驴友游记等几大栏目，为游客提供全面、周到、优质的服务，提高宽甸旅游网的人气，树立宽甸旅游行业良

好形象。四是信息更及时，突出了政务公开功能，及时更新旅游资讯，将宽甸旅游的最新动态第一时间传到网上，并且加载新浪微博在线互动，构造品牌亲和力，拉近与游客距离。

资料来源：http://www.ln.gov.cn/zfxx/qsgd/ass_1_1/kd/201209/t20120914_947884.html。

1. 推行旅游产品形象策略

旅游目的地产品形象策略是充分利用旅游网络的多媒体功能，将旅游产品的虚拟形象立体化、仿真化地在旅游网站上展示出来，可使旅游者在网络空间中看到旅游产品的形象，认识旅游产品的价值，甚至可以通过虚拟网络旅游感受旅游产品的魅力。为了使旅游产品形象能够定位在旅游者的心中，应利用旅游网络的即时互动功能进行旅游产品的开发设计，例如，在旅游网站上设置旅游者专栏，开辟"旅游者意见区"、"网上旅游咨询区"、"旅游自我设计区"等网页，通过这些网页了解旅游者的需求，征求旅游者对旅游产品的意见和建议，特别是旅游者对旅游产品的开发设计建议，从而开发设计出符合旅游者需要的旅游产品。

2. 推行旅游产品价格公示策略

旅游产品价格的特点是其成本模糊性和价格集合性，旅游者在购买旅游产品前总是要通过比较来判断其合理性。旅游目的地网络营销应利用这个特点，推行旅游产品价格公示策略。旅游产品价格公示策略是利用旅游网络的媒体功能和互动功能，将各旅游企业的旅游产品价格和产品价格组合列表公示，使旅游者同时看到获得大量同类旅游产品价格信息，方便顾客对价格进行比较并做出购买决策。在网上推行旅游产品价格公示策略的主要做法如下：一是提供各种旅游产品的系列价格表，这些价格表要标明产品组合，并分淡旺季节和供需变化公布价格调整表。二是开辟旅游产品组合调整价格区，供旅游者自由组合自己需要的旅游产品，并获得相应的产品价格。

3. 推行旅游网络化渠道策略

旅游网络化渠道策略是以我国旅游目的地营销系统总平台为营销中心，建立覆盖国际目标市场区域的网络化销售渠道，以便24小时向旅游者提供便捷的服务。推行旅游网络化渠道策略的主要做法是在旅游目的地的国际目标市场范围内，按照市场开发战略计划，逐步建立与目标市场旅游目的地营销系统、旅游分销系统等的链接，以此拓宽网络销售渠道，并能更方便、快捷地为目标市场旅游者提供服务。

三、旅游目的地网络系统营销策略

(1) 网络广告促销。旅游目的地进行网络广告促销主要有两种形式：一是播放旅游目的地形象广告，主要是通过多媒体技术展示旅游目的地形象。二是发布各种规范的旅游企业与旅游产品信息，通过形、影、声、色等立体形象构成的旅游产品橱窗展现在上网旅游者的面前。

(2) 虚拟网游促销。吸引旅游者参加虚拟网上旅游，让旅游者通过网游感受旅游目的地和旅游产品的魅力。

(3) 网络公关。组织网上旅游爱好者沙龙和旅游俱乐部，不断举行丰富多彩的网上联谊活动，吸引旅游者参与，培养旅游爱好，激发旅游者的消费欲望。此外，还可以策划网上节庆或评选活动，开展事件营销。

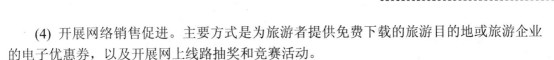

(4) 开展网络销售促进。主要方式是为旅游者提供免费下载的旅游目的地或旅游企业的电子优惠券,以及开展网上线路抽奖和竞赛活动。

(5) 开展网络联合促销。地缘相近、文化相通、客源相近的旅游目的地可以联合开展网络促销活动,共同在网上举办旅游推介会、推广区域旅游线路。

四、旅游目的地网络系统促销内容

(1) 旅游目的地常规介绍。

(2) 根据旅游中间商在回答旅游者咨询时可能遇到的问题,提供关于旅游地的详细而实用的问题解答(内容可涉及签证、货币兑换、语言、当地习俗、宗教、商店或者银行营业的时间、保健常识、小费等)。

(3) 旅游交通信息(包括主要航班、航船、火车、汽车班次和公路网情况)。

(4) 官方旅游咨询中心的名录和地址,以及他们提供的服务。

(5) 预订功能(让旅游中间商能通过网站订购旅游产品)。

(6) 旅游产品数据库查询(使旅游中间商能查到旅游地的饭店、景区点、餐厅、旅游活动等信息,最好能提供报价)。

(7) 发布旅游促销信息(当旅游地推出优惠活动、免费券时,告知旅游中间商并通过他们推向客源市场)。

(8) 出版物预订(使旅游中间商能通过网站向 DMS 预订年度旅游手册或培训资料)。

(9) 提供目的地旅游企业名录(使旅游中间商可通过企业名称、提供产品种类等查询目的地旅游企业,与之建立联系)。

(10) 提供旅游中间商注册成为会员的机会(注册时提供的全部资料将纳入客户关系管理数据库中)。

(11) 向本地旅游企业出售网站广告位(因为本地旅游企业希望吸引旅游中间商的注意,通过他们代售旅游产品)。

(12) 公布 DMS 参加旅游展销会、交易会的计划和安排。

(13) 公布旅游目的地开放新景点、推出新型旅游产品的信息(这些信息是代理目的地旅游产品的旅游中间商所关注的)。

(14) 提供不限版权的旅游目的地风景图片、介绍文字和旅游文学作品、多媒体影像资料(使旅游中间商能从网站下载并自由地用于他们自己编制的宣传资料中)。

第三节 旅游目的地促销组合策略

目的地营销具有两个层面。第一层面所关注的是整个目的地及其旅游产品,这是国家旅游组织的工作重点。第二个层面涵盖的是促销单个产品的商业企业的营销活动。在进行第一层面的营销时,国家旅游组织必须在两种战略中进行抉择:一种战略是通过实施促销组合以提升潜在顾客对目的地的认知,并对其态度施加影响;另一战略是对旅游业施加影响。

一、促销组合战略简介

促销战略是指通过实施促销方案来向潜在游客目标细分市场突出目的地形象和提供重要信息,鼓励他们索取产品宣传册,或与当地的旅行代理商联系。在这一层面上,众多独立的旅游服务供应商可以销售整体旅游产品中由他们自己提供的要素。包括以商业性营销努力为主的所有活动。航空公司和其他运输企业、饭店集团、旅游经营商可以向那些已对目的地有所了解并愿意前往的潜在购买者市场销售各自的服务。

促销组合战略是把产品、价格、渠道和促销等要素有机结合,形成达到企业目标的有效战略。

二、促销组合战略内容

(一)产品

旅游目的地的产品首先包括旅游景区(点)吸引物、旅游景区(点)活动项目、旅游景区(点)管理与服务及旅游景区(点)可进入性。如果没有考虑这几点,谈不上成功的旅游产品。

除了对旅游产品的成功设计,更重要的是,产品的还体现在其形象的确立上。在中国,成功导入企业形象识别系统(Corporate Identity System,CIS)的企业应首推"广之旅",正是企业品牌战略的成功运用使"广之旅"从默默无闻的"广州市旅游公司"一跃成为全国旅行社十强之一。近几年成都、杭州、大连、武汉等城市,都在树立自身品牌形象方面进行了尝试,其中杭州的"休闲之都"、大连的"浪漫之都"、广州的"南国商都"等已有一定影响。由此可以看出 CIS 已经由小 CIS 发展到大 CIS,即把原来代表企业的 C(Corporate)延伸为代表城镇的 C(County 或 City)。CI 形象已不仅是单个的企业或景区形象,而演化为整合的区域形象。换言之,目的地营销的概念已经深入人心。

除了 CI 外,还有 VI、MI 和 BI。其中,视觉识别系统(VI)是从视觉的角度对品牌进行包装,具体有代表品牌形象的 LOGO、宣传海报、展板、宣传片、宣传册等。VI 设计应围绕品牌的主题定位进行,将品牌内涵的视觉化形象以造型、颜色、字体变形等手法表现出来。理念识别系统(MI)侧重在品牌传播过程中企业精神和理念的传播。行为识别系统(BI)在旅游业的应用主要是从业人员的接待行为标准化和市民为实现品牌内涵的行为自觉化,以此来诠释品牌的人文内涵。目前很多企业在进行 CIS 设计的过程中存在重 VI 轻 MI 和 BI 的现象,作为完整的 CIS 系统,MI 和 BI 同样是不可缺少的重要组成部分。旅游目的地同样需要有自己品牌理念。例如,德阳旅游的品牌是传播生态、自然、活力、健康的理念,其核心品牌内涵就是倡导积极健康的休闲理念和生活方式。

小链接 11-2

惠州城市旅游形象 CIS 战略

借鉴企业形象塑造 CIS 的理论,城市旅游形象的塑造可以从理念识别(Mind Identity,MI)设计、视觉识别(Visud Identity,VI)设计和行为识别(Behavior Identity,BI)设计三个部分进行。

1. 理念识别设计

一级理念：不辞长做岭南人——岭南最佳度假、疗养、休闲旅游城市

二级理念：驻足清新惠州，体验生态经济，享受自由天趣。

惠州城市旅游形象理念识别设计的基点在于以下3点。

第一，将东坡文化塑造成惠州城市旅游的王牌文化形象；第二，发挥惠州城市旅游资源的环境品牌优势与旅游资源优势，打造岭南最佳度假、疗养、休闲旅游城市；第三，展现惠州生态经济形象。

通过上述理念识别设计的分析，惠州城市旅游业发展应着重依托四大优势，塑造东坡文化、环境品牌、生态经济三大王牌理念形象。

2. 视觉识别设计

惠州城市旅游形象视觉识别体系紧紧围绕惠州城市旅游形象的理念识别，具体设计如下。

第一，城市地名文化的利用与推广。惠州城市地名特色鲜明，具有浓烈的名山名水名人气息，可以利用这种地名文化特色推广惠州的城市旅游形象。

第二，城市旅游标志。建议采用惠州西湖十六景中的玉塔微澜作为主画面，山、水、塔、桥、亭等天然成趣，色彩自然和谐，赏心悦目，是惠州自然风光和人文风情的缩影，景色之秀美为游客带来全新的视觉感观。

第三，标志色。建筑物以淡色调为主，维护惠州清新和崭新的城市形象。

第四，旅游吉祥物。惠州又称"鹅城"，可以设计不同形象的"鹅"作为惠州城市旅游的吉祥物。

3. 行为识别设计

行为识别设计是在理念识别的指导下进行的动态识别模式，它力图做到使与城市旅游形象有关的一切行为都与理念识别保持高度一致。

第一，旅游事件。应充分利用惠州的城市旅游资源优势与经济优势，积极开展城市事件旅游，将惠州城市现有的良好旅游形象推广开来。

第二，居民形象。面对居民个体形象地域上的差异和文化程度上的差异，应该积极倡导市民的文明、友善行为，发扬东坡精神，引导市民奋进、开拓而又豁达面对生活与工作的精神面貌。

除了旅游事件和居民形象，政府及当地企业的形象也对一个城市旅游形象的塑造有着不可忽视的影响。例如，城市公共设施管理的好坏、旅游垃圾的处理、环境保护的举措等问题。

资料来源：http://www.chinacity.org.cn/cspp/lypp/48370.html.

（二）价格

旅游营销实践中价格对品牌的影响主要体现在旅游目的地对外销售的价格体系上，因此我们必须对景区、旅行社、旅行商等影响价格因素的主体进行整合，避免因价格战造成的价格体系混乱而影响到目的地的整体品牌形象。在此过程中旅游局充分发挥作为行业管理者的主导作用非常重要。完整、统一的价格系统是旅游品牌内涵的重要支撑。

（三）渠道

如何在营销渠道中充分体现旅游目的地品牌形象同样是旅游品牌整合传播系统中的重

要环节。这就需要营销机构严格按照品牌整体形象的要求以统一的品牌形象出现。应在整体品牌形象下进行各自的渠道拓展工作,避免旅游目的地内的景区各自为战。例如,参加各种旅游展会活动要有统一的品牌形象(工作人员的服装、介绍和解说内容、场地布置、宣传品等);要有统一的价格和返利系统(针对旅行社、旅行商、大客户、团体、淡季优惠等);要有统一的高质量服务保障体系。

(四) 促销

旅游促销手段通常包括价格促销、捆绑优惠销售等。促销活动同时又可以与品牌传播活动相结合,在有组织的前提下,特别是在旅游淡季进行价格促销活动。在促销过程中,关键的一环是消费过程控制。品牌的消费过程控制主要是通过良好的服务,使游客在旅游过程中建立对品牌的信赖感和满意度,从而建立良好的品牌服务形象,形成良好的品牌口碑宣传。消费过程从游客出发就开始了。以旅行团为例,我们可以设计以品牌宣传片为主题的有奖竞答等活动,既解决了游客在旅途时间如何度过的问题又活跃了旅途气氛,也以游客参与互动的形式潜移默化地宣传了旅游的品牌,并使游客对服务感到满意。总之,消费过程的控制就是服务质量和游客对品牌满意度的控制,其核心任务就是通过培训员工,使之充分认识到每个人都代表旅游品牌,倡导人人争当"品牌代言人"的服务意识。

将营销预算主要用于提升目的地的知名度和形象似乎是一种显而易见的、令人信服的战略,世界上大多数国家旅游组织和地区旅游办公室都选择了这一战略。按照这一战略逻辑,国家旅游组织的大部分营销预算及组织结构应该体现出促销至上的宗旨。然而,在选择这一战略时,人们必须假设国家旅游组织的营销预算足够支持其开展有效的促销活动,这些活动是该组织通过对市场细分的研究而认定为必不可少的。为达到预期效果,这类活动必须具有足够的分量和影响,才能产生足够数量的对目的地有所了解并有意前往的潜在购买者。如果预算额太小不足以实现上述目标,那么花在形象塑造战略上的开支在实践中将可能证明是在浪费金钱追逐可望而不可即的目标。考虑到前文探讨过的大部分国家旅游组织在国际国内旅游市场上的营销预算规模,就由不得人们不对其中大部分促销开支的实际效果心中存疑了。

第四节 旅游目的地营销联盟

一、概述

由于竞争的加剧,使得营销成本一直居高不下,旅游目的地的生存空间更加狭窄。市场营销实践提出营销联盟理论解决这种令人不愉快的情况。与营销联盟比较相近的概念是共生营销。共生营销以市场营销中的资源为核心,是两个或两个以上的企业通过分享市场营销中的资源,达到降低成本、提高效率、增强市场竞争力的目的的一种营销策略。其目的是控制旅游企业的市场营销成本。

与共生营销所不同的是,旅游目的地营销联盟从战略的角度来考虑企业市场运作模式,考虑了旅游目的地内部的、外部的资源。被定义为,旅游目的地为了更好地向市场提供顾客解决方案而共同进行产品生产、销售、定价、传播等活动,旨在为旅游目的地提供一种不但能降低市场营销的成本,更重要的是为旅游目的地提供一种获得新市场的战略模式。

可以这样定义旅游目的地营销联盟：两个或两个以上旅游目的地为了实现资源共享、风险或成本共担、优势互补等特定营销战略目标，在保持自身独立性的同时通过某种方式建立较为稳固的合作伙伴关系，并在某些领域采取协作行动，从而取得"双赢"效果。

小链接 11-3

万源加入川陕苏区红色旅游营销联盟

2013 年 5 月 9 日，来自 25 个川陕革命老区县（市、区）代表齐聚巴中市通江县，共同成立"川陕苏区"，初步形成《川陕苏区红色旅游产业战略合作协议书》，建立旅游资源共享机制。

整个川陕革命根据地内，拥有全国最大的红军烈士陵园——川陕革命根据地红军烈士陵园、朱德故居纪念馆、小平故里管理局、万源保卫战战史陈列馆、苍溪县红军渡纪念馆等重要红色遗迹，区域内红色景点与自然景观、绿色生态、历史文化、民族风情等旅游资源丰富。

根据旅游资源共享机制，25 个川陕革命老区县（市、区）将联合举办宣传促销活动，互推旅游精品线路，强化旅游行业管理协作，开拓周边旅游市场，共同推进旅游产业健康快速发展。

资料来源：http://www.daxian.gov.cn/wz/pdzwgk/infoshow.jsp?ID=142419.

其形式可以根据营销的基本要素分为以下几种，产品服务联盟，营销经济联盟，价格联盟，促销联盟，渠道联盟，以及几种联盟的组合。

二、旅游目的地营销战略联盟的特征

（一）组织的松散性

战略联盟以共同占领市场、合作开发技术等为基本目标，其所建立的并非一定是独立的公司实体，联盟各成员之间的关系也并不正式。战略联盟本身是个动态的、开放的体系，是一种松散的公司间一体化组织形式。

（二）行为的战略性

战略联盟的方式与结果，不是对瞬间变化所做出的应急反应，而是对优化企业未来竞争环境的长远谋划。因此，联合行为注重从战略的高度改善联盟共有的经营环境和经营条件。

（三）合作的平等性

联盟成员均为独立旅游区域或旅游目的地，相互之间的往来不是由行政层级关系所决定的，而是遵循自愿互利原则，为彼此的优势互补和合作利益所驱动的。各成员始终拥有自己独立的决策权，而不必受其他成员企业的决策所左右。

（四）合作关系的长期性

联盟关系并不是旅游目的地之间的一次性交易关系，而是相对稳定的长期合作关系。因此，旅游目的地参与联盟的目标不在于获取一时的短期利益，而希望通过持续的合作增强自身的竞争优势,以实现长远收益的最大化。

(五) 整体利益的互补性

联盟关系并不是旅游目的地间的市场交易关系,或是主辅关系,而是各成员之间的一种利益互补关系。每个成员目的地都拥有自己的特定优势,通过扬长避短,可有效降低交易成本,产生"1+1>2"的协同效应。同时,每一个成员都能获得与其在联盟中的地位和对联盟的贡献相对应的收益,这种收益仅依靠目的地自身的力量将难以获取。

(六) 管理的复杂性

区域或目的地间除了对抗性竞争外,还可能存在以合作和联盟为基础的竞争。为竞争而合作,靠合作来竞争,竞争中的合作与合作中的竞争并存不悖。但是这种竞争对手之间的联盟,在运行过程中存在的一些问题也不容忽视。

三、旅游目的地营销战略联盟的类型及内容

(一) 旅游目的地营销战略联盟的类型

(1) 根据联盟成员之间参与程度的不同,可分为股权式战略联盟和契约式战略联盟。

股权式战略联盟主要是指涉及股权参与的合伙形式,又分为对等占有型股权式战略联盟和相互持股型股权式战略联盟。

契约式战略联盟主要是指借助契约建立的、不涉及股权参与的合伙形式,以联合研究开发和联合市场行动最为普遍。最常见的形式包括双边契约型战略联盟和单边契约型联盟。

(2) 根据联盟目标取向的不同,可分为纯促销联盟和知识联盟。

纯促销联盟是指围绕产品促销进行的联盟,其目的在于降低促销费用和风险。

知识联盟,是指目的地与目的地或其他组织机构,为共同创造新的知识和进行知识转移而建立的联盟。

(3) 根据联盟所处市场营销环节的不同,可划分为品牌联盟、分销渠道联盟、促销联盟、价格联盟和垂直联盟。

(二) 旅游目的地营销战略联盟的内容

在确定了联盟成员之后,联盟各方应当共同讨论,制定并签署正式协议书。制定协议时需要明确以下一些基本内容:严格界定联盟的目;周密设计联盟的结构;谨慎制定联盟的财税制度;准确评估投入的资产;详细记录公司间的交易;明确合作利益的管理;合同中要有应付重大变化的条款;规定违约责任;提出解散条款;解散后继续提供支持。

复习思考题

1. 谈谈你对旅游目的地和旅游目的地营销的认识。
2. 旅游目的地信息系统对旅游目的地的重要性表现在哪些方面?
3. 该怎样去实施旅游目的地促销组合?
4. 试举例说明旅游目的地营销联盟的特征、类型和内容,并对它进行简要的评价。

第十二章　旅游市场营销案例研究

第一节　2009年加拿大旅华消费者行为调查

　　2009年，中国国家旅游局多伦多办事处与加拿大太阳媒体集团合作，在加拿大最大的旅华市场——安大略省和新兴市场——阿尔伯塔省，以"上海世博——中国7日游"为大奖，通过刊登7次上海世博与中国旅游广告，推出《加拿大市场旅华线路及消费倾向调查》，了解主流媒体读者对加拿大市场上旅行商销售的现有旅华产品线路的偏好及出游消费倾向。调查问卷同时在 http://torontosun.com 及 http://calgarysun.com 两个主流媒体网站和办事处网站上进行，历时2个月。最终收到反馈问卷3 900多份，有效问卷2 116份。

一、调查的背景和目标

　　(1) 调查是在加拿大经济衰退显现半年之后开始的，了解在此背景下的游客消费倾向是调查的主要目的。

　　(2) 在现有的加拿大市场上销售的旅华产品中，让受访者挑选出他们喜欢的组合，进行排列，从而尝试发现主导第一印象选择的因素。

　　(3) 了解加拿大最重要的两个客源市场受访者从计划旅游到成行过程中，获取信息方式、产品预订途径、结伴选择等方面的倾向。

　　(4) 为旅行批发商的产品定制和销售战略提供归纳性意见。

二、参与调查者的构成

　　此次调查的合作媒体为太阳媒体集团，从发行量来说，该媒体是加拿大最大的报业集团，总读者人数约650万，以文艺、体育、休闲内容为主打，49岁以下的占读者总数的63%，家庭年收入6万加元以上的占读者总数的57%。选择这样一个人群调查，第一是从区域上看，太阳媒体的读者覆盖了加拿大最大的旅华市场和最有增长潜力的加出境旅游市场；第二是从收入上看，经济因素对他们的影响要比高收入人群大；第三是从对象上看，中国对婴儿潮市场推广中国旅游多年，了解程度相对较深入，但对老年市场之外存在更多未知。

　　此次调查受访者以安大略省居民为多，共有1 674人，占总数的79.3%，另有409人来自阿尔伯塔省，33人来自不列颠格伦比亚省等。这其中，到访过中国的有71.4%，45岁以上和以下的人约各占一半，家庭年收入45 000加元以下、45 000~75 000加元、75 000加元以上者约各占三成。

三、最受欢迎的中国旅游线路

　　办事处从加拿大主要经营中国旅游产品的30多家旅行商中，经过对行程时间、内容、特色、剔除雷同等方面的综合考虑，挑选了6条短线、6条中线、5条长线共17条产品线路。这些线路都是旅行商 2009 年度正在加拿大市场上销售的产品。为便于了解，调查组加注了简要行程，并将各目的地景区的描述尽量趋同。请参与调查者在不涉及花费因素的前提下，按顺序选出自己最喜欢的 3 条旅游线路，调查结果见表 12-1。

表 12-1 加拿大主流市场对中国旅游线路偏好调查统计

排 序	短线	第一选择	第二选择	第三选择	累计总数	加权得分
1	徒步长城、闲游北京 8 日游	298	135	88	521	1 252
2	"功夫熊猫"河南四川 10 日游	156	171	115	442	925
3	"东方明珠"上海华东 8 日游	58	156	141	355	627
4	黄山与古镇—世界遗产 9 日游	98	92	126	316	604
5	独一无二的北京 6 日游	57	101	148	306	521
6	香格里拉—云南 9 日游	60	72	109	241	433
排 序	中线	第一选择	第二选择	第三选择	累计总数	加权得分
1	中国最佳景观 12 日游	323	180	147	650	1 476
2	家庭度假游中国 12 日游	228	183	123	534	1 173
3	北京—西藏—上海 13 日游	90	157	167	414	751
4	丝绸之路 15 日游	96	101	154	351	644
5	自行车、漂流户外休闲 14 日游	72	110	115	297	551
6	中国历史文化 14 日游	48	126	151	325	547
排 序	长线	第一选择	第二选择	第三选择	累计总数	加权得分
1	探索龙的故乡 25 日游	240	98	84	422	1 000
2	壮丽中华 21 天全景游	116	159	88	363	754
3	中国自然生态 21 日游	62	111	118	291	526
4	吉普车穿越云南西藏 20 日游	48	75	77	200	371
5	三峡与民族风情 19 日游	28	57	107	192	305

1) 最受欢迎的中国旅游短线产品

(1) The Great Wall Trekking(徒步长城、闲游北京 8 日游)。

(2) Kung Fu & Pandas("功夫熊猫"河南四川 10 日游)。

(3) Shanghai & Oriental Pearl Tour("东方明珠"上海华东 8 日游)。

2) 最受欢迎的中国旅游中线产品

(1) China Best Landscapes(中国最佳景观 12 日游)。

(2) China Family Holiday(家庭度假游中国 12 日游)。

(3) Heartland of Tibet(北京—西藏—上海 13 日游)。

3) 最受欢迎的中国旅游长线产品

(1) Dragon Odyssey(探索龙的故乡 25 日游)。

(2) Splendid China(壮丽中华 21 天全景游)。

(3) Wild China(中国自然生态 21 日游)。

从调查结果看，受访者对中国的印象仍停留在几个标志性的旅游吸引物上，如长城、熊猫和三峡等，而对诸多二级目的地，如黄山、杭州和香格里拉等，缺乏必要的认识，也不把他们列为计划到中国旅游的决定因素。同样的，代理商对中国二级目的地也缺乏了解，中国曾经通过巡展、考察团等方式尝试向业内推广这些目的地，但远达不到培养大批主流旅行商的目标，因而公众了解更加有限。代理商和公众认识的匮乏，使他们无法领会中国众多线路组合的魅力，进而成为将客户推向近程目的地的一个重要因素。因此，需要继续加强与大众互联媒体及旅行商的合作，通过分析和规划，实施二级重点目的地推广战略，以加强对潜在游客群体的宣传影响。

四、调查者对中国旅游线路的选择及特点

(1) 从不同收入人群来看，在将中国选择为旅游目的地时，加拿大收入较低的受访者(家庭年收入45 000加元以下)最优先考虑短线旅游产品；收入中等(家庭年收入45 000～75 000加元)、收入较高(家庭年收入75 000～10 5000加元)和收入很高(家庭年收入105 000加元以上)的受访者都将中线作为首选。

(2) 从不同年龄人群来看，加拿大45岁以上的受访者对长线的青睐明显高于短线，25岁以下的受访者最倾向短线，而25～45岁的受访者对短、中、长线基本上没有明显的倾向。其主要原因，一是较年长者收入较高，闲暇时间较多，可选择长线的可能性越大；二是部分较年轻的受访者，收入相对较少，而且也不愿意花3周或更长的时间外出度假，因而更倾向于短线。

五、调查者对中国旅游花费时间的预期和对同伴的选择

(1) 加拿大旅游者喜欢2周左右的中线旅游产品。调查显示，在受访者中，认为需要花费11～18天到中国度假的人数最多，共1 027人，占总数的48.7%；选择下一次出国度假长度在11～18天的人数也最多，共857人，占总数的40.6%(见表12-2)。

表12-2 加拿大人度假时间长度调查

度假长度	5～10天	11～18天	19～25天	25天以上
认为去中国需花时间	390人	1 027人	475人	218人
准备下一次度假花时间	727人	857人	351人	175人

上述情况显示出一个重要的信息，即准备花2周左右时间度假的受访人群最多，而且他们很容易把中国纳入到度假目的地。但目前的情况是，一些旅行商经常面向中老年市场宣传"中国是一生中必去的旅游目的地"，这一概念通常蕴涵着"一次性的、看遍的"模式(这也是代理商向主流客户群体推介中国旅游产品的一个重要理由)，时间也通常持续3周或更长。从本次调查来看，市场需求并不完全如此，2周左右的中线产品也应该成为今后推广的一个重要方向。

(2) 年龄对承受度假旅游时间长度产生递进式的影响。从表12-3可以看出，当主推旅游产品期间为3周或者更长的时候，45岁以上的人群是具有排他性的主攻市场；度假时间和旅华时间预期都在2周左右的市场，25岁～45岁的人群则成为主要的目标人群(见表12-3)。

表 12-3　加拿大不同年龄人群对度假时间的倾向比较

度假长度	5～10 天	11～18 天	19～25 天	25 天以上
25 岁以下	93 人	50 人	25 人	19 人
25～45 岁	348 人	359 人	114 人	38 人
45 岁以上	286 人	448 人	212 人	118 人

(3) 经验对前往旅游目的地花费时间的预期产生一定影响。在去过中国的受访者中，认为到中国度假需要花费"19～25 天"和"比 25 天更长时间"的人，分别占 25.4%和 18.1%，明显高于未去过受访者的 22.5%和 10%的水平。这印证出"到中国旅游一生一次"概念具有口口相传的基础。要想改变这一认识，需要在今后的推广中逐渐调整策略，加大对中线旅游产品的推广，并且要不断推陈出新，提高重游率。

(4) 加拿大人外出旅游大多喜欢与家人同行。在一项"最希望和哪些人一起旅行度假"的调查显示，受访者对家庭成员的青睐是压倒性的，选择与家人同行的共 1 511 人，占总数的 75%左右。因此，家庭度假游市场应该成为宣传推广的一个重点。

六、调查者对在中国旅游消费的承受力与预期

(1) 金融危机和加拿大低迷的经济直接影响了当前加拿大人的旅游消费

在"下次出国度假的人均花费预算(包括机票)"的调查中，超过一半的受访者(53.7%)把目标定在了 1 500～3 000 加元。这个消费水平也是加拿大去美国以外的目的地进行观光或度假旅游(住酒店)一周或以上的最低消费水平。愿意下次旅游花费 4 500 加元以上的只占 17.4%，中高端旅游产品的消费受到一定程度的抑制。

(2) 多数加拿大人对到中国旅游的人均花费预期在 3 000 加元以上，但低价产品仍有较大市场

调查显示，在加拿大市场上 65%以上的调查者预期旅华人均消费在 3 000 加元以上，30%的调查者预期旅华人均消费在 4 500 加元以上，但全程机票价格占 35%～50%。认为到中国旅游所需人均消费在 1 500～3 000 加元区间的共有 778 人，占总数的 36.8%，在 4 个消费预期中比例最高。中国旅游产品的削价竞争在加拿大市场陆续出现，已经造成中国旅游花费预期的下降。

(3) 多数加拿大受访者愿意为体验异域文化而额外支付相应花费

体验东方异域文化一直是加拿大旅华产品的一个重要特点。调查显示，受访者对"愿意为体验不同文化额外支付多少"这个问题的回答大大优于调查开始前的预期：一点都不愿意多支付的只有 11.3%，愿意支付 10%、25%和 50%花费的人分别占到总数的 24.9%、37.1%和 26.7%。而在两年前亚太旅游协会所做的调查中，一点都不愿意支付和愿意多支付 10%的占总数的 60%以上。

对于多数加拿大人来说，旅游首要的目的是体验和探索自然；对异域文化，他们愿意体验但非迫切需求，而且不能太深奥。因此，针对此市场的中国导游服务，不必过于深入地谈论历史、宗教、文化等，当然对特别感兴趣的另当别论。

七、调查者对到中国旅游的信息获取与预订

(1) 互联网是加拿大人出国旅游前获取旅游信息的第一选择

调查显示,在"旅行社、互联网、报纸杂志、电视、亲友"5 个信息来源中,将互联网作为出国旅游前获取旅游信息第一选择的,占总数的 62.6%,旅行社位居第二。

从目前情况来看,电视虽然能提供大量的影像资料,是激发设想的理想工具,但无法提供足够的用户化信息;亲友通过口口相传的方式可以提供他们已具有旅行经验的目的地的信息,但选择十分有限;报纸杂志的信息可以非常深入,但收集起来存在难度,较调查目的来说更接近一个激发设想的工具。互联网和旅行社由于旅游资讯全面而且查询便利,而成为两个最主要的信息获取途径。调查结果表明年龄越大在信息获取方面越依赖代理商,年轻人更习惯在互联网上查找信息。另外,从表 12-4 还可以看出,受访者家庭年收入越高,对互联网的信赖会越高。

表 12-4 加拿大不同收入人群从互联网和旅行社获取信息比较

受访者收入/加元	互联网	旅行社	互联网/旅行社
45 000 以下	381	174	2.2∶1
45 000～75 000	398	173	2.3∶1
75 000～105 000	280	95	2.9∶1
105 000 以上	153	44	3.5∶1

(2) 旅行社是加拿大人预定中国旅游产品的第一选择

调查显示,受访者中有 1 273 人选择通过加拿大旅行社订购中国团队旅游产品,占总数的 60.3%。这说明,由于团队价格相对优惠,多数受访者依然优先选择团队游。家庭年收入较低(45 000 元以下)和年龄较大(45 岁以上)的人群还是比较喜欢从旅行社预订产品,但收入越高、年龄越轻的受访者,越将网上预订作为重要的途径。无预订的背包旅行远非流行的做法。在经济状况不乐观的时期,加拿大市场对信用的依赖和对廉价的追求还是主流。

结合对信息获取途径的调查结果可以看出,加拿大人出游最流行的模式如下:首先通过网络对目的地进行调查研究,然后通过旅行社购买旅游产品。因此,对于一个目的地推广机构来说,一个值得信赖的信息门户网站是帮助潜在游客实现意愿的重要路径。随着 Web 2.0 技术的成熟,大众互联媒体,承担起除了发布游记之外更重要的作用,从征求旅友、信息互换到制定行程等,都可以在网络上完成。一旦其信用体系得到完善,旅行社将难以与之竞争。另外,这种自制用户化行程的方式,还将弥补团队游无法满足客户需求差异及自由时间需求的难题,为客户到文化生疏、语言不通的目的地旅游提供更为方便的途径。因此,从长远看,旅游目的地的宣传推广除了要开展对旅行商的培训外,更要利用新技术大力加强网络营销。

小链接 12-1

17 条备选的中国旅游线路的详细资料

(一) 短线

Kung fu & Pandas:"功夫熊猫"河南—四川 10 日游。洛阳龙门石窟石刻艺术,少林寺中国功夫,大熊猫的故乡成都。

Old villages and Yellow Mountain: 黄山与古镇——世界遗产9日游。黄山自然文化双遗产，古镇西递、宏村，中国最美乡村婺源。

Shanghai & Oriental Pearl Tour: "东方明珠"上海华东8日游。上海东方明珠、外滩等，杭州茶艺和丝绸、乌镇、周庄东方水乡，无锡大佛，南京城墙和美食小吃。

Shanghai-La & Yunnan: 香格里拉——云南9日游。昆明石林、高尔夫天堂、大理民族文化，丽江古城世界遗产，香格里拉松赞林寺及高原风情。

The Great Wall Trekking: 徒步长城、闲游北京8日游。自行车游北京，包括天安门、民居、胡同，在箭扣、司马台、黄崖关、遵化、迁安和山海关长城段徒步。

Unique Beijing: 独一无二的北京6日游。紫禁城、颐和园、天坛、胡同游、奥运场馆，观看京剧，品尝北京烤鸭。

（二）中线

China Hite，Bike & Raft: 自行车、漂流户外休闲14日游。北京长城、故宫，西安兵马俑，洛阳——中华文明的摇篮之一，少林寺中国功夫，桂林山水漓江漂流、乡村自行车游。

China Family Holiday: 家庭度假游中国12日游。上海东方明珠和外滩等，长江三峡，大熊猫的故乡成都，西安兵马俑，北京长城、故宫等。

China Best Landscapes: 中国最佳景观12日游。北京长城、故宫等，世界遗产张家界，大熊猫的故乡成都，世界自然遗产九寨沟、黄龙，杭州茶艺和丝绸，黄山自然文化双遗产，上海东方明珠和外滩等。

Heartland of & Tibet: 北京——西藏——上海13日游。北京长城、故宫等，西藏——拉萨、甘孜、日喀则高原风情，上海东方明珠和外滩等。

Saints & Dynasties: 中国历史文化14日游。北京长城、故宫等，洛阳龙门石窟石刻艺术，孔子的故乡曲阜，泰山世界遗产，南京城墙、美食，上海东方明珠和外滩等。

Silk Road Ruins & Oases: 丝绸之路15日游。北京长城、故宫等，西安兵马俑，世界遗产敦煌莫高窟，吐鲁番火焰山、坎儿井，喀什民族风情，戈壁绿洲乌鲁木齐。

（三）长线

Dragon Odyssey: 探索龙的故乡25日游。广州，桂林山水，喀斯特地貌，上海东方明珠和外滩等，4天长江三峡游船，重庆夜景与美食，西安兵马俑等，戈壁绿洲乌鲁木齐，喀什民族风情，吐鲁番火焰山等，世界遗产敦煌莫高窟，北京长城、故宫等。

Jeep 4×4 Tour from Yunnan to Tibet: 吉普车穿越云南西藏20日游。北京长城、故宫，昆明石林、大理民族文化，丽江古城世界遗产，香格里拉松赞林寺及高原风情，西藏盐井、左贡、然乌、波密、林芝、拉萨、哲当，上海东方明珠、外滩等。

Splendid China: 壮丽中华21天全景游。北京长城、故宫等，西安兵马俑，桂林山水、喀斯特地貌，重庆夜景与美食，长江三峡游船，宜昌山峡大坝，苏州园林，乌镇水乡，杭州茶艺和丝绸，上海豫园、外滩等。

Wild China: 中国自然生态21日游。北京长城，西安兵马俑，成都大熊猫，世界遗产峨眉山——乐山大佛，昆明石林，大理、丽江古城、虎跳峡，桂林山水、喀斯特地貌。

Yangtze & Minority Discovery: 三峡与民族风情19日游。北京长城、故宫，西安兵马俑，宜昌三峡大坝，长江三峡游船，昆明石林，丽江古城，上海豫园、外滩等。

资料来源：中国国家旅游局驻多伦多办事处.2009年加拿大市场旅华线路及消费倾向调查[J].旅游市场，2009(12).

第二节　皇家驿栈(The Emperor)的文化营销

一、精品酒店概况

精品酒店起源于 20 世纪 80 年代，是市场需求变化催生出的酒店业态多元化的产物。虽然精品酒店出现的历史只有 30 年，但如今作为一种具有独到特色的酒店业态，在世界许多国家和地区迅速发展起来，如文莱的帝国度假酒店、新加坡的 The Scarlt、法国巴黎的 Hotel Lelavoisier 酒店、韩国首尔的 W 酒店、美国 Shade 酒店等。一些传统的大型酒店集团，像 Starwood 酒店集团、Marriot 国际酒店集团、Hilton 酒店集团等也看好精品酒店的巨大发展空间和美好前景而纷纷涌入这一市场。

就国内的市场份额与消费影响力而言，精品酒店尚处于发展阶段初期，但是发展速度之迅猛、市场反响之强烈都让人侧目，敏感的业内人士已经意识到，精品酒店市场将是一片利润丰厚的待开发的处女地。到 2010 年年底，精品酒店数量已经扩张到 200 家以上，占到全部酒店数量的 0.07%。按照每家精品酒店年营业收入 2 000 万元计算，目前精品酒店的年产值约为 40 亿元，占全部酒店市场收入份额的 0.4%。精品酒店在我国尚处于高速增长期，据行业预测，从 2011 年起，精品酒店预计按照每年 15%的速度增长，到 2020 年，精品酒店的数量将达到 1 000 家以上，占全部酒店数量的 0.3%左右，年产值将达到 200 亿元以上，占到全部酒店市场份额的 2%以上。

未来，精品酒店有可能在中国最终发展成为最具发展潜力的酒店业态。这除了中国经济的高速增长、经济文化全球化的趋势以外，较之世界其他国家，中国具有得天独厚的天然的历史文化优势和低成本优势，具有很高的盈利前景。

二、精品酒店的基本特征

(一) 原创建筑设计

伴随全球经济和旅游业的飞速发展，旅游产品呈现多元化趋势，空旷大堂、高台接待、电视、衣柜、床的传统酒店设计风格已经很难满足人们不断变化的需求。而精品酒店通常选取别具优势的地理位置。例如，著名旅游景区、现代城市中心、标志性建筑附近等。精品酒店设计灵感可以来自于独特的地理位置，如北京皇家驿栈毗邻故宫，酒店设计主题选取皇家文化，个性突出，别具一格。精品酒店还可以采用某种文化态势或艺术作品作为其设计主题，如金台夕照会馆，酒店营造和传承禅文化，成为群贤毕至、静心雅集之地。总而言之，精品酒店设计风格独特前卫，彰显个性，概念主题鲜明，可以不断给客人带来惊喜与新鲜感，以满足客人的猎奇心理，这也是精品酒店出现短短 30 年却呈现迅猛态势的重要原因。

(二) 彰显地域文化特色

精品酒店风格迥异，各有千秋。通常根据所在地域的不同，会在配套设备设施，即餐饮、SPA 等方面突出酒店的独特之处。例如，皇家驿栈前门店，原址为位于车水马龙的前门鲜鱼口的兴华园浴池。该地理位置赋予了酒店鲜活的生命力和内涵，独具匠心的设计理念、服务理念、文化理念完美融合在酒店的设计装潢及经营理念中，SPA 作为功能性区域在整个酒店内部重点突出，承载和传播传统的水疗养生文化。

(三) 独特文化理念

精品酒店较传统酒店通常会贯穿一条灵魂主线，包括建筑、内部装潢、设备设施、产品和服务等所有设计的灵感均来源于此。例如，皇家驿栈故宫店以中华文化作为这一主线。就产品来讲，客人入住后的第一通电话是免费的，该设计取自《论语》"父母在，不远游，游必有方"，向客人，尤其是外国客人传达中国人"报平安"的优良传统，通过客人亲身体会，感悟五千年中华文化的博大精深。

(四) 个性化服务

精品酒店较传统酒店规模小，客房数量少，接待客流量有限，从一定程度上来看反而能为客人提供更为贴心的、个性化的服务。传统酒店分工较细，员工更换班次频繁，客人很难对酒店的环境产生亲切感。而精品酒店为客人提供贴身管家服务，贴身管家是个多面手，兼行李员、前台接待、客房服务员、司机等多种职能。客人在精品酒店住宿的全部过程也许只享受到同一专属管家为其提供细微周到的全程服务，使客人更能感觉到家的温暖从而产生归属感。

三、皇家驿栈故宫店概况

北京大成有方酒店管理有限公司成立于 2003 年，是一家以酒店投资及管理为主要经营领域的投资管理公司。于 2007 年投入资金 3 000 多万元，开创了国内首家文化创意酒店品牌——北京皇家驿栈酒店。北京皇家驿栈酒店立足于通过全新的酒店经营管理模式，向世界展现中国精品酒店风貌，弘扬中华文化。

北京皇家驿栈位于故宫东侧，骑河楼街与北池子大街交汇处。于 2008 年 4 月 18 日正式开业，酒店建筑面积 4 000 平方米，楼体共 4 层：1～3 层为酒店客房，客房数 56 间；地下一层为多功能厅；楼顶辟有西餐厅、露天酒吧、SPA 及健身房，可满足顾客住宿、会议、餐饮、休闲的需求。

酒店聘请德国著名设计公司 GRAFT 公司担任项目的整体设计，由德国著名的酒店管理公司 Walter Junger & Friends 公司参与酒店前期筹建及后续经营管理，并邀请德国著名的企业形象顾问公司 MALKLE 公司担任酒店的整体形象设计和品牌推广。

2008 年 1 月，酒店设计装修完成后，正式加入 Design Hotel AG，成为中国内地唯一的一家设计师酒店。并于 2009 年加入世界精品奢华酒店集团，成为 SLH 集团中国区首推酒店。

皇家驿栈酒店作为国际精品高端酒店，70%以上的客人都是外国人。所以，酒店从设计到经营理念力争做成一个弘扬中华文化精髓的窗口，利用酒店临近故宫的地理位置，通过房间设计、具有中国历史故事的菜品设计、中国式人性化的服务模式和渗透着中国文化的经营模式，让外国人了解和探寻中国文化，进而喜欢和宣扬中国文化。

公司现有员工 150 人，设置有餐饮部、客务部、前厅部、销售公关部、财务部、人事行政部等部门。酒店管理团队均是在外资酒店从业多年的专业人士，专业的酒店管理水平加之皇家驿栈核心价值理念和企业文化的渗透，形成了皇家驿栈最具强大生命力和核心竞争力的经营团队。

开业 3 年多以来，酒店先后接待过卢森堡大公、奥委会副主席等政府官员，周星驰、甄子丹、徐静蕾等演艺界明星，以及林丹、谢杏芳等体育界明星，承办过 Y3 等许多大型的聚会和活动，得到了顾客认可和好评，酒店取得了较好的经济效益和社会效益。

酒店虽然开业短短 3 年多时间，却已经取得骄人的成绩，受到国际媒体的青睐与关注。《福布斯》于 2008 年 10 月调查访问了 131 位全球企业高层管理人员，根据各地的地方特色、商务设施、地理位置，以及能否为商务人士提供"宾至如归"的服务等，评选出 12 家全球最佳酒店，供商务人士下榻时选择(如图 12-1 所示)。其中，皇家驿栈与四季、洲际等国际酒店知名品牌一起，获得全球最舒适、最便捷酒店的称号。《时代周刊》在"美国人到北京必去的十个地方"第一名中提到皇家驿栈；皇家驿栈接受"英国 BBC"诚邀，做了酒店的专访；德国国家电视台、法国国家电视台、凤凰卫视等国内外著名媒体都报道了酒店的独特文化创意和优质服务。

图 12-1　2008 年《福布斯》12 家全球最佳商务酒店

此外，酒店还得到了国内文化界和媒体界的认可与好评。例如，皇家驿栈作为全国 34 家电视台专题采访"后奥运时代的北京"的唯一一家指定的经营性单位。2009 年，获得《新周刊》主办的魅力排行榜"北京最具景观吸引力酒店"大奖。同年，入围了由《外滩画报》举办的"中国最佳设计酒店大奖"；被慧聪网诚挚邀请参加"北京十佳新开业酒店"大奖评选，皇家驿栈是网友支持票数最多，商务人士评价最好的酒店，并以评选票数第一的身份入围了大奖的评选；2009—2010 连续两年获得《福布斯》专业级评选全球旅行者首选酒店；被 TOP MAGAZINE 评为"2009 年不可错过的京城酒店"；皇家驿栈"饮"吧荣获《TIMEOUT 北京》"2010 年北京最闲适酒吧"大奖；"玻璃坊"餐厅荣获"2010 年中国最佳五星级酒店"餐厅大奖；皇家驿栈受邀参加中国饭店业发展高峰论坛，并获得"2010 年度中国杰出精品酒店"大奖；2010 年度荣获"北京人最喜爱的精品酒店"大奖；皇家驿栈"食"餐厅荣获了 2010 年度中国十大魅力健康养生餐厅；荣获第二届"十大新京味旅游名片"的"新京味创意旅游名片"等多项大奖。

四、皇家驿栈故宫店品牌设计

（一）独特设计

皇家驿栈同著名设计公司 GRAFT 倾力合作，站在全球化的高度，探讨中西方文化的融合，搜寻中西方文化共通或者契合点，用巧妙的设计语言让外国友人理解中国文化进而喜欢中国文化。

（二）文化创意

经过精心设计，融合了东西方的文化积淀和现代元素，提炼出独一无二的精华创意。创意源自一种别致的待客之道。而细节之处如登记处的沙发和茶水则体现着别致，以及惊喜、创新和高效。

（三）服务理念

酒店服务理念的核心是"贴心"、"细致"、" 全面"，满足人们个性化、多样化的服务需求，重视客人的内心感受和精神需求。

进入客房，酒店为客人提供一通打回家的免费电话，客人也可以发邮件或传真。这同样来自于中国传统文化，出自于孔子的《论语》：父母在，不远游，游必有方。为酒店服务的由来及实现提供了一个很好的范例：这些服务内容的灵感来自于对古今中西的独特融合和吸收。

五、皇家驿栈故宫店目标市场

皇家驿栈酒店把目标市场定位于国外高端商务和旅游者，以及国内追求个性的高端人士。

(1) 主要的国际市场

① 中国地区：香港、澳门、台湾。

② 欧美国家：主要包括英国、德国、奥地利和瑞士；法国、意大利和西班牙；美国和加拿大。

③ 东南亚和澳大利亚。

(2) 目标顾客群特征

受过教育的财富新贵、居住于北京以外的外国人、受过良好教育的休闲旅行者、对文化设计感兴趣的旅行者、厌倦了五星级酒店的顾客、爱好者。

(3) 饮食/Spa 目标顾客

高消费中外宾客、创意性产业工作人员、贸易组织的工作人员、世界五百强企业的员工、奢华品牌爱好者。

六、皇家驿栈故宫店特色产品

（一）体味皇帝故事——56 间主题客房

皇家驿栈客房使用中国历史上 56 位极具代表性的皇帝名字命名，56 间客房，56 个精彩皇帝故事(如图 12-2 所示)。房间让顾客感觉不到任何瑕疵，同时让顾客感到一直有一条潜在的中国文化的主线。

图 12-2　以皇帝名字命名的客房

房间经过非常现代的设计，完全抛弃了传统酒店中松散的家具。房间中会有一个中心结构(使用强烈的主体颜色)，以波浪线的形式在房间中绵延不断。例如，这条线从墙上向下滑到床，然后向上滑到桌子，再向下滑到沙发(如图 12-3 所示)。在卧室和客厅之间没有实质的隔断。房内主色是白，软包配色为橙、绿、蓝、灰。房间内配备现代化设施齐全，有旋转壁挂电视和无线上网，还可享受瀑布式淋浴和敞开式浴缸(如图 12-4 所示)。

图 12-3　房间中的波浪线　　　　图 12-4　敞开式浴缸

56 间客房将中国古典文化和国际时尚精粹完美结合，历史彰显于精选的材质，现代激荡于先进的设施，给客人带来前所未有的体验，在别具匠心的设计氛围中体验皇帝的生活，感受文化的魅力，体验非凡的愉悦。

(二) 品味雅致生活——特色餐饮

1. 玻璃坊餐厅

皇家驿栈携手 GRAFT 公司延续其精彩设计，将天台一层部分区域用玻璃封成独立空间，在天台打造出"玻璃坊"(如图 12-5 所示)。

餐厅供应以西式为主的套餐，套餐形式灵活，价格可适应高、中档客人的消费水平。产品则根据时令、季节的不同，变换多样，以满足客人追求新鲜感与不同口味的需要（如图 12-6 所示)。另外，还提供商务套餐，方便于忙碌的商务客人那短暂的午餐时间。

图 12-5　玻璃坊

图 12-6　餐饮

在寒冷的冬天，透过玻璃可以看到周围大规模的景观，如故宫、天安门、景山等。房顶仍选用透明玻璃材料，以增强这一美景并突出它的独特性，使客人在每个寒冬可以找到一个温暖、浪漫的地方眺瞰故宫美景，享受美酒佳肴，品味闲适生活，感受时光在此停止。

2. YIN 吧

酒吧的名字 YIN 代表了中文"饮"这个字的罗马发音，而"饮"在中文中有"喝"的意思。饮一词虽简单，但却包含了中国历史文化背景中极为丰富的含义。这是北京唯一一家真正的设计师酒店里的屋顶露天酒吧，轻松、愉悦，并可看到景山及故宫美景(如图 12-7 所示)。

图 12-7　YIN 吧

3. 空中御宴

皇家驿栈"空中御宴",全部美食均使用中国著名艺术家设计的精美器皿呈现于眼前,菜品用料考究、富有创意,搭配以世界顶级名酒,用餐同时尽赏故宫美景。

美食、美器、美酒、美景,"空中御宴"是位于京城的私人用餐之绝佳圣地(如图 12-8 所示)。

图 12-8　空中御宴

(三) 悦动心情——YUE SPA

SPA—悦 YUE,之所以取名为"悦 YUE",寓意人在运动和放松的时候一定是心情愉悦的,另一层含义也是通过精心的项目安排和细致周到的服务,使客人得到全身心的愉悦(如图 12-9 所示)。

图 12-9　YUE SPA

七、皇家驿栈故宫店成功经验

皇家驿栈酒店定位于精品创意酒店,走文化和创意路线,其不与五星级酒店比较设施和奢华程度。酒店将人性化的设计和服务参照超五星的标准来实施,将高端客户再细分为追求居住体验和内心感受的高素质人员,将中国的传统文化精髓通过酒店的外在表现形式、对客服务完整地呈现和传递给客人,这正是精品酒店的核心优势,也是一种创新的酒店经营模式。

(一) 掌握差异化增值性服务产品的定价权

酒店业是一种古老的传统服务行业,皇家驿栈除了具有传统酒店的基本功能以外,还延展提供很多增值的个性化服务、生活方式体验、文化体验。这些无形的增值服务价值是不容易被市场量化的,不适用于市场化的定价体系,愿意购买这些增值服务和文化价值的人群一般都是追求生活品质的高端人士,酒店就掌握了很大一部分的自主定价权,完全有可能取得比传统酒店高的超额利润。

1. 年平均出租率

皇家驿栈客房出租率如图 12-10 所示，其年平均出租率为 75%～80%

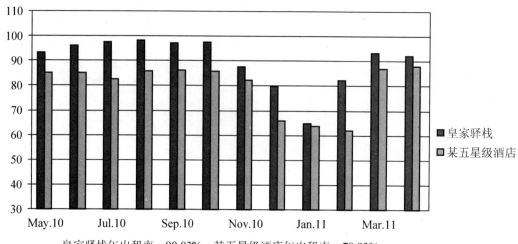

皇家驿栈年出租率：90.03%；某五星级酒店年出租率：79.93%

图 12-10　皇家驿栈客房出租率

2. 产品价格对比

皇家驿栈客房价格如图 12-11 所示。

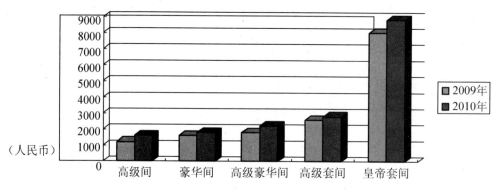

图 12-11　皇家驿栈客房价格

(二) 发挥优势，产品多样化

酒店充分挖掘自身的优势，一改只依靠客房赚钱的传统经营模式(一般酒店的餐饮和酒吧是赔钱或微利的)，最大限度地开发餐饮的经营潜力，餐饮和客房两线并重，为酒店提供基本相当的效益贡献。从全年经营收入来看，客房和餐饮的经营收入比基本为 10∶7。

在酒店品牌宣传上，把 YIN 酒吧作为一个单独的品牌对外宣传。因为餐饮的客人与酒店的客人有较大不同，尤其是在 4～10 月，酒店承接一些大型的会议、活动、婚宴等，大大提高了酒店的盈利能力，餐饮收入一直占据酒店全部营收的半壁江山。

皇家驿栈通过多样化的产品结构、灵活且不断变化的销售策略来实现对产品卖点和特色产品的最大化开发(见表 12-5)。

表 12-5　皇家驿栈产品系列

	产品名称	推广渠道
1	蜜月体验	酒店官方网站，婚庆杂志，婚礼论坛
2	至尊典范皇家婚礼	酒店官方网站，婚庆公司网站，婚庆杂志，婚礼论坛
3	皇城根的夏天 (夏季推广套餐)	酒店官方网站，旅游杂志，旅行社推荐
4	瑞雪京城，古都暖冬 (冬季推广套餐)	酒店官方网站，网络销售平台
5	圣诞狂欢夜	酒店官方网站，宣传彩页，工作邮件，电话销售
6	久居皇城(长住套餐)	酒店官方网站，旅游杂志，电子宣传彩页，旅行社特别推荐
7	名爵会员 (会员奖励机制)	酒店官方网站
8	赏皇城周末经典烧烤	酒店官方网站，电话销售，电子宣传彩页，公关公司推荐
9	京城过大年(春节特惠推广)	酒店官方网站，旅行社特别推荐
10	亲近自然SPA 芳香之旅	酒店官方网站，电子彩页推广销售
11	精品商务会议体验 (会议套餐)	酒店官方网站，电子宣传彩页，电话推广销售，客户拜访推荐，公关公司特别推荐
12	第三晚我买单特别惊喜(增加客人停留天数)	酒店官方网站，电话推广销售，杂志特别推荐

(三) 销售策略灵活，具有针对性

皇家驿栈酒店根据产品特色，灵活开拓不同销售渠道(如图 12-12 所示)，并针对性地采取不同的销售策略(如表 12-6 所示)。

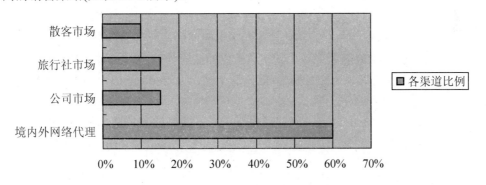

图 12-12　皇家驿栈销售渠道

表 12-6　皇家驿栈销售策略

客　源	目　　标	策　　略
公司散客	与公司签订年度协议，保证公司散客订房	更多的优惠套餐，常住客的奖励方案及礼券的发售

续表

客 源	目 标	策 略
公司团队	对比2009年，公司团队已成为营业收入的主要来源，因此，将着重增加公司会议的销售推广力度	针对不同会议形式，建立多样会议套餐、培训方案
其他散客	个人度假市场的售价较高，操作容易，为重心市场	各式的度假套餐配合人们不同的需求，与航空公司合作自由行，常住客奖励方案及礼券的发售
其他团队	由于酒店本身因素，不容易切入国内团队旅游市场，外籍游客是目标市场	国际旅展的参与及境外销售拜访次数需提升，国际媒体的接触亦为必要，更多的与外资旅行社接触

资料来源：皇家驿栈酒店董事长刘少军先生撰写.

基于酒店本身不同于一般的商务型酒店的特殊性，销售对象专注于会展及个人旅游市场。鉴于酒店所在地的环境及现有的设施考虑，业务重点在于中小型会议及新品发布，期望借助酒店本身的独特性，未来能够成为市场领导者。

第三节　2010年美国旅行社产品类型及营销手段

近期，美国旅游期刊 Travel Weekly 发布了2010年美国旅行社研究报告。该报告是基于在2010年6至7月间2 191份对旅行商在网上进行问卷调查得出的结论。这些旅行商中，40%为在家办公的旅行商，34%在只有一家店面的旅行社工作，12%在连锁旅行社的分店工作，8%在连锁旅行社的总部工作，另外6%的工作地点是"其他"。

一、旅行社业务分类

总体来说，2009年旅行社的业务中，73%为休闲旅游，27%为商务旅游，这个比例在近年来基本维持不变。而对在家办公的旅行商来说，休闲旅游所占的比例会高一点，85%为休闲，15%为商务。销售额在300万美元以下的实体店面的旅行代理商中，休闲旅游所占比例为69%，而销售额在1 000万美元以上的实体店面的旅行代理商中，休闲旅游的比例为54%。

国内和海外旅游的销售比例分别为51%和49%。而2000年时，国内旅游销售额占总销售额的2/3。

从调查发现，旅行社的业务类别和规模有关系。大型的实体店面旅行社的国内旅游业务比例更多一些；而在家办公的旅行商60%的业务与海外旅游有关，集中在游船和特殊旅游方面(如表12-7所示)。

表12-7　美国旅行社国内和海外旅游收入

		传统实体店面旅行商销售额/美元				在家办公旅行商销售额/美元		
	总计	低于100万	1万～300万	300万～1 000万	1 000万以上	低于5万	5万～25万	25万以上
国内	51%	53%	48%	47%	52%	67%	45%	40%
海外	49%	47%	52%	53%	48%	33%	55%	60%

休闲旅游业务中,46%是游客个人制定线路旅游,36%的业务是游客参加现有旅游产品,只有18%是团队业务。相对于上年来说,团队业务比例没有变化,只有个人游客参加现有旅游产品下降了5%(如表12-8所示)。

表12-8 休闲旅游业务

	总计	传统实体店面旅行商销售额/美元				在家办公旅行商销售额/美元		
		低于100万	1万~300万	300万~1000万	1000万以上	低于5万	5万~25万	25万以上
个人定制	46%	44%	42%	41%	47%	53%	44%	47%
旅游产品	36%	37%	40%	40%	33%	30%	37%	34%
团队	18%	18%	17%	19%	20%	17%	19%	20%

二、销售产品细分

邮轮游船仍然是热门的产品,2009年占销售收入的35%,2010年下滑到28%(如图12-13所示)。这可能与邮轮价格下跌有关系。国际邮轮协会(CLIA)最近的报告也显示,2009年邮轮业接待游客人数上升,但是收入反而下跌。

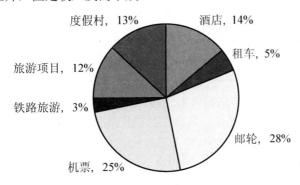

图12-13 2010年美国旅行社收入来源

2008—2009年,住宿预订(包括酒店和度假村)占收入的25%,而2010年这个比例为27%。其中,酒店的比例从上年的10%上升到14%,而度假村的比例有所下跌。机票的比例为25%,与过去两年持平。

旅行社收入的来源与其规模也有关系。对传统实体店面旅行社而言,销售额越高,其机票的比重也会随之上升,原因在于这些旅行社有更多的商务旅行和公司业务。而对在家办公的旅行代理商来说,邮轮业务是其很重要的部分,占到了40%左右(如表12-9所示)。

表12-9 美国旅行社收入来源

	总计	传统实体店面旅行商销售额/美元				在家办公旅行商销售额/美元		
		低于100万	1万~300万	300万~1000万	1000万以上	低于5万	5万~25万	25万以上
机票	25%	27%	27%	30%	36%	25%	16%	17%

续表

	传统实体店面旅行商销售额/美元					在家办公旅行商销售额/美元		
国内邮轮	21%	17%	16%	15%	14%	26%	31%	27%
国际邮轮	8%	7%	9%	9%	8%	4%	9%	13%
租车	5%	5%	5%	5%	6%	5%	3%	3%
酒店	14%	17%	12%	11%	16%	19%	12%	14%
度假村	13%	13%	14%	12%	6%	12%	16%	12%
旅游项目	12%	12%	14%	14%	11%	8%	11%	11%
铁路旅游	3%	3%	3%	3%	3%	1%	2%	2%

总体上看，对实体店面旅行社来说，不管销售额多少，旅行社国内和国际旅游项目销售额的比例基本为45%和55%；而对在家办公旅行代理商来说，低销售额的代理商的国内和国际项目比例为 66%和 34%，而高销售额的代理商的国内和国际项目比例为 33%和67%(如表 12-10 所示)。

表 12-10　美国国内和国际旅游项目销售额比例

		传统实体店面旅行商销售额/美元				在家办公旅行商销售额/美元		
	总计	低于100万	1万～300万	300万～1 000万	1 000万以上	低于5万	5万～25万	25万以上
国内	45%	48%	43%	38%	47%	66%	39%	33%
海外	55%	52%	57%	62%	53%	34%	61%	67%

当被问及2010年各项目产品销售前景时，旅行商的态度比去年乐观许多。2009年，旅行商认为除了邮轮会有所上升外，其余产品销售都将下滑。而在2010年的调查中，59%的旅行商预计邮轮销售会上升；50%的人预计旅游产品销售会上升，2009年这个比例为15%；48%的人预计酒店预订会上升，2009年为27%；39%的人预计内河邮轮会上升，2009年为30%。甚至预计机票销售上升的旅行商也增多了(如表 12-11 所示)。

表 12-11　预计 2010 年销售增加的项目

项目	总计
海洋邮轮	59%
旅游项目	50%
酒店	48%
传统航空公司机票	40%
内河游轮	39%
低价航空公司机票	36%

三、旅行商主导产品及营销手段

当问及销售额中能占30%以上的产品时，62%的旅行商的回答是邮轮。而 2009 年这个数据是 76%。近年来，在产品中占据前几名的项目基本没有变化(如表 12-12 所示)。

表 12-12　旅行社主导产品(占销售额 30%以上)

	传统实体店面旅行商 销售额/美元					在家办公旅行商 销售额/美元		
	总计	低于 100 万	1 万～ 300 万	300 万～ 1 000 万	1 000 万 以上	低于 5 万	5 万～ 25 万	25 万 以上
邮轮	62%	56%	64%	64%	57%	62%	72%	66%
旅游线路	45%	47%	56%	48%	32%	38%	50%	40%
旅游项目	39%	40%	51%	48%	43%	24%	37%	33%
家庭旅游	37%	36%	38%	31%	25%	47%	41%	35%
度假/温泉	34%	34%	37%	31%	37%	31%	36%	36%
目的地旅游	18%	15%	24%	17%	15%	13%	17%	22%
豪华旅游	16%	12%	20%	23%	26%	5%	10%	22%
婚庆旅游	16%	16%	21%	22%	37%	7%	5%	11%
商务/奖励	15%	21%	17%	15%	26%	9%	6%	8%
公司/会议	13%	12%	18%	13%	8%	12%	11%	11%
团队	9%	6%	8%	9%	7%	7%	11%	16%
大巴团	9%	11%	12%	10%	7%	6%	11%	3%
探险旅游	9%	9%	11%	6%	9%	7%	9%	8%
体育/运动	6%	6%	6%	7%	7%	6%	6%	6%
生态旅游	4%	5%	5%	2%	1%	8%	4%	2%
度假屋租赁	4%	4%	5%	3%	3%	3%	3%	4%
分时度假	2%	3%	1%	15%	1%	5%	3%	0

从表 12-12 中可以看出，只有 16%的旅行社的豪华旅游占销售额 30%以上；但是大型旅行社销售额高于 5 万美元这个比例就上升至 20%以上；对在家办公的销售额低于 5 万美元小型代理商来说，这个比例就降至 5%。婚庆旅游也同样有这个趋势。

旅行社吸引顾客的手段近年来没有变化，最主要的 3 项分别为电子邮件(85%)、网站(59%)和通信邮件(32%)。

四、旅行社网络营销

最新调查显示，旅行商们仍然不热衷于使用网络社交工具在扩大顾客群和吸引力。52%的旅行商使用 FaceBook，20%的人使用 Twitter，37%的人认为不需要使用网络社交工具或者觉得是在浪费时间，另外有 33%的人说他们正在学习中。78%的旅行商有网站，但是数据显示大部分网站满足不了客户的需求。大部分网站没有在线预定功能，同时也没有吸引顾客的手段。有 58%的旅行商推广网站的手段是通过邮件新闻链接，而有 26%的人根本就没有推广过自己的网站。

旅行商现在最主要手段仍然是美国代理商协会的全球系统(GDS)和第一代网络功能，

即邮件和网络浏览。旅行商使用网络主要的方式是网络搜索和交易方式,而不是把它当成为市场手段。

根据 ASTA 的最新报告显示,旅行商对 GDS 的使用率下跌到了 76%,而 2005 年这个数据是 90%。2008 年,有 94%的旅行商通过供应商的网站预定过,而 2009 年有所下跌。旅行商通过供应商网站预定率在过去的 2008—2009 年持续上升,而 2010 年下降了 5%(如图 12-14 所示)。

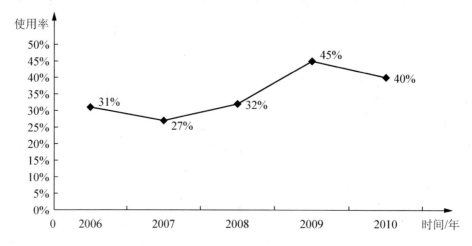

图 12-14　旅行商通过供应商网站的预定率

旅行保险是旅行商通过供应商网站预定最多的产品,除了机票、酒店、旅游项目、邮轮、租车和铁路旅游等传统旅游产品外,也有 44%旅行商预定了影院、音乐会和其他票务(如图 12-15 所示)。近年来,这些产品的相对排名没有大的变化,邮轮和租车从 2004 年起有所上升,而旅游项目的网络预定上下起伏较大。

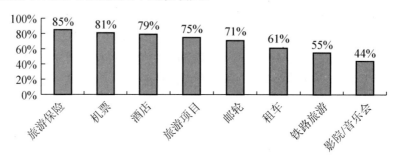

图 12-15　2010 年旅行商通过网站预定的产品

ASTA 的报告显示,10 年前只有一半的旅行商有网站,5 年前有 2/3 的旅行商有网站,而现在有 75%~80%的旅行商拥有自己的网站。然而,旅行商没有花很多的经历来更新网站。在过去的 5 年里,只有 20%的旅行商每天更新网站;大部分旅行商只在有需要的时候去更新(如图 12-16 所示)。

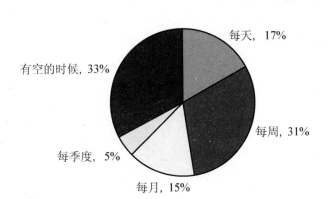

图 12-16 旅行商更新网站的频率

旅行商也在不断地在网站上添加功能，但速度跟不上网络营销的发展。2006年时，62%旅行商的网站没有邮件链接，现在90%的网站都有这个功能，但是只有16%的网站有客户反馈功能，只有24%的网站有站内搜索的功能。除了电子邮件，旅行商网站最主要的功能是介绍旅行商的业务和旅游产品。有42%的旅行商网站有图片库，但只有6%的网站有视频功能。2009年的报告显示，在过去4年中，旅行商网站在线预定的功能在减少，似乎是因为旅行商们并没有看到在线预定的价值。拥有在线功能的旅行商中，有43%的人销售量有所下降。

资料来源：中国国家旅游局驻洛杉矶办事处.2010美国旅行社研究报告[J].旅游市场，2011(2).

第四节　德国都市文化旅游营销体系

德国的城镇化、都市化发展已十分成熟，都市旅游经过长期的市场培育和演化发展已呈现大众化、常态化特性，都市旅游成为游客最为喜爱的市场选择，积极研发都市旅游产品成为旅游业界的一致行动，而完善基建设施、进一步开发推动都市文化旅游市场成为当地政府的重要经济和社会目标。

一、德国都市文化旅游的产业价值

目前德国都市文化游市场已趋成熟，不论是产业规模、产业地位还是外围环境的规划引导等，都得到业界、政界等各层面利益群体的一致认同和积极参与。

德国旅游协会的统计数据显示，1993—2005年的德国都市旅游呈现逐年上升趋势，而且这一发展走势在近几年继续保持了增长势头。数据显示，2005年德国都市旅游人数较1993年增长了58%，而过夜次数也增长了40%。就具体城市类别来看，大城市尤其是12个超级城市的都市旅游发展尤为迅猛，会展型文化城市和小型文化城市也发展迅速。

据测算，德国都市旅游市场的年度总旅游天数超过22亿天，创造了820多亿欧元的总营业额，同时都市旅游业创造的就业岗位也高达156万人次，都市旅游成为推动德国经济和社会发展的重要力量。

从图12-17可以看出，都市旅游业带动了众多城市经济门类的发展，首先是零售业和餐饮业。

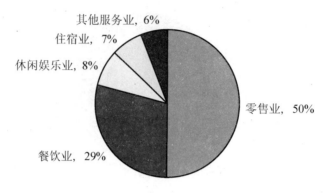

图 12-17　德国都市旅游业销售收入行业占比情况

二、德国都市文化旅游营销机构的组织形式

德国整体没有独立统一的都市文化管理机构，整个德国旅游业也没有专门的管理权力机关，旅游业发展的各个环节都分归各个职能部门或行业协会监管监督，行业发展主要还是基于市场机制，但具体城市的旅游目的地营销又有其自身推进体系。

目前，德国都市旅游市场的管理和营销主要是通过各级城镇设立的专门公司或相关机构开展。由于都市旅游宣传的固有公共特性，这些公司或机构大多或多或少保持着一定官方或公共性质，虽然个别城市也尝试推行一些组织变革，但收获不大。

据有关机构调查，48%的都市文化旅游营销机构为有限责任公司性质，16%为协会，28%为市级政府部门或市属自有企业，如图12-18所示。

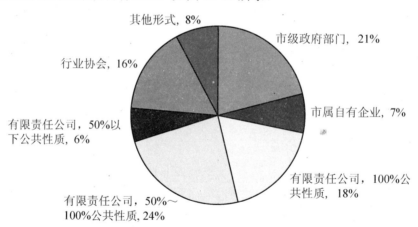

图 12-18　德国都市文化旅游营销机构的组织形式及占比

三、德国都市文化旅游营销机构的自我定位

旅游业与城市发展息息相关，好的都市旅游形象带来城市软实力的提升，对当地经济社会发展举足轻重。德国都市旅游营销机构的主要任务就是协调政府和旅游业界等各利益群体共同推动本地城市旅游形象的提升。

(一) 自身工作层面

1. 发展规划

(1) 制定发展纲要。
(2) 制定目的地发展实施战略。

2. 市场营销

(1) 制定市场营销战略。
(2) 开展市场调研。
(3) 城市品牌管理及维护。
(4) 城市形象宣传及相关促进工作。

3. 旅游产品协同研发、推广及销售

(1) 旅游产品设计。
(2) 游客促进。
(3) 推动旅游设施优化。
(4) 质量监督及提升。
(5) 组织策划大型宣传活动。

4. 利益群体维护

(1) 行业信息服务。
(2) 提升当地居民旅游服务意识。
(3) 维护与政界、酒店业、交通业、各类协会、媒体等相关利益群体关系。
(4) 具体项目的政治意愿表达等。

上述4方面内容中,又以市场营销为中心。

(二) 推动政府层面

(1) 发展环境:改善私人经济发展条件。
(2) 基建设施:推动都市旅游发展所需基建的完善,如环境、文化设置等。
(3) 交通政策:完善便利性,如景区点交通标识、行驶引导、停车管理系统等。
(4) 建筑文化:合理维护城市建筑遗产。
(5) 游客停留质量:提升游客参观质量和感受,如步行区规划、绿地公园建设等。
(6) 零售业:联邦层面应放开零售业营业时间等。
(7) 旅游意识:提升当地居民旅游及服务意识。
(8) 信息共享:完善信息沟通共享机制。
(9) 增加旅游营销投入:制订长期旅游营销投入计划。

(三) 推动旅游业界层面

(1) 旅游产品:研发针对性、创造性的旅游产品。

(2) 服务提升：提升服务标准，如参与星级标准评定系统。
(3) 增加旅游营销投入：积极参与各类促销活动。
(4) 住宿业：提高专业化、精细化水平、营造良好氛围等。
(5) 零售业：优化店面设计及产品供给等。
(6) 文化产业：提升质量、增强服务灵活性、完善目标群体的针对性和便利性等。
(7) 会议产业：提升设施服务功能，增强吸引力，完善商务酒店营销。

四、德国都市文化旅游营销机构的市场推广经费来源

德国都市文化旅游营销机构的市场推广经费主要包括两类：一是财经内预算资金，二是市场自筹资金。

（一）财经内预算资金

虽然德国都市文化旅游营销机构大多带有官方或公共机构性质，但实际可支配的各类财政内预算资金十分有限，许多营销推广计划必须通过市场渠道或者合作赞助方式筹集。据德国旅游协会调查，近一半的都市旅游营销机构可支配的财政内推广资金低于10万欧元，25%的营销机构为10万～25万欧元，只有26%的营销机构高于25万欧元，大城市比中小城市资金充裕，如图12-19所示。

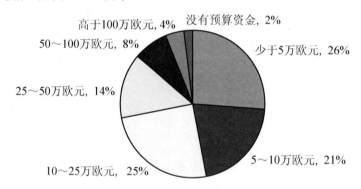

图 12-19 德国都市文化旅游营销机构的市场推广财政预算资金额度及百分比

（二）市场自筹资金

德国大多数都市文化旅游营销机构采取市场渠道解决自己的推广资金问题，形式不一、额度也不一，如表12-13所示。例如，通过旅游咨询中心销售一日游产品以及各类票务等。

表 12-13 德国都市文化旅游营销机构的自筹资金渠道及重要性

排 名	渠 道	重要性	排 名	渠 道	重要性
1	大巴观光游	55%	6	包价旅游产品销售	35%
2	酒店预订	51%	7	自办盛事活动	34%
3	票务	46%	8	网络产品销售	28%

续表

排名	渠道	重要性	排名	渠道	重要性
4	纪念品销售	40%	9	会议安排服务	27%
5	广告	37%	10	赞助	24%

资料来源：德国市场咨询公司 Dwif 调查.

五、德国都市文化旅游营销机构的市场销售重点及渠道

1. 推广销售重点

德国各级都市文化旅游的推广重点不尽相同，个别城市仍在积极推广"全能型都市"，如表 12-14 所示。但大多数城市已转向主题性、特色性宣传，如大城市突出一日观光游、艺术文化游及会议旅游等。而一些中小城市却将放在差别性产品上，如自行车旅游、水上娱乐游、高尔夫旅游及疗养度假游等。

表 12-14 德国都市旅游营销机构的推广销售重点

排名	产品	重要性	排名	产品	重要性
1	一日观光游	84%	6	盛事活动等	61%
2	艺术文化游	79%	7	会议旅游	60%
3	老年人旅游	73%	8	自行车旅游	60%
4	历史文化游	68%	9	国际游客招徕	54%
5	商务旅游	62%	10	探亲访友游	46%

资料来源：德国市场咨询公司 Dwif 调查.

2. 推广销售渠道

德国都市文化旅游的推广销售渠道也各不相同。各个城市营销机构间的客源竞争日趋激烈，甚至本城市内部公共性质的营销机构和旅游批发商之间的客源竞争和联合推广也在不断加强。

第五节 北京欢乐谷夏夜祭烟火节策划书

一、北京欢乐谷基本情况

(一) 欢乐谷主题公园简介

在北京东南四环交界处，有一片空旷的土地。人们惊讶地发现，这片地上长着一片"森林"。森林中掩映着许多高空轨道、巨臂、巨型神异雕像等大型钢铁水泥建筑，这里便是由华侨城投巨资创建的北京欢乐谷。华侨城集团是国资委下属的企业集团，主要有三大产业体系：旅游、地产、家用电子。在旅游与地产结合这方面有独特的模式，擅长区域开发，在文化的背景下做旅游与地产的联动。因此，与以往"主题公园先行、地产跟进"模式不同，北京华侨城地产在主题公园建设的同期便完成住宅、商业地产项目建设。被称之为北京华侨城

旅游主题的社区，把主题公园、主题商业和主题地产放在一个区域内用文化的脉络联动开发，用主题公园的这种文化品质和它对环境的贡献来带动整个区域的品牌、带动整个区域的品质，使得地产更受欢迎和认同。地产这个社区的开发也反过来给公园带来了人气，这种联动开发能够更多的挖掘相互之间的边界效益，组成资源长效和短效相结合的机制。

北京欢乐谷是华侨城集团以20年专业积累，用4年时间打造的中国最大的主题生态乐园，整个园区由峡湾森林、亚特兰蒂斯、失落玛雅、爱琴港、香格里拉和蚂蚁王国6个主题区组成。

每个主题区利用现代高科技手段，以生动的环境设计讲述一个主题故事，为游客提供具有梦幻效果和极限体验的乐园。六大文明主题以建筑、雕塑、园林、壁画、表演等多种形式，通过50多处文化景观与主题生态场景表现出来：失落的南美丛林、希腊小镇、香巴拉大集市、玛雅金字塔和太阳神的圣殿等。

除了视觉方面的体验，欢乐谷还带给游客的是全方位的感官刺激。欢乐谷将大型娱乐设备与不同的主题文化结合起来，让娱乐与文化浑然一体，刺激与享受也合二为一了。例如，以亚特兰蒂斯文化为背景的水晶圣城，高达60多米。一组名为水晶神翼的娱乐器械将带着游客绕山飞翔，游客双臂张开像真正的鸟一样在水晶圣城中上下翻腾、疾速飞翔，刺激而新奇。位于爱琴港主题区的特洛伊木马，再现《荷马史诗》中所描绘的经典战役。游客将亲自当一次希腊勇士，体会在木马腹中的颠簸。

北京欢乐谷是中国现代旅游的经典之作，以时尚、动感、欢乐、梦幻的魅力成为北京体验旅游的标志。

(二) 市场定位——都市娱乐的创新型主题公园

与闻名全球的迪士尼主题公园一样，欢乐谷也需要具有鲜明的营销主题和核心竞争力。迪士尼营造的是一个远离现实的童话般梦幻世界，而欢乐谷的气质是"都市娱乐"，就是让人经常来玩的地方，可供减压、放松、休闲、充电、娱乐的地方。正如欢乐谷网页的宣传语一样，希望给都市的人们营造出一个"开心地"。

欢乐谷是时尚文化的一种体现，选址都在人口密度相当高、经济相对发达的地方，希望把欢乐送到家门口。欢乐谷正是用欢乐、动感提供给都市人们迫切需要的是现代娱乐。

二、市场环境分析

(一) 竞争者分析

对于北京地区，欢乐谷的竞争者主要是石景山游乐场和北京游乐园。另外，由于朝阳公园内也设有大量的游乐项目，也成为娱乐主题公园一个强有力的竞争对手。

石景山游乐园作为北京最老的游乐园，认知度已经相当的高。北京石景山游乐园建于1986年，占地33.89万平方米，有近70项游艺项目，年平均接待游客150余万人次，是目前全国游乐行业中拥有过山车数量最多、游乐项目最多、综合经济效益最好的主题公园。每年春节、"五一"黄金周、"六一"儿童节、暑期、"十一"黄金周等节日，石景山都会推出具有异域风情的主题文化活动。近年来，北京石景山游乐园投入大量资金，新上亚洲最大的悬挂式过山车、世界最大的具有迪士尼风格的大型主题项目琼斯探险、具有欧洲乐园风格的室内主题项目幽灵公馆，以及代表了世界娱乐顶级科技的超级震撼"飞越极限"4D

影院等一批高科技含量的主题项目，使石景山游乐园正朝着融知识性、趣味性、娱乐性、参与性为一体，具有欧美风格、国内一流的现代化大型主题乐园迈进。

北京游乐园是中日合资兴建的大型园林式游乐场所，1987年4月北京游乐园正式对外营业。公园占地面积40万平方米，是北京较大的合资游乐场所。园内30多项大型游乐设施与优美的园林建筑融为一体，是游客休闲娱乐的好去处。各种游乐设施融惊险、娱乐为一体极富刺激性。"五一"、"十一"等庆典活动期间推出彩车盛装歌舞秀；暑期及春秋游在北翔剧场为游客推出的有现代劲歌劲舞、互动游戏、童话世界、卡通剧等精彩及娱乐即兴节目。采用单一门票，开放式经营方式，购票入园后可不限次数任意享用近30项大型游乐项目。

朝阳公园是一处以园林绿化为主的综合性、多功能的大型文化休憩、娱乐公园，是北京市四环以内最大的城市公园，始建于1984年，1992年更名为朝阳公园。南北长约2.8千米，东西宽约1.5千米，规划总面积为288.7万平方米，其中水面面积68.2万平方米，绿地占有率87%。

公园的建设得到党中央及市、区各级政府的高度重视，中央领导同志曾于1992年、1996年和2004年3次来到朝阳公园参加全民义务植树活动，1999年12月，时任国家主席江泽民同志亲自为公园题写了园名。2008年第29届奥运会沙滩排球赛场落户在朝阳公园。20年来，朝阳公园建成的景点有20余个。朝阳公园的建设对改善北京市东部地区的生态环境、丰富市民的文化生活起到了重要的作用。

通过对4个主题公园问卷的统计结果及相关的文字资料整理，得出表12-15。

表12-15　4个主题公园的对比分析

比较项目	公园名称	北京石景山游乐园	北京游乐园	朝阳公园	欢乐谷
概况比较	营业时间	1986	1987	1984	2006
	占地面积	33.89万平方米	40万平方米	288.7万平方米	56万平方米
	公园性质	主题公园	游乐园	城市公园	主题公园
	星级	AAAA	AAA	未评定	未评定
游乐园体验项目比较	项目个数	70	40多	60项左右	39
	游乐项目之最	1. 亚洲最大的悬挂式过山车。2. 世界最大的具有迪士尼风格的大型主题项目琼斯探险	1. 国内最大的环幕4D影院。2. 世界最大的激流勇进项目——惊涛骇浪。3. 速度最快的翻滚过山车——螺旋滑行车。4. 世界游乐机之王——风暴骑士	1. 亚洲唯一的"水晶神翼"。2. 世界最高落差的"奥德赛之旅"。3. 世界最高的"聚能飞船"	
	主题景观	2个	1个	无	6个
公园地理位置比较	公园选址	西五环	东二环以内	东四环内	东四环

续表

比较项目	公园名称	北京石景山游乐园	北京游乐园	朝阳公园	欢乐谷
票价比较	门票/元	门票 10 元 通票 100 元 单项票	柔性通票 120 元 单项票	门票 5 元 单项票	门票按淡旺季变动基本稳定在 75~160 元
营销渠道比较	售票方式	直销居多	直销居多	直销居多	直销及校园代理
广告策略比较	广告效果	建园较早近期无突出广告宣传	建园较早近期无突出广告宣传	建园较早近期无突出广告宣传	多项公关活动广告效果明显
游客特征比较	地域	北京市民(74%) 其他地区游客(24%)	北京市民(57%) 其他地区游客(26%)	北京市民(71%) 其他地区游客(27%)	北京市民(48%) 其他地区游客(52%)
	年龄	15~24 岁占 50%	15~24 岁占 54.3%	15-24 岁占 61.4%	25~40 岁占 52%

(二) SWOT 分析

1. 优势分析

声望优势：欢乐谷是由华侨城打造的都市娱乐主题公园，现拥有北京、上海、成都、深圳 4 个公园，实现欢乐谷"东西南北"的连锁经营，具有很好的知名度及声望。

硬件优势：硬件设备都是从欧洲进口的，仅水晶神翼这一过山车就花费上亿。

文化优势：把消失的古老的文明，或者现有的文明，也有童话世界、未知的世界这些文化组合在一块，并把这个文化深入到各个环节，这样使游客进来以后真正在娱乐、休闲的过程中能够体验这些文化。

营销创新：庞大的表演体系，表演包括大型的晚会，这是 365 天每天上演不同的节目有不同的主题活动。情景剧场表演是游客和演员一起上演的演出。滑稽跳水表演则是从美国引进。另外所有的各个主题区域都有风情表演。

产品独特：有很多项目都是亚洲唯一的，欢乐谷大概有六大项目是亚洲唯一的，有很多项目还进行了组合，而且有个别项目在 5 年以内不会再进入亚洲，意味着 5 年之内就只能在北京欢乐谷体验这些项目了。

相对于外国的主题公园，欢乐谷最大的优势是建立具备中国特色，更多跟中国的游客特点相结合，最大限度地消除因为文化的差异带来的一些问题，像巴黎迪士尼曾遭到来自法国文化的抵制，欢乐谷产自本土，所以把握这一点，跟中国旅游的特点相结合。例如，中国人比较爱照相，欢乐谷在很多景观方面会非常关注，而且也会留出适当的位置指示中国的游客在哪个地方取像。

2. 劣势分析

交通不够便利：欢乐谷位于东四环，位置相对比较偏僻，公交线路较少，排队时间偏长：由于游客较多，公园内娱乐项目的排队时间偏长。

园内纪念品偏贵：有近50%的受访者认为公园的纪念品很有意义，但价格偏高。这与其他公园相比，说明欢乐谷在旅游商品开发方面还是具有优势的，但因此价位偏离消费者的认知价值，使原本的优势没有转变成优势。

3. 机遇分析

休闲娱乐需求：欢乐谷的定位是"繁华都市开心地"，就是让人经常来玩的地方，可供减压、放松、休闲、充电、娱乐的地方。这与人们日益增长的休闲文化需求是相一致的。

假日制度改革：由于假日制度改革增加了传统节日的端午、中秋、清明等，作为北方唯一的欢乐谷主题公园，将成为北方游客短途旅游的又一选择。

4. 挑战分析

竞争者：嘉年华一年来北京一次，会分走很大一部分客流。

奥林匹克景区：与欢乐谷同样位于北京四环上的奥林匹克中心区，成为中外游客的一个新的休闲和旅游的选择。

三、北京欢乐谷冬日烟火节策划方案

（一）营销目标

在11月~次年3月的旅游淡季，吸引更多的家庭、年轻人来欢乐谷游玩。提高消费者的消费能力，增加营业额。营销工作通过"提高人们对园区内景观及表演情况的认知，主打'金面王朝'大型表演和不同主题活动吸引不同结构游客"，为公园扩大宣传，提高旺季的重游率。

由于北方地区还没有出现可与之比拟的主题游乐园，在软硬件方面欢乐谷具有绝对优势。所以通过有效的宣传活动及设计吸引人的主题活动，在明年旺季的第一个季度内将看到成效，欢乐谷将吸引更多游客特别是家庭前往。

此次活动的主要目的如下：

1. 推展提高蚂蚁形象的品牌价值

蚂蚁精神代表永不言败，永不气馁讲团队精神，它们工作时有明确的分工和严密的组织纪律，并且不怕劳累、不辞辛劳、非常聪明，是最棒的气象专家。欢乐谷以它为品牌形象同时也是表示了企业的文化及精神。让更多公众了解蚂蚁精神使欢乐谷的蚂蚁形象能够深入人心且体现它的品牌价值，使欢乐谷在游客心中成为拥有蚂蚁形象的独一无二的主题乐园。

2. 促进欢乐谷附近地区的旅游产业活动发展

华侨城北京地区目前只有欢乐谷一个旅游景点，所以旅游产业并不是非常繁荣还不能形成一定规模，因此此活动目的是为了促进华侨城周边地区旅游产业活动发展，吸引更多商家和游客前往，形成以欢乐谷为中心逐层放射性覆盖的、具有一定规模的休闲旅游观光景点。

3. 提高园内营业收入

以引更多具消费能力的游客,游玩过程中为他们提供更多体验性活动从而获得更多闲暇时间用于餐饮和纪念品上的消费。

4. 培养亲子共享的乐趣

提供都市亲子共游,体验变身小蚂蚁的乐趣。让都市的小孩子能了解蚂蚁精神,体验与现实生活截然不同的冒险体验,与父母一起经历梦幻国度的冒险之旅。增进亲子相处的时间在欢乐谷内享受天伦之乐的感觉。

(二)目标市场

欢乐谷已经拥有一批固定的年轻消费者,但调研发现来欢乐谷的年轻游客中大部分为情侣,且他们的花费中除门票外无更多消费。主要是因为以下原因。

(1)他们主要是为了体验刺激,没有兴趣逛纪念品店。

(2)园内大型设施的排队时间过长,他们会花大量的时间排队而没有多余的空闲时间逛逛纪念品店或悠闲的享受下午茶。

(3)园区大小及设备内容一天玩不完,玩两天对于情侣来说门票的性价比不高,即不值得每人花320元在欢乐谷畅游两天。

相比之下,家庭方面的游客则是会吸引全家三代同堂一起出动的游客,让更多不同年龄层的人能够体验欢乐谷更多不同的活动及设施,而家庭游客在乐园用餐的比例较高,还会花更多金钱为孩子购买纪念品。因此可以增加餐厅及纪念品的收入,增加营业利润。

所以这次的活动主要是针对具有高消费能力的以家庭为单位的游客。

(三)活动时间与地点

地点——北京欢乐谷园区内。

时间——2008年11月~2009年3月的每个周末晚18:00~22:00。

(四)活动主题及内容

借此次活动主题为"冬日的烟火节—蚂蚁烟火",让烟火节成为欢乐谷的标志性活动,适合大人带小朋友共同参与,将各种活动及游戏等安排为蚂蚁王国里的欢欢、乐乐和小谷邀游客同乐,活动中工作人员将扮演不同角色的蚂蚁形象,如蚂蚁爷爷、蚂蚁奶奶、蚂蚁妈妈、蚂蚁爸爸,游客扮演欢欢、乐乐和小谷。

(1)小蚂蚁冒险之旅。

(2)小蚂蚁负重扛东西。

(3)"大门"进"小门"出。

(4)彩虹长廊。

(5)烟火表演及蚂蚁游行。

(6)烟火节期间限定推出的纪念品。

(五) 活动体验方式及内容

1. 小蚂蚁的冒险之旅

进入欢乐谷后,每个人都是小蚂蚁。6个主题区分别有"蚂蚁玩偶",找到他后可以拿到一枚印章,(印章的图案为6个主题区的图案)集齐6枚印章后可以得到一份礼物。小朋友得到3枚印章即可得到一份礼物(注:礼物是不同的。例如,根据现有客源情况暂定为情侣银戒指、小朋友玩的喷水枪等)。此活动还应搭配一个前提故事使参加者真切地融入游戏当中。

故事:很久以前,世界由6个国家组成,分别是峡湾森林、亚特兰蒂斯、蚂蚁王国、失落的雅玛、香格里拉和爱琴海。这次冒险的主角们欢欢、乐乐和小谷生活在欢乐的蚂蚁王国里,欢欢的爸爸和妈妈在他很小的时候为了救村子在一次大洪水中失去了生命,欢欢一直独自生活是个有勇气敢于冒险的小伙子,他和乐乐是从小一起长大的青梅竹马,乐乐有个弟弟是小谷。在爱琴海有一个大坏蛋名叫金子,有一天他为了完成自己的祭祀而抓走了乐乐。欢欢和小谷为了救乐乐踏上了冒险之旅,他们需要经过6个国家找到6个"捉迷藏的人"得到6个通关印章,最后到达爱琴海的神殿找到金子打败他并救出乐乐。

2. 小朋友体验蚂蚁扛重物

此活动意在让小朋友学习蚂蚁的吃苦耐劳精神,当然并不会真的让小朋友扛很重的东西,小朋友依年龄大小在峡湾森林区领取不同大小的负重袋,然后在工作人员处领取一定数量的塑料玉米将袋子装满,通过彩虹长廊到达爱琴海的小蚂蚁负重终点。能够独立完成者有小礼物赠送。

3. 蚂蚁王国"大门进,小门出"

由蚂蚁王国大门进入,沿途风景变化,使游客感觉自己由大变小,体验蚂蚁形象。之后再由小变大,回归正常。途中设置游览观光设施,让游客观赏并游玩(如图12.20所示)。

4. 彩虹长廊

彩虹长廊是为烟花燃放特别设计的一条路线。路两侧会有灯笼为指示牌,同时可以起到照明的作用。沿途开放一些轻型或表演性质的游乐项目,如旋转木马、雅玛天灾、皇宫影院等,并设有小型可移动的娱乐活动(套圈、钓金鱼等),还有移动的零食贩卖摊点,如,棉花糖、现场制作的冰淇淋、夏季消暑饮品等。

5. 烟花燃放

与烟花生产厂家联系,生产有欢乐谷特色的烟花。例如,烟花在夜空中是欢欢、乐乐和小谷的形象等。烟花燃放后会有蚂蚁游行等活动,蚂蚁形象和桑巴女郎与大家一起狂舞。

6. 烟火节期间限定推出的纪念品及蚂蚁纪念品

(1) 烟火节期间限定推出纪念品:烟火形吊坠、烟火形状的打火机、限量版T-shirt、烟火图案的纪念品情侣衫(主题公园内来的情侣较多),与本次主题活动相关的身体彩绘、文身贴纸。意在渲染气氛、体验狂欢的感觉。

(2) 蚂蚁纪念品：蚂蚁屁股的布偶玩具(可以带在身上，人人成为小蚂蚁)、蚂蚁图案的帽衫(帽子是蚂蚁的脑袋，戴上帽子就像蚂蚁)、蚂蚁形状的打火机(屁股喷火)，棒球帽等。

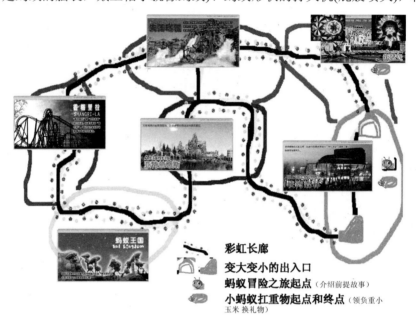

图 12-20　蚂蚁王国体验方式及沿途设施

(六) 媒体宣传

1. 平面及广播媒体

活动举办前，举办记者会或发布新闻稿，拟出广告文案在广播节目中播出(主要为了吸引有车一族，并且男士开车时爱听广播他们也更在乎游玩地点的交通情况，也可以让坐出租车的人得知消息)，并邀请主题烟火相关人士上节目做专访，将此消息传播出去，亦让民众对烟火特色及此次活动主题精神与办理内容有初步的了解。

2. 制作罗马旗

制作活动罗马旗，于活动前 20 天悬挂在几处重要路口，作为造势活动宣传，让更多的市民得知活动消息，并鼓励民众前往参与。

3. 宣传海报

制作活动宣传海报，可张贴至各邻里或大厦管理布告栏；另可在公共场所张贴，加强宣传效果。让更多民众得知活动讯息及时间地点。

说明：

1) 以北京为主覆盖北方市场的宣传策略

(1) 积极与国旅配合，在外省市宣传。提前两个月开展广泛性宣传加强活动印象。

(2) 随着活动举办时间的临近，加强力度进行密集宣传。

2) 媒体宣传

(1) 电视台。卡酷动画及中央电视台的儿童节目播放欢乐谷烟花节相关广告,吸引儿童前往。

(2) 报纸杂志。北京晚报、青年报、京华时报、名牌世界乐、精品杂志等。还有一些在地铁免费发放的报纸应该重视争取拿到大版面。

(3) 地方广播媒体——各省市广播电台(重点:北京地区的交通类和娱乐类广播节目)

(4) 网站——北京欢乐谷官方网站、雅虎、搜狐、新浪、腾讯等。

(七) 公共关系

(1) 向政府申请燃放烟花。

(2) 与附近社区做好协调工作,以免周边居民不满。并且在晚上10点半之前恢复安静,确保周边居民生活不受影响。

(3) 与交通局沟通,确保活动期间欢乐谷地区的交通顺畅,不会引起危险。

(4) 与烟花厂家联系,商讨生产烟花的独特性以及安全性。

(5) 与周边医院救护车提前沟通。

(6) 与记者、媒体等联系做好宣传工作及舆论准备。

(八) 活动预算

见表12-16。

表12-16 活动预算

类别	品名	规格	数量	单价	总价
场地布置	烟火费用	个	320	1 000	320 000
	电子点火装置	个	3	800	2 400
	音响设备	套	1	200 000	200 000
	长廊用灯笼	个	50 000	2	100 000
	园内用指示标语	个	50	100	50 000
	充气蚂蚁形象	个	4	5 000	20 000
	大小门景观建设		2	20 000	40 000
	场地清洁费用			10 000	10 000
	园门口宣传设施费用		1	50 000	50 000
	新烟花特色游行用花车	辆	5	100 000	500 000
	彩绘移动摊点	个	6	1 200	7 200
活动宣传	海报设计制作	张	50 000	1	50 000
	地铁包一节车厢作为欢乐谷宣传专列	月	3	100 000	300 000
	宣传活动手册的设计与制作	份	5 000	2	10 000
	广播宣传(5分钟/天)	天	90	5 000	450 000
	火车站滚动字幕包时段	天	90	1 000	90 000
	罗马旗设计制作	面	400	10	4 000
	卡酷动画台宣传	天	90	10 000	900 000
	公交外壳广告			1 000 000	1 000 000

续表

类别	品　名	规　格	数　量	单　价	总　价
节目活动	节目演出费		1	400 000	400 000
	吊金鱼摊点	个	3	10 000	30 000
	套圈摊点	个	3	5 000	15 000
	棉花糖摊点	个	6	5 000	30 000
	饮品摊点	个	6	50 00	30 000
	活动奖品	个	20 000	5	100 000
其他支出	工作人员食物	人次	100	200	20 000
	矿泉水	箱	100	20	2 000
	蚂蚁冒险卡设计制作	张	10 000	0.5	5 000
	活动材料费		1	200 000	200 000
	临时工作人员工资	人次	100	800	80 000
	临时工作人员服装		100	100	10 000
	保险费		1	30 000	30 000
	杂项费用		1	100 000	100 000
	预备金		1	300 000	300 000
总计					5 455 600

(九) 活动预期效益

(1) 通过广播电视宣传，不仅涵盖了北京及周边省市的原有消费群体。还将活动消息在全国范围内传播，使活动达到更广阔的传播力。

(2) 通过大型海报张贴与宣传单的发放，让游客更容易了解参与此次活动的主题精神意义，产生前往的欲望。

(3) 创造体验式营销，让游客亲自参与，从玩乐中体验与现实生活完全不同的梦幻的国度。创造趣味活动，让游客在欢乐气氛的强烈渲染中记住欢乐谷、感受欢乐谷。

(4) 透过大型活动及相关之品倡导，让欢乐谷在休闲旅游市场上更具竞争力，让大众了解欢乐谷是适合全家人一同前往的主题乐园。

(5) 活动预计将吸引5万人次以上游客，创蚂蚁形象的附加经济效益。

资料来源：北京联合大学旅游学院2005级旅游管理丁嘉雨、李晓晨、王钰婷、张丹同学在《旅游市场营销》模块课程中的作业.

参 考 文 献

[1] 菲利普·科特勒. 市场营销学(亚洲版)[M]. 北京：中国人民大学出版社，1997.

[2] 郭国庆. 市场营销学通论[M]. 北京：中国人民大学出版社，2000.

[3] Chris Cooper, John Fletcher 等. 旅游学：原理与实践[M]. 张俐俐，蔡利平等译. 北京：高等教育出版社，2004.

[4] A V Seaton, M M Bennett. 旅游产品营销——概念，问题与案例[M]. 张俐俐，马晓秋等译. 北京：高等教育出版社，2004.

[5] 何永祺. 基础市场营销学[M]. 广州：暨南大学出版社，2004.

[6] 林南枝，李天元. 旅游市场学[M]. 天津：南开大学出版社，1995.

[7] 林南枝. 旅游市场学[M]. 天津：南开大学出版社，2000.

[8] 曹成喜. 市场营销[M]. 上海：立信会计出版社，2004.

[9] 迈克尔·伯特. 竞争优势[M]. 陈小锐译. 北京：华夏出版社，1997.

[10] 唐德才. 现代市场营销学教程[M]. 北京：清华大学出版社，2005.

[11] 纪宝成，吕一林. 市场营销学教程[M]. 北京：中国人民大学出版社，2002.

[12] 崔珣. 市场营销学教程[M]. 北京：经济管理出版社，2004.

[13] 梁彦明. 服务营销管理[M]. 广州：暨南大学出版社，2004.

[14] 王文君. 饭店市场营销原理[M]. 北京：中国旅游出版社，1999.

[15] 李强. 饭店市场营销学[M]. 大连：东北财经大学出版社，2003.

[16] 郑红. 现代酒店市场营销[M]. 广州：广东旅游出版社，2004.

[17] 崔凤军等. 旅游宣传促销绩效评估：方法与案例[M]. 北京：中国旅游出版社，2006.

[18] 乔治·E. 贝尔齐，麦克尔·A. 贝尔齐. 广告与促销：整合营销传播展望[M]. 张红霞等译. 大连：东北财经大学出版社，2000.

[19] 唐·舒尔茨. 新整合营销[M]. 北京：中国水利水电出版社，2004.

[20] 孙力. 市场营销中的整合策略[J]. 企业改革与管理，2005(08).

[21] 杨晓佳，蔡晓梅. 旅游广告在旅游产品推广中的应用[J]. 商业研究，2004(323).

[22] 李勤，杨博智. 旅游广告的跨文化诉求[J]. 广告与经营，2006(6).

[23] 杨延凤，刘啸，马瑛. 旅游广告宣传及其对旅游动机影响分析[J]. 商业研究，2004(335).

[24] 程艳. 论现代旅游广告的传播策略[J]. 旅游科学，2004，18(4).

[25] 董欢欢，姚荣. 旅游广告发展刍议[J]. 旅游时代，2007(1).

[26] 陈思颖. 未来的广告与营销[J]. 青年记者，2007(17).

[27] 管启文. 浅谈广告创意与营销策略[J]. 商场现代化，2007(06).

[28] 刘井军. 广告语言与市场营销[J]. 企业家天地(理论版)，2007(05).

[29] 李星天. 浅析广告与市场营销战略的关系[J]. 科技情报开发与经济，2006(24).

[30] 王涓. 试论广告与跨文化营销[J]. 时代经贸(中旬刊)，2007(S3).

[31] 邱洁威. 中国旅游广告发展刍议[J]. 思想战线，2003，29(5).

[32] 杨絮飞. 论我国旅游饭店营销的现状及策略[J]. 商业研究，2001(1).

[33] 陈首丽，刘为国. 酒店营销策略设计与策划[J]. 统计与决策，2003(5).

[34] 崔红艳. 论饭店绿色营销[J]. 市场论坛，2006(2).

[35] 黄浏英. 饭店营销新理念：差异化营销[J]. 商业经济与管理，2002(1).

[36] 禹海霞，刘建伟. 捆绑销售在旅游饭店业销售中的应用[J]. 经济论坛，2005(5).

[37] Edward G McWilliams，John L Crompton. Destination An expanded framework for measuring the effectiveness of destination advertising. Tourism Management，1997，18(3).

[38] Kelly J MacKay，Daniel R Fesenmaier. Pictorial Element of Destination In Image Formation[J]. Annals of Tourism Research，1997，21(3).

[39] 袁新华. 旅游目的地营销应注重发挥好三个效应[J]. 旅游学刊，2006(7).

[40] 郭鲁方. 我国实施旅游目的形象营销策略初探[J]. 旅游科学，1999(2).

[41] 钱炜. 市场营销策略中的定位与再定位问题[J]. 旅游学刊，1997(5).

[42] 王国新. 旅游地形象定位与营销[J]. 商业经济与管理，2001(11).

[43] 李天元. 目的地营销的重中之重：定位[J]. 旅游学刊，2006(6).

[44] 张圣. 旅游目的地营销策略初探[J]. 商场现代化，2006(11).

[45] 张丽. 重大事件的旅游效应分析及营销策略[J]. 商业研究，2005(18).

[46] 郭英之. 旅游目的地的品牌营销[J]. 旅游学刊，2006(7).

[47] 李永乐. 红色旅游目的地产品类型与营销探讨[J]. 商业研究，2007(1).

[48] 宋章海. 从旅游者角度对旅游目的地形象的探讨[J]. 旅游学刊，2000(1).

[49] 罗佳明. 论遗产型目的地营销：以四川省乐山市为例[J]. 旅游学刊，2002(3).

[50] 邓明艳. 培育节庆活动营销西部旅游目的地[J]. 旅游学刊，2006(6).

[51] 王磊. 旅游营销的新观念：旅游目的地营销[J]. 旅游科学，1998(4).

[52] 王艳平. 对旅游目的地营销的三点看法[J]. 旅游学刊，2006(8).

[53] 伍延基. 旅游目的地营销中值得深入探讨的两个问题[J]. 旅游学刊，2006(8).

[54] 郭鲁芳. 旅游目的地成功实施整合营销传播的关键因素[J]. 旅游学刊，2006(8).

[55] 谢礼珊. 杨莹. 营销具有可持续性竞争优势的旅游目的地[J]. 旅游科学，2003(4).

[56] 舒伯阳. DMS. 并非简单的"营销"二字[J]. 旅游学刊，2006(6).

[57] 陆军. 红色旅游目的地营销方略[J]. 旅游学刊，2006(8).

[58] 王国新. 论旅游目的地营销误区与新策略[J]. 旅游学刊，2006(8).

[59] 马勇，周娟. 旅游目的地电子商务网络的构建与营销创新[J]. 旅游学刊，2003(5).

[60] 刘绍华，路紫. 浅议旅游目的地营销系统的区域整合功能——以大连旅游网为例[J]. 旅游学刊，2004(2).

[61] 姬晓惠. 整合营销传播中的广告策略研究[J]. 经济经纬，2007(05).

[62] 赵亮亮，陈亚峰. 整合营销传播仅是概念吗[J]. 广告大观(综合版)，2006(09).

[63] Churchill G A & Surprenant C. An Investigation into the Determinants of Customer Satisfaction. Journal of Marketing Research，1982. 19，491—504.

[64] Folkes，V S. Recent Attribution Research in Consumer Behavior：A Review and New Directions. Journal of Consumer Research，1988. 14，548-565.

[65] Heung C O，Uysal M & Weaver, p a. Product bundles snd market segments based on travel motivations：a canonical correlation approach. Hospitality Management，1995. 14(2)，123-137.

[66] Huang Leo，Tsai Hsien-Tang. The study of senior traveler behavior in Taiwan. Tourism management，2003. 24(5)，561—574.

[67] Hu Y & Ritchie J R B. Measuring destination attractiveness：Acontextual approach. Journal of Travel Research，1993. 32(2)，25—34.

[68] Louise H，Carter R W，Sherrie W & Hein，R. Profiling the Senior Traveler：An Australian Perspective. Journal of Travel Research，2002. 41(8)，22—37.

[69] Murphy P ，Pritchhard M P & Smith，B. The destination product and its impact on traveler perceptions. Tourism Management，2000. 21，43—52.

[70] Tom Duncan. Advertisement and conformity marketing dissemination principle. California Management Review，2006(4).

[71] Um S & Crompton J L. The roles inhibitors and facilitators in pleasure travel destination decisions. Journal of Travel Research，1992. 30(3)，18—25.

[72] 叶欣. 旅游饭店市场营销策略研究[D]. 长春：长春理工大学，2005.

[73] 李健林. 云马酒店管理公司营销策略[D]. 哈尔滨：哈尔滨工程大学，2005.

[74] 李洪文. 泰安金海大酒店营销策略研究[D]. 上海：上海海事大学，2005.